Eberhard Schneider

Das politische System der Ukraine

Eberhard Schneider

Das politische System der Ukraine

Eine Einführung

VS VERLAG FÜR SOZIALWISSENSCHAFTEN

VS Verlag für Sozialwissenschaften
Entstanden mit Beginn des Jahres 2004 aus den beiden Häusern
Leske+Budrich und Westdeutscher Verlag.
Die breite Basis für sozialwissenschaftliches Publizieren

Bibliografische Information Der Deutschen Bibliothek
Die Deutsche Bibliothek verzeichnet diese Publikation in der Deutschen Nationalbibliografie;
detaillierte bibliografische Daten sind im Internet über <http://dnb.ddb.de> abrufbar.

1. Auflage Juli 2005

Alle Rechte vorbehalten
© VS Verlag für Sozialwissenschaften/GWV Fachverlage GmbH, Wiesbaden 2005

Lektorat: Frank Schindler

Der VS Verlag für Sozialwissenschaften ist ein Unternehmen von Springer Science+Business Media.
www.vs-verlag.de

Das Werk einschließlich aller seiner Teile ist urheberrechtlich geschützt. Jede
Verwertung außerhalb der engen Grenzen des Urheberrechtsgesetzes ist
ohne Zustimmung des Verlags unzulässig und strafbar. Das gilt insbesondere
für Vervielfältigungen, Übersetzungen, Mikroverfilmungen und die Einspeicherung und Verarbeitung in elektronischen Systemen.

Die Wiedergabe von Gebrauchsnamen, Handelsnamen, Warenbezeichnungen usw. in diesem
Werk berechtigt auch ohne besondere Kennzeichnung nicht zu der Annahme, dass solche
Namen im Sinne der Warenzeichen- und Markenschutz-Gesetzgebung als frei zu betrachten
wären und daher von jedermann benutzt werden dürften.

Umschlaggestaltung: KünkelLopka Medienentwicklung, Heidelberg

Gedruckt auf säurefreiem und chlorfrei gebleichtem Papier

ISBN-13:978-3-531-13847-3   e-ISBN-13:978-3-322-80429-7
DOI: 10.1007/978-3-322-80429-7

Für meine Frau Galyna

Inhalt

1	**Einleitung**	11
2	**Begriffe und theoretisch Konzepte zur politischen Transformation**	14
	2.1 *Begriffe*	*14*
	2.2 *Theoretische Konzepte*	*16*
3	**Die konkrete Transformation der Ukraine**	22
	3.1 *Der Weg in die Unabhängigkeit*	*22*
	3.2 *Institutionenkampf statt Transformation*	*25*
	3.3 *Transformationsschub unter Kutschma*	*26*
4	**Die neue Verfassung von 1996**	28
	4.1 *Entstehung*	*28*
	4.2 *Verfassungaufbau*	*28*
	4.3 *Verfassungsänderungen*	*29*
5	**Die Grundwerte des ukrainischen politischen Systems**	36
	5.1 *Gleichheitsgrundsatz*	*37*
	5.2 *Recht auf Leben*	*38*
	5.3 *Persönliche Freiheitsrechte*	*38*
	5.4 *Politische Freiheitsrechte*	*40*
	5.5 *Mitwirkungsrechte*	*41*
	5.6 *Wirtschaftsrechte*	*41*
	5.7 *Soziale Grundrechte und Freiheiten*	*42*
	5.8 *Justizielle Grundrechte*	*43*
6	**Parlament**	45
	6.1 *Kompetenzen*	*45*
	6.2 *Wahlen*	*49*
	6.3 *Fraktionen*	*55*
	6.4 *Komitees*	*58*
	6.5 *Status des Abgeordneten*	*59*
	6.6 *Arbeitsweise*	*60*
	6.7 *Gesetzgebungsprozess*	*61*
7	**Präsident**	63
	7.1 *Präsidentielles oder parlamentarisches System*	*63*
	7.2 *Kompetenzen*	*65*
	7.3 *Wahl*	*71*
	7.4 *Administration des Präsidenten*	*79*

	7.5 Rat der nationalen Sicherheit und Verteidigung	82
8	**Regierung**	**84**
	8.1 Kompetenzen	84
	8.2 Struktur	85
9	**Justiz**	**88**
	9.1 Allgemeine Bestimmungen	89
	9.2 Verfassungsgericht	90
	9.3 Staatsanwaltschaft	92
10	**Regionale Ebene**	**93**
	10.1 Allgemeine Bestimmungen	93
	10.2 Sonderfall Autonome Republik Krim	98
11	**Örtliche Selbstverwaltung**	**101**
12	**Politische Parteien**	**105**
	12.1 Das Ende der KPdSU	105
	12.1.1 Diskreditierung der KPdSU bei den Wählern	105
	12.1.2 Parteiinterne Spannungen	107
	12.1.3 Verbot der KPdSU	108
	12.2 Entstehungsprozeß neuer Parteien	108
	12.3 Parteienlandschaft 2003	110
	12.3.1 Rechtliche Grundlagen	110
	12.3.2 Parlamentsparteien und -Bewegungen	111
	12.3.2.1 Wahlbündnis „Unsere Ukraine"	112
	12.3.2.2 Kommunistische Partei der Ukraine	113
	12.3.2.3 Wahlbündnis „Für eine einige Ukraine!"	114
	12.3.2.4 Wahlbündnis „Julija Tymoschenko"	115
	12.3.2.5 Sozialistische Partei der Ukraine	116
	12.3.2.6 Vereinigte Sozialdemokratische Partei der Ukraine	116
13	**Massenmedien**	**119**
	13.1 Rechtliche Regelungen	119
	13.2 Struktur	120
	13.3 Probleme	121
14	**Formierung der neuen ukrainischen Elite**	**124**
	14.1 Beginnende Differenzierungen in der nachstalinschen UdSSR	124
	14.2 Allmähliche Formierung der neuen ukrainischen Elite	125
	14.2.1 Dnipropetrowsker Clan	127
	14.2.2 Donezker Clan	129
	14.2.3 Kiewer Clan	131
15	**Aussenpolitik**	**134**
	15.1 Innenpolitische Bestimmungsfaktoren	134
	15.2 Wer macht die ukrainische Außenpolitik?	137

Inhalt

15.3 Balanceakt der ukrainischen Außenpolitik — *138*
  15.3.1 Ostorientierung — 139
  15.3.2 Westorientierung — 146

16 Fazit — **152**

17 Anhang — **155**
  17.1 Funktionsinhaber — *155*
  17.2 Biographien aktiver Politiker — *156*
  17.3 Wichige Internetadressen — *159*
  17.4 Literatur — *159*
  17.5 Abkürzungen — *164*

Verfassung der Ukraine — **165**

1 Einleitung

Am 24. August 2004 feierte die Ukraine ihr dreizehnjähriges Bestehen als Staat. Sie hat mit der „orangen" Revolution Ende 2004 bewiesen, daß sie kein unwichtiges Land in Europa ist. Mit 603.700 km² ist die Ukraine - 1,7 x so groß wie Deutschland - der größte Staat Europas mit rein europäischem Territorium. Die Ukraine liegt geographisch westlicher als Rußland und grenzt an Rußland (1.576 km Grenze), Weißrußland (891 km Grenze), Polen (426 km Grenze), die Slowakei (97 km Grenze), Ungarn (103 km Grenze), Rumänien (im Westen 362 km Grenze, im Süden 169 km Grenze) und Moldowa (939 km Grenze).[1]

Der Name „Ukraine" bedeutet wörtlich übersetzt „am Rande" und bezeichnet die Regionen an der Grenze zur Steppe, die zugleich die Trennlinie zwischen der seßhaften und der nomadischen Zivilisation bezeichnete (Gruschewskij 1994: 57).

Die Ukraine ist arm an Energieträgern. Sie hat keine Gas- und Ölvorkommen, und die Kohlvorkommen im Donbass sind weitgehend erschöpft. Dafür verfügt sie über 5 % der Weltvorkommen an Eisenerz, 20 % der Weltvorräte an Mangan sowie über mehr Graphit, Brom, Quecksilber und Schwefel, als das Land selbst benötigt (Boyko 2002: 568)

Nach den geographischen Gegebenheiten und den historischen Besonderheiten läßt sich die Ukraine in folgende fünf Teilregionen aufteilen:

- das zentrale Gebiet um Kiew zu beiden Seiten des Dnipro mit dem westufrigen Wolhynien und Polesien, das bis zum Ende des 18. Jahrhunderts zu Polen-Litauen gehörte, und dem ostufrigen ehemaligen Hetmanat der Dnipro-Kosaken, die innerhalb Rußlands hundert Jahre weitgehende Autonomie genossen;
- die Ostukraine mit Charkiv und dem Donez-Becken (Donbass),
- die Südukraine mit dem Steppengebiet nördlich des Schwarzen Meeres und
- die Westukraine mit Galizien (Zentrum Lemberg [L'viv]), der nördlichen Bukowina und dem westlichen Podolien (Kappeler 2000: 20).

---

[1] The World Factbook 2004 - Ukraine: http://www.odci.gov/cia/publications/factbook/ print/up.html

Die Ukraine hat 48,4 Mio. Einwohner, die Hauptstadt Kiew 2,6 Mio. Die Ukrainer stellen 77,8 % der Bevölkerung, die Russen 17,3 %, der Bevölkerungsanteil der Weißrussen, Krimtataren, Moldawier-Rumänen, Deutschen, Juden, Polen, Ungarn, Bulgaren und Griechen liegt jeweils unter 1 %. [2]

Die Staatssprache ist Ukrainisch. Die freie Entwicklung, der Gebrauch und der Schutz der russischen Sprache und der anderen Sprachen der nationalen Minderheiten der Ukraine werden garantiert (Verfassungsartikel 10). 67,5 % der Bevölkerung gaben Ukrainisch als Muttersprache an und 29,6 % Russisch.

Die ukrainische Geschichte beginnt mit der Gründung des Kiewer Reichs, das sich vom 10. bis zum 13. Jahrhundert zu einem großen politisch, wirtschaftlich und kulturell blühenden Herrschaftsverband des mittelalterlichen Europa entwickelte. Dieses Reich entstand im 9. Jahrhundert auf der Basis ostslawischer Stammesverbände, wobei der wichtigste Anstoß von den Warägern ausging, normannischen Kriegern und Kaufleuten, welche die Herrschaftsdynastie der Rurikiden stellten und dem Reich den Namen Rus gaben. Von Byzanz übernahm die Rus unter Fürst Wolodymyr im 10. Jahrhundert offiziell das Christentum byzantinischer Prägung (Kappeler 2001: 29-33).

In der ersten Hälfte des 13. Jahrhunderts überrollten die Mongolen das Kiewer Reich. Der Nordosten geriet unter die Herrschaft der Goldenen Horde. Im westlichen Teil des Reiches vereinigten sich die Fürstentümer Galizien und Wolhynien. Im 14. Jahrhundert wurde das Gebiet zum Streitobjekt seiner westlichen Nachbarn. Wolhynien geriet unter die Herrschaft des Großfürstentums Litauen und Galizien fiel an Polen. Mit der Union von Ljublin zwischen Polen und Litauen 1569 wurde praktisch das gesamte ukrainische Gebiet der polnischen Oberhoheit unterstellt. Die freiheitsliebenden Kosaken erhoben sich in verschiedenen Aufständen gegen die polnische Herrschaft. Unter ihrem Hetman Bohdan Chmelnyzkyj erreichten die Kosaken von Polen weitgehende Selbstverwaltung. Um diese abzusichern, unterstellten sie sich 1654 unter den russischen Zaren. Infolge der drei polnischen Teilungen 1772, 1775 und 1795 gelangten weite Teile der Ukraine, die polnischer Herrschaft unterlagen, zusätzlich an Rußland, so daß Moskau fast über die gesamte Ukraine verfügte. Lediglich Galizien und die Bukowina kamen zu Österreich (Kappeler 2000: 41-105).

Die Chance, nach Jahrhunderten einen ukrainischen Nationalstaat zu bilden, bot sich der Ukraine ein Jahr nach dem Sturz des russischen Zaren 1918. Ohne einen eigenen Verwaltungsunterbau und ausreichende Streitkräfte, um gegen die Weißgardisten sowie die ukrainischen Anarchisten im Innern und gegen die Polen im Westen bestehen zu können, scheiterte die Ukrainische Volksrepublik 1920 (Lüdemann 2001: 74 f.).

---

[2] Volkszählung vom 5.-14.12.2002 (INTERFAX-Ukraina, 1.1.2003).

1 Einleitung

1921 wurde die Ukrainische Sozialistische Sowjetrepublik gebildet, die ein Jahr später zusammen mit der Russischen Sozialistischen Föderativen Sowjetrepublik, Weißrußland und der Transkaukasischen Föderation die UdSSR gründete. Infolge der Stalinschen Zwangskollektivierung und brutalen Getreiderequisition verhungerten in der Ukraine 1932/33 drei bis sieben Millionen Menschen. Nach kurzen vier Jahren relativer Ruhe litt das Land 1937/38 unter den Stalinschen Säuberungen, in denen die ukrainischen Kommunisten, die Reste der ukrainischen Intelligenz und die Orthodoxe Kirche der Ukraine verfolgt wurden. Und das dritte große Leid ließ nicht lange auf sich warten: der Zweite Weltkrieg und die grausame deutsche Besetzung des Landes 1941/44 mit ihrer erbarmungslosen Vernichtung der Juden und ganzer Dörfer, wenn sie in Verbindung mit Partisanen standen. Infolge des Hitler-Stalin-Paktes wurde 1939 die Westukraine in die Sowjetunion eingegliedert (Kappeler 2000: 195-222).

Unter KPdSU-Generalsekretär Nikita Chruschtschow stieg die Ukraine zum Junior-Partner Rußlands auf. In der Tauwetterperiode nach der berühmten Entstalinisierungsrede Chruschtschows 1956 wurde in der Ukraine die Stalinsche Russifizierung in eine beginnende Ukrainisierung umgekehrt, auch in der politischen Führung in Kiew. Doch der Rückschlag ließ nicht lange auf sich warten: Unter KPdSU-Generalsekreär Leonid Breshnew, der 1964 Chruschtschow gestürzt hatte, wurde 1965/66 und 1972/73 das ukrainische Kulturleben wieder dezimiert (Lüdemann 2001: 79 f.).

Die Politik der Perestrojka und Glasnost, die der neue KPdSU-Generalsekretär Michail Gorbatschow nach 1985 einleitete, kam in der Ukraine – im Gegensatz zu anderen Sowjetrepubliken – erst sehr spät zum Tragen, was seinen Grund im langen Verbleiben der ukrainischen reformfeindlichen KP-Führung im Amt hatte, die erst 1989 ausgewechselt wurde. Die ukrainischen oppositionellen Kräfte erhielten durch die Katastrophe von Tschernobyl 1986 einen wesentlichen Anstoß. Diese Opposition formierte sich zu einer ukrainischen Nationalbewegung. Sie forderte die sprachliche Ukrainisierung, die Aufarbeitung der Stalinschen Verbrechen und die Wiederzulassung der mit Rom unierten Katholischen Kirche des slawisch-byzantinischen Ritus' (Bos 2002: 449). Diese Kirche, die 1595 entstanden und von Stalin verbotenen und verfolgt worden war, wurde 1989 wieder zugelassen.

2 Begriffe und theoretisch Konzepte zur politischen Transformation

Für die Ukraine gilt, was auch auf Rußland zutrifft: Die Transformation umfaßt sowohl das politische als auch das ökonomische System, wodurch das „Dilemma der Gleichzeitigkeit" (Offe 1994: 64) entsteht, denn beide Transformationen bedingen sich gegenseitig. Auf der einen Seite macht erst eine relativ entwickelte Marktgesellschaft Konkurrenzdemokratie als „Verfahren der innerstaatlichen Interessenaustragung und Friedensstiftung"[3] leistungsfähig. Auf der anderen Seite erscheint Demokratisierung als Voraussetzung für wirtschaftliche Liberalisierung (Offe 1994: 68). Deutschland konnte nach dem Zweiten Weltkrieg auf einer Verwaltungs- und Marktwirtschaftstradition aufbauen, auch wenn letztere nach 1939 immer mehr zur Kriegswirtschaft verkommen war. Beides fehlt in der Ukraine. Hinzu kommt, daß Deutschland 1945 zerstört und das alte System militärisch besiegt worden war, während sich die Ukraine nicht in einer solchen Nullpunktsituation befand. Im Gegensatz zum Nachkriegsdeutschland, in dem die Siegermächte diese Aufgabe übernahmen und die deutschen Stellen nur die Ausführenden waren, muß die Ukraine die Transformation an sich selbst vornehmen. Zudem stehen nach dem Zusammenbruch des alten Systems die für die Machtübernahme erforderlichen neuen Eliten in der Ukraine nicht zur Verfügung. Und schließlich fehlen sogar in Ansätzen Elemente einer Zivilgesellschaft, die vermittelnd zwischen dem alten und dem neuen System wirken könnten.

2.1 Begriffe

Zunächst ist eine Begriffsklärung nötig, weil gelegentlich verschiedene Termini zur Bezeichnung ähnlicher Prozesse oder dieselben Begriffe zur Bezeichnung unterschiedlicher Entwicklungen verwendet werden. Gemeint sind die Begriffe „Systemwandel", „Transition", „Transformation" und „Systemwechsel". Mit „Systemwandel" wird ein Reformprozeß bezeichnet, der in einem in eine Krise geratenen System durchgeführt wird mit dem Ziel der Anpassung an die neue Situation, um so das System zu stabilisieren (Schubert/Tetzlaff/Vennewald

---

[3] Offe zitiert Lipset, macht aber leider keine genaue Quellenangabe (Offe 1994: 67).

2.1 Begriffe

1994). Während für einen Systemwechsel der Zusammenbruch des alten Systems die Minimalvoraussetzung ist, bleibt beim Systemwandel das alte System erhalten und paßt sich nur an. „Transition" – abgeleitet vom lateinischen Verb transire – drückt die Phase des Übergangs von einem alten zu einem neuen Regime aus (O'Donnel/Schmitter/Whitehead 1986: 6). „Transformation" ist die vollständige Umwandlung eines Systems in ein anderes, sozusagen die erfolgreich durchgeführte Transition. „Systemwechsel" ist demnach eigentlich nur ein anderes Wort für „Transformation" (Beyme 1994). Vielleicht drückt der Begriff „Systemwechsel" konsequenter als der Begriff „Transformation" den erfolgten Austausch des alten durch ein neues System aus. Diese vier Begriffe stellen gewissermaßen eine Steigerung hinsichtlich der Radikalität der Veränderung dar: Systemwandel, Transition, Transformation, Systemwechsel. Gescheiterter Systemwandel löst Transition aus, die nach einiger Zeit in Transformation übergeht und mit dem Systemwechsel endet.

Wenn von Transition und Transformation gesprochen wird, muß das Ziel der Transition oder der Transformation klar sein, denn tendentia in nihilum est nihilum tendentiae. Die Transformation, die von den ost- und mittelosteuropäischen Ländern im politischen Bereich erhofft wird, ist die Transformation in Richtung Demokratie. Dabei stellt sich die Frage nach den Kriterien, nach denen „Demokratie" definiert werden kann.

Folgende sieben Demokratiekriterien wurden formuliert, die angesichts der institutionellen Bandbreite demokratischer politischer Systeme den kleinsten gemeinsamen institutionellen Nenner darstellen:

1. gewählte Vertreter, welche die Regierung kontrollieren,
2. freie Wahlen,
3. allgemeines aktives Wahlrecht,
4. allgemeines passives Wahlrecht,
5. Meinungsfreiheit,
6. Informationsfreiheit und
7. Vereinigungsfreiheit (Dahl 1989: 221).

Diese sieben klassischen Demokratiekriterien Dahls faßt Merkel zu folgenden sechs Merkmalsgruppen zusammen:

1. *Herrschaftslegitimation*: „Demokratien sind legitimiert durch das Prinzip der in Freiheit und Gleichheit verwirklichten Volkssouveränität."
2. *Herrschaftszugang*: „In Demokratien ist der Herrschaftszugang offen und durch die effektive Gewährleistung des allgemeinen, gleichen, geheimen und freien (passiven und aktiven) Wahlrechts institutionalisiert."

3. *Herrschaftsmonopol*: „In intakten liberal-konstitutionellen Demokratien müssen die politisch bindenden Entscheidungen alleine durch demokratisch direkt oder indirekt legitimierte Repräsentanten getroffen werden."
4. *Herrschaftsstruktur*: „In Demokratien sind die drei Gewalten zumindest soweit getrennt, daß sie sich wechselseitig effektiv kontrollieren können."
5. *Herrschaftsanspruch*: „In Demokratien bestehen konstitutionell verbriefte und gerichtlich überprüfbare Grenzen zwischen staatlicher und gesellschaftlicher Sphäre."
6. *Herrschaftsweise*: „In Demokratien folgt die Herrschaftsweise konstitutionell legitimierten Prinzipien und unterliegt Beschränkungen und Kontrollen." (Merkel/Croissant 2000: 5-7).

2.2 Theoretische Konzepte

Der Systemwandel beginnt mit der Liberalisierung. In dieser Phase versucht das alte autoritäre Regime, sein politisches System vorsichtig zu öffnen und den Bürgern begrenzte Freiheiten zu gewähren, um die Legitimationsbasis des alten Regimes zu verbreitern und um auf diese Weise an der Macht zu bleiben (Lauth/Merkel 1997: 13). In dieser Phase zerfällt der „herrschende Block" in Reformer und Hardliner (O'Donnel/ Schmitter/ Whitehead 1986: 48). Mißlingt diese der „semi-autoritären" Machtsicherung – wie z.B. unter Gorbatschow –, schließt sich die Phase der Demokratisierung an. Sie beginnt mit der Deinstitutionalisierung des alten Systems (Transition) und endet mit der Institutionalisierung der Demokratie (Transformation). Diese Phase ist nach der Durchführung der „Gründungswahlen" zuende und geht dann in die Phase der Konsolidierung der Demokratie über (Systemwechsel).

Die beim Systemwechsel stattfindenden Transformationsprozesse in *Politik* („Demokratisierung der politischen Entscheidungsprozesse"), *Wirtschaft* („Herstellung einer effizienten marktwirtschaftlichen Organisation") und *Gesellschaft* („Aufbau einer vitalen Zivilgesellschaft") laufen zwar gleichzeitig ab, sind aber von unterschiedlich langer Dauer. Wenn sie gelingen, stabilisieren sie sich gegenseitig. Scheitert allerdings einer dieser drei Transformationsprozesse, „bleiben die Gesellschaften vormodern und die politischen Systeme undemokratisch" (Merkel 1995a: 3).

Ber der Transformation können nach Merkel folgende Ebenen unterschieden werden (Merkel 1995b: 38 f., Merkel: 1999: 145f.).[4]

---

[4] Hier wird im weiteren Merkel gefolgt mit dem Unterschied, daß statt des Begriffs "Konsolidierung" der Begriff "Transformation" verwendet wird (Merkel 1995b: 38 f.).

2.2 Theoretische Konzepte 17

1. Die *institutionelle Transformation* umfaßt auf der Makroebene die Herausbildung der zentralen staatlichen Institutionen wie Präsident, Parlament, Regierung und der Judikative sowie die Entwicklung eines Wahlsystems. Die rechtliche Verankerung dieser Institutionen erfolgt im Rahmen einer Verfassung, deren Ausfluß das Wahlsystem ist. Durch „normative, strukturierende und handlungseingrenzende Vorgaben" wirkt diese institutionelle Transformation, die auf der zentralen Ebene stattfindet, auf die repräsentative und die Verhaltenstransformation *(Makroebene: Strukturen)*.
2. Die *repräsentative Transformation* auf der Mesoebene beinhaltet die territoriale (durch Parteien) und die funktionale (durch Verbände) Repräsentation der Interessen. Ihr Erfolg entscheidet darüber, wie sich die Normen und Strukturen auf der zentralen Ebene konsolidieren und ob die Verhaltenstransformation erfolgreich sein wird *(Mesoebene: formelle politische Akteure)*.
3. Die *Verhaltenstransformation* ist erreicht, wenn mächtige Akteure der Mesoebene – z.B. das Militär, die Sicherheitsdienste, die Generaldirektoren staatlicher Großbetriebe, die neuen privaten Unternehmer, die Bankiers usw. – ihre Interessen innerhalb der unter 1. und 2. genannten demokratischen Institutionen umzusetzen versuchen und nicht außerhalb von ihnen oder sogar gegen sie. Von diesen drei Transformationen, wenn sie denn erfolgreich verlaufen sind, gehen entscheidende Impulse auf die Herausbildung einer Zivilgesellschaft aus, die wiederum demokratiestabilisierend wirkt *(Mesoebene: informelle politische Akteure)*.
4. Mit der Herausbildung einer *Zivil- oder Bürgergesellschaft* als soziopolitischer Unterbau der Demokratie ist die Transformation abgeschlossen. Dieser vierte Transformationsprozeß an der Basis dauert am längsten und wird unter Umständen erst nach einem Generationswechsel abgeschlossen sein. Junge Demokratien können über Dekaden ohne eine entwickelte „civic culture" überleben. Auf der anderen Seite gehen von einer konsolidierten „civic culture" immunisierende Wirkungen gegen Krisen auf der Meso- und der Makroebene aus. Krisenresistent ist eine Demokratie aber erst dann, wenn sich alle vier Transformationen vollzogen haben *(Mikroebene: Bürger)*.

Die Herausbildung eines *Parteiensystems* im Rahmen der *repräsentativen Transformation* kann nach folgenden Kriterien beurteilt werden:

1. Stabilitätsfördernd für das gesamte politische System wirkt sich ein niedriger Fragmentierungsindex aus. Der Fragmentierungsindex[5] mißt die Zersplitterung des Parteiensystems an der Anzahl der Parteien, gewichtet nach ihren Stimmenanteilen bei Wahlen. Wünschenswert erscheint eine nicht zu große Zersplitterung des Parteiensystems.
2. Konsolidierungsvorteile besitzt ferner ein Parteiensystem, wenn keine extreme ideologische Distanz zwischen den relevanten linken und rechten Flügelparteien besteht und wenn es keine Anti-System-Parteien gibt.
3. Eine niedrige bis mittlere Wählerfluktuation wirkt ebenfalls politisch konsolidierend. Allerdings weisen postautoritäre Parteiensysteme in der Transitionsphase eine hohe Wählerfluktuation auf.

Die territoriale Repräsentation der politischen Interessen durch Parteien allein genügt nicht, sondern sie muß durch die funktionale Interessenvermittlung über ein System funktionierender *Verbände* ergänzt werden. Dazu zählen vor allem die Wirtschaftsverbände auf der einen und die Gewerkschaften auf der anderen Seite, die beide über ein „erhebliches Ordnungspotential zur Reduzierung der steuerungspolitischen Unsicherheit" verfügen könnten. Das Verbändesystem soll *inklusiv* und *effizient* sein:

- *inklusiv* ist ein Verbändesystem, wenn die Verbände repräsentativ sind, also nach Möglichkeit das gesamte Feld der Interessen vertreten;
- *effizient* ist ein Verbändesystem, wenn die Verbände kooperativ agieren. Ohne ein „ausdifferenziertes und repräsentatives Verbändesystem sind Gesellschaften weder vor einer etatistischen Suprematie noch vor den sozialdarwinistischen Auswirkungen reiner Marktwirtschaften sicher". Da in Osteuropa das Verbändesystem unterentwickelt ist, wird der Ausgleich über die territoriale Repräsentation versucht. Dies führt zu einer „overparlamentarization" und „overparticipation" (Agh 1995: 251). Diese Überbelastung erschwert in der Ukraine die Herausbildung eines Parteiensystems.

Die Zivilgesellschaft besteht aus einer Vielzahl pluraler, auf freiwilliger Basis gegründeter Organisationen und Assoziationen. Sie sind im Zwischenbereich von Privatsphäre und Staat angesiedelt. Die Organisationen und Assoziationen der Zivilgesellschaft unterscheiden sich von den Parteien dadurch, daß ihre Akteure sich um politische Angelegenheiten kümmern, ohne nach staatlichen Ämtern zu streben. Sie lassen sich von den Normen der Gewaltfreiheit und der Toleranz leiten (Lauth/Merkel 1997: 16-24).

---

[5] Bildung der Summe der quadrierten Anteile aller Parteien minus 1 (Rae 1968).

2.2 Theoretische Konzepte

Die Schlüsselkategorie bei der Stabilisierung eines demokratischen Systems ist dessen *Legitimität*. Dieser Begriff kann, wenn „Legitimität" nicht „normativ-absolut", sondern „wertneutral-relativ" betrachtet wird, folgendermaßen definiert werden: „Legitimität ist der Glaube, daß das Ensemble der existierenden politischen Institutionen und Verfahren besser ist als jede andere Systemalternative. Mit welchen Defekten ein solches System auch behaftet sein mag, es ist legitim, wenn es in der Wahrnehmung der Herrschaftsunterworfenen die am wenigsten schlechte Herrschaftsform darstellt." (Merkel 1995b: 52[6])

Die Legitimität eines demokratischen Systems ist nicht statisch, weil sie durch die Legalität und die demokratische Qualität der Verfassungsgebung sowie des Verfassungstextes nicht allein und nicht dauerhaft erzeugt wird, sondern weil sie sich laufend aus unterschiedlichen Quellen nährt. Dabei ist eine spezifische und eine diffuse Unterstützung festzustellen. Die spezifische Unterstützung eines Systems ist aufgrund der Handlungen der Herrschaftsträger und der damit in Verbindung gebrachten Leistungen utilitaristisch motiviert. Umfassender und fundamentaler ist die diffuse Unterstützung, die sich nicht an konkreten Leistungen orientiert und die sogar auch dann noch fortbestehen kann, wenn Bürger einzelne politische Entscheidungen als unliebsam und mit den eigenen materiellen Interessen im Konflikt stehend wahrnehmen.

Posttotalitäre Demokratien erhalten aufgrund der Diskreditierung des autokratischen Vorläufersystems einen gewissen Legitimitätsvorschuß, den sie vermehren oder verspielen können:

„Wird in der Bevölkerung die Verfassungsstruktur als unfair und inadäquat angesehen, fühlen die Bürger ihre Interessen durch das territoriale und funktionale Interessenvermittlungsregime nicht ausreichend vertreten und mündet all dieses in eine negativ wahrgenommene materielle Leistungsbilanz der Regierung (etwa in der Wirtschafts-, Sozialpolitik und der inneren Sicherheit), versiegt die Quelle der diffusen und spezifischen Unterstützung. Ein solches System vermag sich nicht zu konsolidieren." (Merkel 1995b: 53)

Das Konzept der *eingebetteten Demokratie*[7] stellt das Wahlregime (aktives und passives Wahlrecht, freie und faire Wahlen, gewählte Mandatsträger) in den Mittelpunkt. Es ist umgeben von den vier Teilregimen politische Teilhaberechte (Meinungs-, Presse- und Informationsfreiheit, Vereinigungsfreiheit), bürgerliche Freiheitsrechte (individuelle Schutzrechte gegen staatliche und private Akteure, Justizrechte und Gleichbehandlung vor dem Gesetz), horizontale Gewalten-

---

[6] Merkel stützt sich bei seiner Definition auf Luhmann (Luhmann 1978: 34) und Lipset (Lipset 1960: 77, bzw. in deutscher Übersetzung Lipset 1962: 70).

[7] Wolfgang Merkel in seinem Vortrag über defekte Demokratien am 24.9.2002 in Berlin. Merkel/Puhle/Croissant/Eicher/Thiery 2003.

teilung und effektive Regierungsgewalt (gewählte Mandatsträger mit realer Gestaltungsmacht). Diese fünf Teilregime funktionieren unabhängig voneinander, stehen aber in einer gewissen Dependenz.

Von einer *defekten Demokratie* wird gesprochen, wenn ein Teilregime beschädigt ist. Zudem ist die wechselseitige Einbettung der Teilregime zerbrochen, zwischen ihnen treten Widersprüche auf. Die Art der Verletzung eines Teilregimes gibt die Typenbezeichnung für die Art der defekten Demokratie ab: Sind das Wahlregime (Einschränkung des universellen Wahlrechts, keine freie Stimmabgabe, beschränkter Wahlkampf, unkorrekte Stimmauszählung, Mandatsträger nicht gewählt) beschädigt oder die politischen Freiheitsrechte eingeschränkt, so handelt es sich um eine *exklusive Demokratie*. Sind die bürgerlichen Freiheitsrechte eingeschränkt oder haben die gewählten Mandatsträger nur eingeschränkte reale Gestaltungsmacht (nicht-legitimierte Machtgruppen fungieren gegenüber demokratischn Herrschaftsträgern als Vetoakteure oder Politikbereiche sind aus dem politischen Prozeß ausgeklammert) oder ist die Gewaltenteilung eingeschränkt durch Übergriffe einer Gewalt auf die andere, handelt es sich um eine *illiberale Demokratie*.

Welche Zukunft hat die illiberale Demokratie? Drei Szenarien sind vorstellbar: ein Regressionsszenario, ein Stabilitätsszenario und ein Progressionsszenario: Beim Regressionsszenario nimmt der liberale und rechtsstatliche Gehalt der demokratischen Normen und Strukturen ab, die politische Macht konzentriert sich weiter in der Exekutive und es bleibt eine formal-demokratische Hülle zurück, denn wichtige demokratische Entscheidungen werden außerhalb von ihr getroffen. „Kommt es zu informalen Allianzen zwischen der demokratisch legitimierten Exekutive und anti-demokratisch eingestellten Eliten und gerät die defekte Demokratie zusätzlich in eine akute wirtschaftliche, politische und soziale Krise, so sind die demokratischen Widerstandskräfte schwach und es droht das Abgleiten in eine offene Autokratie." (Merkel/Croissant 2000: 24 f.)

Das Stabilitätsszenario könnte so aussehen: „Das Geflecht von formalen demokratischen Institutionen und informal erzeugten demokratischen Defekten pendelt sich in einem reproduzierenden Gleichgewichtszustand ein. Es kommt zu einem Status quo einer defekten Demokratie. Sie ist solange stabil, wie die spezifischen Defekte der Demokratie zur Herrschaftssicherung der systemtragenden Eliten sowie zur Befriedigung der systemunterstützenden Bevölkerungsteile beitragen." (Merkel/Croissant 2000: 25).

Wenn sich die Handlungsstrukturen der illiberalen Demokratie auf Dauer als ineffektive für die Erfüllung der gesellschaftlichen und Reformaufgaben erweisen, könnte sich das Progressionsszenario entwickeln: „Unter den relevanten Eliten setzen Lernprozesse ein, in deren Gefolge demokratieeinschränkende informale Arrangements zunehmend beständigen, verfassungsmäßigen und vor-

2.2 Theoretische Konzepte

hersehbaren Regeln und Entscheidungsmustern weichen." Die informalen Institutionen, die für den defekten Charakter der Demokratie sprechen, verlieren an Einfluß und die rechtssaatlichen Institutionen erfahren verstärkt Beachtung, so daß sich die defekte zur konsolidierten rechtsstaatlichen Demokratie transformiert (Merkel/Croissant 2000: 25).

3 Die konkrete Transformation der Ukraine

3.1 Der Weg in die Unabhängigkeit

Am 24. August 1991 proklamiere das ukrainische Parlament, der Oberste Sowjet, die Unabhängigkeit der Ukraine.[8] Diese Erklärung der Unabhängigkeit war eine unmittelbare Folge des Putsches vom 19. August 1991 des KGB, der Armee und des konservativen Teils der KPdSU gegen den sowjetischen Präsidenten Michail Gorbatschow. Dank des entschiedenen Widerstands des damaligen russischen Präsidenten Boris Jelzin und der mangelnden Resonanz, welche die Putschisten bei der Bevölkerung fanden, scheiterte dieser Putsch nach zwei Tagen (vgl. zum Putsch: Gorbatschow 1991, Jelzin 1991, Gorbatschow 1995: 1067-1092).

Die ukrainische Unabhängigkeitserklärung fiel nicht aus dem heiteren Himmel, sondern sie hatte eine politische Vorgeschichte. Im Februar 1990 setzte Gorbatschow durch, daß die KPdSU ihren in Artikel 6 der Sowjetverfassung verankerten Anspruch aufgab, der Kern des sowjetischen politischen Systems zu sein. Sie sollte sich aus den administrativen Organen und Betrieben zurückziehen und sich auf eine rein politische Führungsrolle – in Konkurrenz mit anderen politischen Gruppierungen – beschränken. In der Folgezeit entstanden auch in der Ukraine viele kleine Parteien und Bewegungen mit einem breiten politischen Spektrum.

Bereits im September 1989 hatten sich nach dem Vorbild der baltischen Staaten die verschiedenen oppositionellen Gruppen zur „Volksbewegung der Ukraine für die Perestrojka" zusammengeschlossen. Diese Bewegung (ukr. Ruch) stellte zunächst die Sowjetunion nicht in Frage und verfolgte meist kulturpolitische Ziele (Kappeler 2000: 249). Später entwickelte sich Ruch zum Anführer der Unabhängigkeitsbewegung. Ruch war vom Schriftsteller und Deputierten Iwan Dratsch gegründet worden und wurde bis zum Jahr 1992 von ihm geführt. Ruch setzte sich am Anfang aus Parteien zusammen, die kollektive Mitglieder der Bewegung waren, und aus Parteilosen.

---

[8] Vidomosti Verchovnoji Rady Ukrainy [Mitteilungen des Obersten Rats der Ukraine] 1991, Nr. 38, Pos. 502.

3.1 Der Weg in die Unabhängigkeit

Die nationaldemokratischen Kräfte der Ruch fanden die größte Unterstützung in der Westukraine, die – im Unterschied zur Ostukraine – erst im Zuge des Zweiten Weltkrieges Bestandteil der Sowjetunion geworden war. In der Westukraine waren die nationalistischen Kräfte schon immer sehr einflußreich; die kommunistische Ideologie war dort im Bewußtsein der Bevölkerung nie so verankert wie in der Ostukraine. Ruch gab faktisch den Anstoß für die Gründung von Parteien. Ihr Aufruf zur Schaffung eines Mehrparteiensystems im März 1990 unterzeichneten die meisten jener Politiker, die später an der Spitze der neuen Parteien standen.

Am 4. März 1990 wurde der Oberste Sowjet der Ukraine gewählt. Die von Ruch angeführte oppositionelle Bewegung errang 117 der 450 Mandate oder 26,0 %. Die meisten Stimme erhielt die Bewegung in der Westukraine, aber auch in Kiew. In der Westukraine übernahmen Oppositionelle die Leitung der regionalen Verwaltung, so in der Hauptstadt der Westukraine, in Lwiw (Lemberg). Wjatscheslaw Tschornowil, der erst kurz vorher aus einem politischen Straflager entlassen worden war, wurde 1992 Vorsitzender von Ruch. Doch die Mehrheit der Abgeordneten und der regionalen Administration rekrutierten sich weiterhin aus der kommunistischen Nomenklatura (Kappeler 2000: 249 f.)

Der Entschluß, den mühsamen Weg in die Unabhängigkeit zu beschreiten, war das Ergebnis eines „historischen Kompromisses" zwischen sehr heterogenen Gruppen, der von der „Intelligenz geführten ukrainischen Nationalbewegung, der keineswegs nationalistischen Bergarbeiterbewegung und einer (vom langjährigen KPdSU-Spitzenfunktionär Leonid Krawtschuk angeführten) zu ‚Nationalkommunisten' mutierten Gruppe der alten Sowjetelite" (Malek 2002: 7).

Leonid Makarowitsch Krawtschuk – der spätere erste Präsident der unabhängigen Ukraine - war am 10. Januar 1934 in Welikij Schitin im Gebiet Riwne (Wolhynien), das bis 1939 zu Polen gehörte, als Sohn eines Bauern geboren worden. Er ist Ukrainer. Sein Vater fiel im Zweiten Weltkrieg im Kampf gegen die Hitler-Armee. Leonid Krawtschuk absolvierte 1958 an der Kiewer Staatsuniversität „T.G. Schewtschenko" eine Lehrerausbildung. In seinem Beruf war Krawtschuk nur zwei Jahre tätig (von 1958 bis 1960) als Lehrer am Finanz-Technikum in Tscherniwzi, der Hauptstadt der nach dem Hitler-Stalin-Abkommen an die Sowjetunion gefallenen und in der westlichen Ukraine liegende Bukowina.

Voraussetzung für die politische Karriere Krawtschuks war 1958 - mit 24 Jahren - der Eintritt in die KPdSU, der er bis zu deren Ende 1991 angehörte. 1960 begann er seine politische Laufbahn, zuerst als Berater, dann als Lektor und schließlich bis 1970 als Abteilungsleiter des Gebietsparteikomitees von Tscherniwzi.

Seine ideologische Aufrüstung erhielt Krawtschuk 1970 auf der Akademie für Gesellschaftswissenschaften beim ZK der KPdSU in Moskau, an der er zum Kandidaten der Wirtschaftswissenschaften promovierte. Nun taten sich für Krawtschuk die Tore der ukrainischen Parteizentrale in Kiew auf: zuerst als Sektorleiter, dann als Inspektor, später als Gehilfe eines ukrainischen ZK-Sekretärs, schließlich als Erster Stellvertretender und von 1980 bis 1988 als Leiter der Abteilung für Propaganda und Agitation des ZK der KP der Ukraine. 1989 übernahm er für ein Jahr die Leitung der Ideologischen ZK-Abteilung als ZK-Sekretär der ukrainischen Partei. 1989 stieg er zugleich zum Kandidaten des Politbüros des ZK der ukrainischen KP auf. Für drei Monate war er 1990 sogar Zweiter ZK-Sekretär, also Stellvertretender ukrainischer Parteichef, und bis August 1991 Politbüro-Mitglied.

Der Bruch mit der KPdSU begann bei Krawtschuk - so der spätere erste ukrainische Präsident in einem Interview -, als er durch Veröffentlichungen in den ersten Perestrojka-Jahren erstmals von der verbrecherischen Tätigkeit der Partei erfuhr. Er meint vor allem die in den 30er Jahren künstlich in der Ukraine ausgelöste Hungersnot und die außenpolitischen Geheimverträge.

Als sich der politische Niedergang der KPdSU abzeichnete, gab Krawtschuk nach dem letzten KPdSU-Parteitag in Moskau im Juli 1990 das Parteispitzenamt ab und übernahm den Vorsitz des Obersten Sowjet der Ukraine. In dieser Funktion war er nicht nur ukrainischer Parlamentspräsident, sondern zugleich auch ukrainisches Staatsoberhaupt. In dieser Eigenschaft gehörte er kurzzeitig dem damaligen sowjetischen Föderationsrat und dann dem Staatsrat der UdSSR an.

Unter Parlamentspräsident Krawtschuk erklärte der Oberste Sowjet der Ukraine am 16. Juli 1990 – anderen Sowjetrepubliken folgend - seine Souveränität[9] — die Vorstufe zur Unabhängigkeitserklärung. Die Souveränitätserklärung betonte die Neutralität der Ukraine und ihr Recht auf eigene Streitkräfte. In der Folgezeit schloß die Ukraine eine Reihe von bilateralen Abkommen mit anderen Unionsrepubliken (Kappeler 2000: 250).

Im Oktober 1990 beschloß der Oberste Sowjet der Ukraine den Vorrang der ukrainischen Gesetze vor den sowjetischen. Im gesamtsowjetischen Referendum vom März 1991 sprachen sich in der Ukraine 70 % der Teilnehmer für die Erhaltung der UdSSR aus. Die zweite, nur in der Ukraine gestellte Frage, ob die Ukraine Bestandteil einer Union souveräner Staaten auf den Prinzipien der Souveränitätserklärungen sein solle, bejahten 80 %. Am 19. November 1990 anerkannte in einem Vertrag die Russische Republik unter Boris Jelzin als Parlamentspräsident offiziell die politische Existenz die Ukraine (Kappeler 2000: 250 f.).

---

[9] Vidomosti Verchovnoji Rady Ukrainy [Mitteilungen des Obersten Rats der Ukraine] 1990, Nr. 31, Pos. 429.

Krawtschuk lehnte den Vorschlag Gorbatschows, als Ersatz für die UdSSR eine Union Souveräner Staaten (USS) zu gründen sowie die Unterzeichnung des von Gorbatschow vorgelegten neuen Unionsvertrags, ab. Diese Weigerung Krawtschuks war entscheidend für den Zerfall der UdSSR, denn Jelzin war nur bereit, den neuen Unionsvertrag zu unterzeichnen, wenn ihr auch die Ukraine angehören würde (Ott 1999: 17).

Während der Putschtage im August 1991 hielt sich Krawtschuk mit öffentlichen Äußerungen zurück. Nach dem Scheitern des Putsches trat er sofort aus der KPdSU aus und ließ am 24. August 1991 den Obersten Sowjet die Unabhängigkeit der Ukraine erklären. Diese Unabhängigkeitserklärung billigten am 1. Dezember 1991 90,23 % der Stimmbürger, d.h. also nicht nur Ukrainer, die nur 78 % der gesamten Bevölkerung ausmachen. Ebenfalls am 1. Dezember 1991 wurde Krawtschuk mit 61,59 % der Stimmen zum ersten Präsidenten der Ukraine gewählt. Sein ernstzunehmender Gegenkandidat Tschornowil, dessen Reformprogramm die Ukrainer für zu radikal hielten, bekam nur 23,27 % der Stimmen (Ott 1999: 16 f.).

Am 5. Dezember 1991 kündigte das ukrainische Parlament den Vertrag über die Bildung der UdSSR von 1922 (Kappeler 2000: 252). Am 8. Dezember 1991 gründeten Krawtschuk mit seinem russischen Kollegen Jelzin und dem weißrussischen Parlamentspräsidenten Stanislau Schuschkewitsch, der zugleich die Funktion des Staatsoberhaupts wahrnahm, in der Nähe der weißrussischen Hauptstadt Minsk die „Gemeinschaft unabhängiger Staaten" (GUS). Innerhalb der ersten beiden Dezemberwochen 1991 erklärten die übrigen acht Sowjetrepubliken – außer Georgien – ihre Bereitschaft, der GUS beizutreten, deren Gründung formell am 21. Dezember 1991 in der damaligen kasachischen Hauptstand Alma-Ata in ihrer endgültigen Form erfolgte.

3.2 Institutionenkampf statt Transformation

Krawtschuk begann zögerlich, die politischen Machtstrukturen umzugestalten. Erst nach einem Jahr löste er im September 1992 den sowjetukrainischen Premierminister Witold Fokin ab und ernannte zum neuen Regierungschef den Direktor der Raketenfabrik in Dnipropetrowsk und Führer der Direktorenschaft im Parlament, Leonid Kutschma. Gleich nach seiner Bestätigung durch das Parlament verlangte Kutschma angesichts der Wirtschaftskrise Sondervollmachten auf Kosten der Kompetenzen des Präsidenten und der Zuständigkeiten des Parlaments, die ihm im November 1992 das Parlament für ein halbes Jahr gewährte und zu denen das Recht gehörte, per Dekret zu regieren. Im Mai 1993 verweigerte die Werchowna Rada, das Parlament, die Verlängerung der Sondervollmachten. Für die Regierungszeit von Premier Kutschma ist die Konstellation kennzeichnend, daß ein gemäßigt reformorientierte Premier gegen das Parlament und gegen den Präsidenten agiert. Der Präsident wollte für sich keine Sondervollmachten und sicherte sich dadurch die Rückendeckung des Parlaments. Er benötigte den Premier, um ihn zum Sündenbock für die Wirtschaftskrise machen zu können (Ott 2001: 163). Tatsächlich blockierten die unklaren Machtverhältnisse zwischen den staatlichen Institutionen die Wirtschaftsreformen, denn die Regierung verfügte nicht über ausreichende Vollmachten, solche Reformen durchzusetzen.

Alexander Ott faßt diese Phase folgendermaßen zusammen: „Eine starke Regierung als selbständiger politischer Akteur wurde weder vom Präsidenten noch von der Werchowna Rada akzeptiert. Das Problem der klaren Abgrenzung der Vollmachten und der Verantwortung zwischen Präsident und Premierminister sollte zum Mittelpunkt der innenpolitischen Auseinandersetzungen in der Ukraine in den nächsten fünf Jahren werden." (Ott 1999: 21)

Im September 1993 wollte sich Kutschma dem Bündnis zwischen dem reformunwilligen Präsidenten und dem Parlament nicht länger widersetzen und bot seinen Rücktritt an, der vom Parlament angenommen wurde. Im März und April 1994 wurden angesichts der katastrophalen Wirtschaftslage vorzeitige Parlamentswahlen durchgeführt, aus denen die Kommunisten mit einem Spitzenergebnis hervorgingen, so daß sie mit 86 Abgeordneten (von 450) oder 19,1 % die größte Fraktion bilden konnten (Ott 2001: 164).

3.3 Transformationsschub unter Kutschma

Am 10. Juni 1994 gewann Kutschma mit 52,15 % die Stichwahl gegen Krawtschuk mit 45,06 %, weil er sich als reformorientiert und als nicht „verbraucht" darstellen konnte. Als Präsident änderte Kutschma seine Taktik und versuchte, die Regierung seiner Kontrolle zu unterwerfen und den Einfluß des kommunistisch dominierten Parlaments auf die Regierung zu verringern, um so den Reformprozeß voranzubringen (Ott 2001: 163).

Als neuer Präsident gab er am 9. August 1994 zwei entscheidende Dekrete heraus: Auf der zentralen Ebene unterstellte er sich die Regierung. Auf der regionalen Ebene beendete er das Sowjetsystem, das darin bestand, daß der Vorsitzende des Sowjet, des Regionalparlaments, zugleich der Chef der jeweiligen Exekutive war, und unterstellte sich sowohl den Chef der regionalen Administration als auch den Vorsitzenden des regionalen Parlaments (Ott 2001: 164)

3.3 Transformationsschub unter Kutschma

Im Oktober 1994 legte Kutschma dem Parlament ein umfassendes Reformprogramm zur Einführung der Marktwirtschaft vor, das folgende Elemente umfaßte:

- Liberalisierung der Preise,
- beschleunigte Privatisierung,
- Entwicklung des Unternehmertums,
- Finanzreform, einschließlich der neuen Währung Hrywnja.

Dieses radikale Reformprogramm stieß auf den Widerstand der Linken im Parlament und fand die Zustimmung der National-Demokraten (Ott 2001: 165)

Um den Reformprozeß entscheidend voranzubringen, mußte nicht nur das ökonomische, sondern auch das politische System durch eine neue Verfassung geändert werden. Der Transformation der administrativen Planwirtschaft in eine – nach Möglichkeit soziale – Marktwirtschaft mußte die Ablösung des Sowjetsystems in ein System der Gewaltenteilung entsprechen, wenn auch situationsbedingt mit deutlicher Präsidialdominanz.

Da das neue Parlament wenig Interesse an einer neuen Verfassung hatte, versuchte Kutschma mittels verschiedener Einzelgesetze wichtige Elemente einer neuen Verfassung vorab einzuführen. So legte Kutschma am 2. Dezember 1994 dem Parlament das Gesetz „Über die Staatsmacht und die regionale Selbstverwaltung" vor, das praktisch der Legalisierung der beiden Präsidentendekrete vom August 1994 diente. Das Gesetz stand dem Präsidenten das Recht zu, die Regierung zu bilden und Regierungsverantwortung zu tragen. Ferner sollte er das Recht erhalten, die Leiter der regionalen Administrationen (Gouverneure) ohne Zustimmung des Parlaments zu ernennen. Zudem sollten auf der Bezirks- und der Gebietsebene die Sowjets abgeschafft und statt dessen regionale Volksvertretungen eingeführt werden. Ferner durfte er Wirtschaftsreformen per Dekret anordnen (Ott 2001: 166).

Am 7. Juni 1995 wurde das Gesetz in modifizierter Form unter der Bezeichnung „Gesetz über die Macht" nach knapp dreiwöchigem Machtkampf zwischen Parlament und Präsident von der Werchowna Rada verabschiedet. Vorher waren aus dem Gesetzentwurf die Artikel über das Recht des Präsidenten, das Parlament aufzulösen, und über das Recht des Parlaments, dem Präsidenten das Mißtrauen auszusprechen, gestrichen worden. Dem Präsidenten wurde das Recht eingeräumt, lediglich ein Referendum über eine neue Verfassung durchzuführen (Ott 2001: 166 f.).

4 Die neue Verfassung von 1996

4.1 Entstehung

Die im Herbst 1994 eingesetzte Verfassungskommission bildete im Dezember 1995 einen Arbeitsausschuß aus Experten, der die Verfassungsentwürfe, die vom Präsidenten, vom Parlament und von einzelnen Fraktionen eingebracht worden waren, zu einen einheitlichen Verfassungstext zusammenzufassen hatte. Am 11. März 1996 legte er der Verfassungskommission einen neuen Verfassungsentwurf vor, der nach heftiger Diskussion die Zustimmung der Vefassungskommission fand und dem Parlament zugeleitet wurde. Im April 1996 begannen im Parlament die Beratungen über eine neue Verfassung. Da sich die Abgeordneten nicht einigen konnten, wurde eine Schlichtungskommission eingesetzt, in der alle Parlamentsfraktionen vertreten waren, mit der Aufgabe, den Entwurf der Verfassungskommission nachzubessern. Ende Mai 1996 legte die Schlichtungskommission einen neuen Verfassungsentwurf vor, der am 4. Juni 1996 in der ersten Lesung mit einfacher Mehrheit angenommen wurde. Allerdings stellten die Abgeordneten dabei 3.000 neue Änderungsanträge, die von der Schlichtungskommission überprüft wurden. Am 21. Juni 1996 begann das Parlament mit der zweiten Lesung. Am 26. Juni übte Kutschma Druck auf das Parlament aus, indem er per Dekret für den 25. September 1996 ein Referendum über den alten präsidentenfreundlichen Verfassungsentwurf ansetzte (Installierung eines Zweikammerparlaments, Ausstattung des Präsidenten mit zusätzlichen Vollmachten hinsichtlich der Auflösung des Parlaments, Abschaffung der Abgeordnetenimmunität). Zwei Tage später, am 28. Juni 1996, nahm das Parlament den Verfassungsentwurf in der Kompromißvariante mit Zwei-Drittel-Mehrheit an (Ott 1999, 35-37; Ott 2002: 87 f.). Somit ersetzte die Ukraine als letzter GUS-Staat seine sowjetische durch eine postkommunistische Verfassung (Luchterhand 2002, 319).

4.2 Verfassungaufbau

Die neue Verfassung von 1996[10] ist folgendermaßen gegliedert:

---

[10] Die Verfassung ist im Anhang im Volltext in deutscher Übersetzung abgedruckt.

Präambel,
Abschnitt I: Allgemeine Bestimmungen (Art. 1-20),
Abschnitt II: Die Rechte, Freiheiten und Pflichten des Menschen und des Bürgers (Art. 21-68),
Abschnitt III: Wahlen. Referendum (Art. 69-74),
Abschnitt IV: Der Oberste Rat der Ukraine (Art. 75-101),
Abschnitt V: Der Präsident der Ukraine (Art. 102-112)
Abschnitt VI: Das Ministerkabinett der Ukraine. Andere Organe der vollziehenden Gewalt (Art. 113-120),
Abschnitt VII: Die Staatsanwaltschaft (Art. 121-123),
Abschnitt VIII: Rechtsprechung (Art. 124-131),
Abschnitt IX: Die territoriale Gliederung der Ukraine (Art. 132-133),
Abschnitt X: Die Autonome Republik Krim (Art. 134-139),
Abschnitt XI: Örtliche Selbstverwaltung (Art. 140-146),
Abschnitt XII: Das Verfassungsgericht der Ukraine (Art. 147-153),
Abschnitt XIII: Einbringung von Änderungen in die Verfassung der Ukraine (Art. 154-159),
Abschnitt XIV: Schlußbestimmungen (Art. 160-161),
Abschnitt XV: Übergangsbestimmungen.
Zweiter Abschnitt: Schluß- und Übergangsbestimmungen.

Bemerkenswert an der neuen Verfassung – im Gegensatz zur sowjetischen Verfassung – ist, daß die Rechte und Freiheiten des Menschen und Bürgers den übrigen Verfassungskapiteln vor den Abschnitten über den Staatsaufbau stehen. Durch diese Reihenfolge soll die Vorrangigkeit der Grundrechte vor den staatlichen Gewalten ausgedrückt werden.

Für die Übergangszeit vom Inkrafttreten der neuen Verfassung bis zur ersten Parlamentswahl 1998 und der ersten Präsidentenwahl 1999 galten die Übergangsbestimmungen.

4.3 Verfassungsänderungen

Bei der Frage der Änderung der ukrainischen Verfassung unterscheidet die ukrainische Konstitution drei Gruppen von Artikeln bzw. Änderungsmöglichkeiten:

- der Bestimmungen über die Rechte und Freiheiten der Menschen und Bürger, über die Unabhängigkeit der Ukraine und über die territoriale Integrität des Landes;
- die Kernbestimmungen der Verfassung in den Abschnitten I „Allgemeine Bestimmungen", III „Wahlen. Volksabstimmung" und XIII „Einbringung von Änderungen in die Verfassung der Ukraine" und

- den übrigen Artikeln.

Die Verfassung darf nicht geändert werden, wenn die Änderungen die Aufhebung oder Beschränkung der Rechte und Freiheiten der Menschen und Bürger vorsehen oder auf die Beseitigung der Unabhängigkeit oder die Verletzung der territorialen Integrität der Ukraine gerichtet sind (Art. 157).

Bei den Verfassungsänderungen wird zwischen den Essentials der Verfassung und den übrigen Bestimmungen unterschieden. Die Kernbestimmungen der Verfassung umfassen den Abschnitt I „Allgemeine Bestimmungen", den Abschnitt III „Wahlen. Volksabstimmung" und den Abschnitt XIII „Einbringung von Änderungen in die Verfassung der Ukraine" (Art. 155).

Im Abschnitt mit den allgemeinen Bestimmungen wird u.a. festgelegt, daß die Ukraine ein unitarer republikanischer Staat ist (Art. 2, 5) auf der Grundlage der Teilung der Gewalten in die gesetzgebende, vollziehende und rechtsprechende (Art. 6), daß das Volk der Souverän ist (Art. 5), daß das Prinzip der Oberhoheit des Rechts (Art. 8) sowie die Grundsätze der politischen, ökonomischen und ideologischen Vielfalt anerkannt werden (Art. 15).

Änderungswünsche der essentiellen Artikel müssen im Parlament vom Präsidenten oder von zwei Dritteln aller Abgeordneten eingebracht werden (Art. 156). Ein Gesetzentwurf zur Änderung der übrigen Verfassungsbestimmungen kann vom Präsidenten oder einem Drittel der Parlamentsabgeordneten in der Werchowna Rada eingebracht werden (Art. 154).

Die Annahme von Änderungsgesetzen erfolgt jeweils in einem zweistufigen Verfahren:

- bei den Essentials: Sie gelten als angenommen, wenn zwei Drittel aller Abgeordneten ihnen zustimmen und wenn dieses Votum durch ein gesamtukrainisches Referendum bestätigt wird, das vom Präsidenten anberaumt wird. Die Mindestbeteiligung am Referendum beträgt 50 % (bei einem Referendum über die Auflösung des Parlaments oder die Ablösung des Präsidenten zwei Drittel der Wahlberechtigten), die Zustimmung mindestens 50 % plus eine Stimme.
- bei den übrigen Artikeln: Der Gesetzentwurf gilt als angenommen, wenn die Mehrheit der Abgeordneten ihm zustimmt und wenn sich in der nächsten turnusmäßigen Sitzungsperiode des Parlaments zwei Drittel der Abgeordneten dafür aussprechen (Art. 155).

Beim Einbringen von Änderungsgesetzen müssen zwei Bedingungen bzw. Einschränkungen beachtet werden:

4.3 Verfassungsänderungen

- eine verfahrensmäßige Bedingung: Vor der Behandlung eines Gesetzentwurfs über die Änderung und Ergänzung der Verfassung im Parlament muß ein Gutachten des Verfassungsgerichts vorliegen, das die Übereinstimmung des Gesetzentwurfs mit den Verfassungsbestimmungen über die Änderung der Verfassung feststellt (Art. 159).
- eine zeitliche Einschränkung: Unter den Bedingungen des Kriegs- oder Ausnahmezustandes darf die Verfassung nicht geändert werden (Art. 157).

Wenn die Verfassungsänderung nicht angenommen wurde, ist ein erneutes Einbringen der Änderungsvorlage nur in einem gewissen zeitlichen Abstand möglich:

- bei den Essentials: erst in der nächsten Legislaturperiode (Art 156).
- bei den übrigen Artikeln: frühestens ein Jahr nach der Ablehnung (Art. 158).
- Innerhalb einer Legislaturperiode darf ein und dieselbe Verfassungsbestimmung nicht zweimal geändert werden (Art. 158).

Präsident Kutschma versuchte im Jahr 2000 einen neuen Anlauf, seine Verfassungsvariante mit einer schwächeren Stellung des Parlaments mittels eines Referendums doch noch durchzusetzen, nachdem es ihm 1996 nicht gelungen war, seinen damaligen Verfassungsentwurf zu realisieren. Am 15. Januar 2000 ordnete er in einem Dekret ein Referendum zu folgenden Fragen an:

1. Sprechen Sie der Werchowna Rada der 14. Legislaturperiode (1998-2002) Ihr Mißtrauen aus und treten damit auch für eine Änderung der Verfassung (Art. 90) ein, wonach der Präsident die Werchowna Rada auflösen kann, falls ihr bei einem Referendum das Mißtrauen ausgesprochen wird?
2. Unterstützen Sie die Ergänzung der Artikel 90 und 106 (Punkt 8), wonach der Präsident die Werchowna Rada vorzeitig auflösen kann, wenn sie nicht binnen eines Monats eine stabile parlamentarische Mehrheit bildet oder nicht binnen drei Monaten den Haushaltsentwurf der Regierung billigt?
3. Sind Sie damit einverstanden, daß die Abgeordnetenimmunität eingeschränkt und Artikel 80 entsprechend geändert wird, dem zufolge die Abgeordneten ohne Zustimmung der Werchowna Rada nicht strafrechtlich verfolgt, festgenommen und verhaftet werden dürfen?
4. Sind Sie damit einverstanden, daß die Zahl der Abgeordneten von 450 auf 300 reduziert wird und entsprechend die Verfassung (Art. 76) und das Wahlgesetz geändert werden?

5. Unterstützen Sie die Bildung eines Zweikammerparlaments, in dem eine Kammer die Interessen der Regionen vertritt, sowie eine entsprechende Verfassungsänderung und Wahlgesetzänderung?
6. Sind Sie damit einverstanden, daß die ukrainische Verfassung durch ein allukrainisches Referendum angenommen werden soll?

Von diesen sechs Fragen erklärte das Verfassungsgericht die erste (Mißtrauenserklärung gegenüber dem Parlament und dessen Auflösung durch den Präsidenten) und die letzte Frage (Verfassungsänderung durch ein Referendum) nicht für verfassungskonform. Über die übrigen vier Fragen fand am 16. April 2000 das Referendum statt. Bei einer Beteiligung von 81,2 % kam das Referendum rechtlich zustande. Die Zustimmung zu den vier Fragen lag (entsprechend ihrer Reihenfolge) bei 84,7 %, 89,0 %, 89,9 % und 81,7 %. Diese hohe Zustimmung ist folgendermaßen zu erklären:

- monatelange Propagierung des Referendums durch die präsidententreuen Medien,
- zum großen Teil selbstverschuldetes niedriges Ansehen des Parlaments der 14. Legislaturperiode wegen seiner Zerstrittenheit bei der Bevölkerung,
- Betriebe, Studentengruppen usw. gingen geschlossen zur Abstimmung;
- Fehlen einer geschlossenen Opposition (Ott 2002: 90-93).

Bereits am 25. April 2000 legte Kutschma dem Parlament einen Gesetzentwurf zur Umsetzung der Ergebnisse des Referendums vor. Geändert werden sollten nur die im Referendum angesprochenen Artikel 76 (Reduzierung der Zahl der Abgeordneten von 450 auf 300), 80 (Aufhebung der Abgeordnetenimmunität), 90 und 106 (Auflösung der Werchowna Rada durch den Präsidenten, wenn sie nicht binnen eines Monats eine stabile parlamentarische Mehrheit bildet oder nicht binnen drei Monaten den Haushaltsentwurf der Regierung billigt) (Ott 2002: 94 f.).

Das Verfassungsgericht befand am 27. Juni 2000, daß der vom Präsidenten dem Parlament vorgelegte Entwurf zur Änderung der Verfassung verfassungskonform sei. Allerdings müßte im Falle einer Revision der vier vorgesehenen Artikel eine Reihe weiterer Artikel präzisiert oder ergänzt werden.

Am 13. Juli 2000 entschied das Verfassungsgericht, daß der alternativ vom Parlament entwickelte Gesetzentwurf zur Änderung der Verfassung nicht verfassungskonform sei. Der Alternativentwurf der Werchowna Rada sah die Umwandlung der Ukraine in eine parlamentarische Republik vor. Das Parlament sollte aus zwei Kammern bestehen. Das Unterhaus würde 300 Abgeordnete umfassen, die alle nach dem Verhältniswahlrecht über Parteilisten gewählt würden.

4.3 Verfassungsänderungen

Innerhalb eines Monats sollte das Unterhaus eine Mehrheit bilden, die dann den Regierungschef wählen sollte, was den Präsidenten in dieser Frage entmachten würde, der bisher den Premier mit Zustimmung des Parlaments ernennt. Das Oberhaus sollte aus 150 Abgeordneten bestehen, die nach dem Mehrheitswahlrecht in den Wahlkreisen gewählt würden. Es sollte im Gesetzgebungsprozeß ein Vetorecht besitzen, den Generalstaatsanwalt wählen sowie den Staatshaushalt billigen. Überraschenderweise stimmte noch am gleichen Tag, also am 13. Juli 2000, die Werchowna Rada dem Gesetzentwurf des Präsidenten – nicht des Parlaments - zur Änderung der Verfassung zu.

Aufgrund einer schweren innenpolitischen Krise in den Jahren 2000 und 2001 (Rücktrittsforderungen an den Präsidenten wegen des Vorwurfs, die Ermordung des oppositionellen ukrainischen Journalisten Heorhij Gongadse angeordnet zu haben, und Veruntreuung von Staatsgeldern in Milliardenhöhe) wurde das Verfassungsänderungsgesetz in der präsidentialen Fassung und damit das Ergebnis des Referendums nicht umgesetzt (Ott 2002: 93-97).

In seiner Rede anläßlich des 11. Jahrestages der Unabhängigkeit der Ukraine am 24. August 2002 schlug Präsident Kutschma vor, die Macht des Präsidenten zu beschneiden und dem Parlament mehr Einfluß einzuräumen. Mittels Verfassungsänderung soll erreicht werden, daß die Parlamentsmehrheit die Regierung bildet und die Verantwortung für deren Arbeit trägt.[11]

Hintergrund dieses Vorschlags nach dem Sieg der oppositionellen Bewegung „Unsere Ukraine" bei den Parlamentswahlen am 31. März 2002 war wohl die Überlegung Kutschmas, dass bei den Präsidentschaftswahlen im Herbst 2004 eventuell der Führer dieser Bewegung Juschtschenko siegen könnte. Er sollte dann ein machtpolitisch geschmälertes Präsidentenamt antreten.

In einer Fernsehrede präzisierte Kutschma am 5. März 2003 seine Vorschläge für den Übergang von einem „präsidial-parlamentarischen zu einem parlamentarisch-präsidialen Regierungssystem" und legte am 6. März 2003 dem Parlament einen entsprechenden Gesetzesentwurf vor. Danach soll die Regierung vom Parlament gebildet werden. Das Parlament wählt den Regierungschef, der vom Präsidenten vorgeschlagen wird. Der Präsident will nur noch die ihm besonders zugeordneten Minister für Verteidigung, Äußeres, Inneres und Katastrophenschutz ernennen. Auf der anderen Seite soll der Präsident das Recht haben, das Parlament aufzulösen, wenn keine Mehrheit zustande kommt, keine Regierung gebildet und der Staatshaushalt nicht fristgerecht verabschiedet wird.

Ferner möchte Kutschma eine zweite Parlamentskammer, das Oberhaus, aus Vertretern der Regionen einrichten. Das bisherige Parlament, das Unterhaus, soll von 450 auf 300 Abgeordnete reduziert werden. In das Oberhaus mit dem Na-

---

[11] UKRINFORM, 24.8.2002.

men „Kammer der Regionen" sollen die 27 Verwaltungsgebiete (24 Gebiete, das Autonome Gebiet Krim und die Städte Kiew und Sewastopol) jeweils drei Vertreter entsenden. Dieser Kammer soll auch der ehemalige Präsident auf Lebenszeit angehören, der auf diese Weise Immunität erlangen würde. An das Oberhaus, das nicht gewählt wäre, sollen 66 Kompetenzen des Unterhauses übergehen. Bei der Werchowna Rada verbleiben nur noch vier.[12] Die Mitglieder des Oberhauses werden nicht gewählt, sondern von den Regionen entsandt. Es dürften meistens die regionalen Oligarchen sein, welche die Interessen Kutschmas vertreten.

Damit sich die Ukraine nicht in einem ständigen Wahlkampf befindet, sollten die Wahlen nur alle fünf Jahre stattfinden und dann alle innerhalb eines Jahres: die Präsidenten- und die Parlamentswahl sowie die Wahl zu den kommunalen Vertretungsorganen.[13] Ferner soll die gegenwärtige Legislaturperiode um ein Jahr verlängert werden, um die Abgeordneten geneigter zu machen, dieses Gesetz anzunehmen. Das würde die Verlängerung der Amtszeit von Kutschma um drei Jahre bis zum Jahr 2007 bedeuten.[14]

Aufgrund der starken Kritik seiner Verfassungsänderungsvorschläge modifizierte Kutschma diese und brachte sie am 20. Juni 2003 als Gesetzentwurf im Parlament ein.[15] Seine Vorschläge, in der Ukraine eine zweite Parlamentskammer einzuführen, sowie die Zahl der Parlamentsabgeordneten zu reduzieren, ließ er fallen. Die Norm, Gesetze durch Volksbefragungen direkt zu verabschieden, lehnt er nach wie vor ab.

Hinsichtlich der Regierungsbildung soll folgende Regelung gelten: Der Präsident schlägt dem Parlament den Kandidaten für das Amt des Premierministers auf Vorschlag seiner Parlamentsmehrheit vor. Das Parlament ernennt die Regierungsmitglieder bis auf den Außen-, den Verteidigungs- und den Innenminister sowie die Leiter des Sicherheitsdienstes (SBU), des Staatlichen Komitees zum Schutz der Staatsgrenze, die Staatlichen Zolldienstes und der Staatlichen Steuerverwaltung.

Bezüglich des Parlaments will der Präsident das Recht, das Parlament aufzulösen:

- falls in der Werchowna Rada innerhalb eines Monats kein ständig arbeitende Parlamentsmehrheit zustande kommt,

---

[12] Der SPU-Vorsitzende Oleksandr Moros in einem Vortrag am 22.5.2003 in Berlin.
[13] Korespondent, 6.3.2002.
[14] Die ukrainische Oppositionspolitikerin Julija Tymoschenko in einem Interview mit der Deutschen Welle (Ukrainisches Programm) am 19.5.2003.
[15] President.gov.ua, ukrain., 19.6.2003.

- falls innerhalb von 60 Tagen nach einer Entlassung des Ministerkabinetts keine Regierung gebildet wird,
- falls jeweils bis zum 1. Dezember das Parlament keinen Staatshaushalt für das kommende Jahr verabschiedet.

Festhalten will Kutschma an seinem Vorschlag, die Wahlen des Präsidenten, des Parlaments und der örtlichen Selbstverwaltung in einem Jahr abzuhalten. Der Termin der Präsidentenwahl 2004 soll allerdings nicht geändert werden. Wann zum fünfjährigen Zyklus all dieser Wahlen übergangen wird, soll das Parlament entscheiden.

Im April 2004 scheiterte die Verfassungsreform im Parlament. Es fehlten elf Stimmen. Am 22. Juni 2004 wurde über die Verfassungsänderung in der Werchowna Rada unter einer neuen Nummer der Vorlage erneut abgestimmt und in der ersten Lesung mit 276 Stimmen angenommen. Auf diese Weise wurde versucht, die Verfassungsbestimmung zu umgehen (Art. 158), die besagt, dass eine Verfassungsänderung frühestens ein Jahr nach ihrer Ablehnung erneut in das Parlament eingebracht werden darf. Im Vorfeld der Präsidentschaftswahlen am 31. Oktober 2004 wurde dann diese Verfassungsänderung nicht weiter verfolgt.

Als Ergebnis der „orangen" Revolution nahm die Werchowna Rada am 8. Dezember 2004 ein umfassendes Verfassungsänderungsgesetz an[16], welches das Parlament und die Regierung auf Kosten der Präsidialmacht stärkte. Durch diese Verfassungsänderung wird die Ukraine vom politischen System her zum Vorbild für alle anderen GUS-Staaten. Diese Verfassungsänderungen treten am 1. September 2005 in Kraft, wenn bis dahin ein entsprechendes Gesetz zur Reform der örtlichen staatlichen Verwaltung verabschiedet worden ist. Sollte dieses Gesetz nicht rechtzeitig beschlossen werden, treten die Verfassungsänderungen erst am 1. Januar 2006 in Kraft.

---

[16] Zakon Ukraijiny pro vnesenyja zmin do Konstitucii Ukrajiny [Gesetz zur Einführung von Änderungen in die Konstitution der Ukraine]. http://zakon.rada.gov.ua/cgi-bin/aws/main.cgi.

5 Die Grundwerte des ukrainischen politischen Systems

Die neue ukrainische Verfassung stellt einen totalen Bruch mit der sowjetischen Vergangenheit dar. Nicht mehr der „Aufbau der klassenlosen kommunistischen Gesellschaft" ist das höchste Ziel des Staates (Präambel) und nicht mehr die auf den Grundlagen der marxistisch-leninistischen Ideologie basierende KPdSU ist der Kern des politischen Systems (Art. 6 der sowjetischen Verfassung[17]), sondern „der Mensch, sein Leben und seine Gesundheit, seine Ehre und Würde, seine Unantastbarkeit und Sicherheit gelten in der Ukraine als das höchste soziale Gut". Die neue Verfassung, die sich in ihrer Präambel zur Verantwortung vor Gott, dem eigenen Gewissen und zukünftiger Generationen bekennt, legt zudem den Staat darauf fest, seine Hauptpflicht in der Bekräftigung und Einhaltung der Rechte und Freiheiten des Menschen zu sehen (Art. 3 der neuen ukrainischen Verfassung).

Den Rechten, Freiheiten und Pflichten des „Menschen und Bürgers" ist der 47 Artikel umfassende zweite Abschnitt der neuen ukrainischen Verfassung gewidmet, wobei sich diese Überschrift durch die Erweiterung der Grundrechtsgewährung nicht nur auf die Bürger, wie zu sowjetischen Zeiten, sondern auch auf die Menschen bezieht. Die Grundrechte werden nicht mehr nur den systemkonformen Bürgern gewährt und nicht mehr durch Verfassungsvorbehalte beschränkt, sondern ihre Einhaltung wird juristisch garantiert. Ihnen liegt nicht eine positivistische, sondern eine menschenrechtliche Verankerung zugrunde. Nicht mehr der Staat bestimmt, welche Grundrechte in welcher Form er seinen Bürgern gewährt, sondern die Grundrechte und Grundpflichten sind jedem Menschen unveräußerlich und unantastbar (Art. 21). Die Grundrechte sind zudem durch ihren Katalog in der Verfassung nicht erschöpft, sondern können durch die Übernahme internationaler Verträge durch die Ukraine erweitert werden (Instytut zakonodatelstva Verchovnoi Radi Ukrainy 1998: 70).

Die verfassungsmäßigen Rechte und Freiheiten sind garantiert und dürfen nicht eingeschränkt werden (Art. 64, Abs. 1). Die Einschränkung des Inhalts und des Umfangs bestehender Recht und Freiheiten ist durch die Annahme neuer bzw. die Ergänzung geltender Gesetze nicht statthaft (Art. 19). Zudem wird die

---

[17] Text in deutscher Übersetzung in: Schneider 1978: 42-70.

Einhaltung der verfassungsmäßigen Rechte und Freiheiten vom Bevollmächtigten des Parlaments für Menschenrechte kontrolliert (Art. 101). Zu diesem Zweck hat das Parlament das Amt eines Ombudsmanns für Menschenrechte geschaffen und dazu 1997 ein entsprechendes Gesetz verabschiedet. Der Ombudsmann wird vom Parlament auf Vorschlag des Parlamentsvorsitzenden oder eines Viertels der Abgeordneten in geheimer Wahl gewählt. Er muß jedes Jahr im ersten Quartal dem Parlament einen Bericht über die Einhaltung der Menschenrechte vorlegen.

Lediglich im Falle des Kriegs- oder Ausnahmezustands können einzelne Beschränkungen der Rechte und Freiheiten mit dem Hinweis auf die Geltungsdauer dieser Beschränkungen festgelegt werden. Nicht eingeschränkt werden dürfen die Artikel 24 (Gleichheitsgrundsatz), 25 (Staatsangehörigkeitsrechte), 27 (Recht auf Leben), 28 (Achtung der Menschenwürde), 29 (Freiheitsrecht), 40 (Eingaben an Organe der Staatsgewalt), 47 (Recht auf Wohnung), 51 (Ehe), 52 (Kinder), 55 (gerichtlicher Schutz der Rechte und Freiheiten), 56 (Wiedergutmachung des vom Staat zugefügten Schadens), 57 (Veröffentlichung der Gesetze), 58 (keine rückwirkende Geltung von Gesetzen), 59 (Recht auf juristischen Beistand), 60 (keine Ausführung verbrecherischer Anweisungen), 61 (keine zweimalige Bestrafung für ein und dieselbe Rechtsverletzung), 62 (Schuld muß bewiesen werden) und 63 (Recht auf Verteidigung). Mit dieser Regelung geht die ukrainische Verfassung noch über das deutsche Grundgesetz (Art. 19) hinaus, das die Einschränkung der Geltung der Grundrechte zuläßt, allerdings darf in keinem Fall ein Grundrecht in seinem Wesensgehalt angetastet werden (Art. 64, Abs. 2)

Jeder Mensch hat das Recht zur freien Entfaltung seiner Persönlichkeit, wenn er dadurch nicht die Rechte und Freiheiten anderer Menschen verletzt. Gegenüber der Gesellschaft, die ihm seine freie Entfaltung gewährleistet, hat er aber auch Pflichten (Art. 23).

5.1 Gleichheitsgrundsatz

Der Grundrechtskatalog wird in Artikel 24 mit dem Gleichheitsgrundsatz (Abs. 1) eröffnet. Es darf keine Privilegien oder Beschränkungen geben nach Merkmalen der Rasse, der Hautfarbe, der politischen, religiösen und anderen Überzeugungen, des Geschlechts, der ethnischen und sozialen Herkunft, des Besitzstandes, des Wohnsitzes sowie aus sprachlichen und „anderen Gründen" (Art. 24, Abs. 2).

Besonders erwähnt wird in Absatz 3 die Gleichberechtigung von Mann und Frau, die gewährleistet wird u.a. durch besondere Maßnahmen für den Arbeits-

und Gesundheitsschutz der Frauen, durch die Festlegung von Rentenvergünstigungen, durch den Rechtsschutz sowie durch die materielle und moralische Förderung von Mutterschaft und Kindschaft.

5.2 Recht auf Leben

In Artikel 27 wird das unentziehbare Recht auf Leben gewährt. Niemandem darf willentlich das Leben genommen werden. Aufgabe des Staates ist es, das Leben zu schützen. Das bedeutet, daß es in der Ukraine keine Todesstrafe gibt, was den Anforderungen des Europarats an seine Mitglieder, zu denen die seit 1997 Ukraine gehört, entspricht. Die Todesstrafe wurde in der Ukraine aber weiter verhängt, jedoch ab 1997 nicht mehr vollstreckt. Erst als das Verfassungsgericht feststellte, daß die Todesstrafe verfassungswidrig ist, wurde sie im Jahr 2000 von der Werchowna Rada abgeschafft.

5.3 Persönliche Freiheitsrechte

Artikel 21 enthält die fundamentale Aussage, daß alle Menschen frei und in ihrer *Würde* und in ihren Rechten gleich sind. Jeder hat das Recht auf Achtung seiner Würde (Art. 28, Abs. 1). Diese Aussagen werden spezifiziert: „Niemand darf der Folter, einer grausamen, unmenschlichen oder einer seine Würde verletzenden Behandlung oder Strafe ausgesetzt werden" (Abs. 2). Ferner darf niemand ohne seine freiwillige Zustimmung medizinischen, wissenschaftlichen oder anderen Versuchen ausgesetzt werden (Abs. 3).

Das Recht auf *Freiheit und persönliche Unverletzlichkeit* (Art. 29, Abs. 1) wird in Absatz 2 durch die für die vom Sowjetsystem geprägten Menschen wichtige Bestimmung ergänzt, daß Personen nur auf der Grundlage eines Gerichtsbeschlusses und nur aus den durch das Gesetz bestimmten Gründen und dem darin bestimmten Verfahren verhaftet oder in Gewahrsam gehalten werden dürfen. Ohne Gerichtsbeschluß dürfen Personen im Falle der dringenden Notwendigkeit, eine Straftat zu verhindern oder sie zu unterbinden, nur 72 Stunden in Gewahrsam gehalten werden (Abs. 2). Jeder verhafteten Person müssen unverzüglich die Gründe für ihre Verhaftung oder Festnahme mitgeteilt werden (Abs. 3).

Ebenfalls von großer Bedeutung für die Ukrainer sind die Aussagen über die *Unverletzlichkeit des Privatlebens*. Dazu gehören das Brief-, Telefon-, Telegramm- und sonstiges Korrespondenzgeheimnis, das jedem garantiert wird. „Ausnahmen dürfen nur durch ein Gericht in den durch ein Gesetz bestimmten Fällen mit dem Ziel festgelegt werden, eine Straftat zu verhindern oder die

5.3 Persönliche Freiheitsrechte

Wahrheit im Verlauf der Untersuchung einer Strafsache zu ermitteln, wenn es unmöglich ist, mit anderen Mitteln Informationen zu erhalten" (Art. 31).

Nach Artikel 32 darf niemand einer Einmischung in sein *Privat- und Familienleben* unterzogen werden, außer in den durch ein Gesetz bestimmten Fällen (Abs. 1). Die Konkretisierung dieses Rechts erhält seine Bedeutung vor dem ehemaligen sowjetischen Hintergrund: die Sammlung, Aufbewahrung, Verwendung und Verbreitung vertraulicher Informationen über eine Person ohne ihre Zustimmung ist nicht statthaft. Ausnahmen davon dürfen nur in den durch ein Gesetz bestimmten Fälle gemacht werden und nur im Interesse der nationalen Sicherheit, des wirtschaftlichen Wohlergehens und der Menschenrechte. Der Begriff „wirtschaftliches Wohlergehen" ist allerdings eine sehr schwammige Formulierung, die unterschiedlich weite Auslegungen zulassen dürfte (Abs. 2).

Jeder Bürger hat das Recht, sich bei staatlichen Organen, den Organen der kommunalen Selbstverwaltung, in Institutionen und Organisationen mit den über ihn vorhandenen Angaben bekannt zu machen, es sei denn, es handelt sich um Staatsgeheimnisse oder andere gesetzlich geschützte Geheimnisse (Abs. 3). Zudem hat jeder das „Recht, die Löschung beliebiger Angaben über ihn zu fordern". Werden sie dann auch gelöscht? Jedem wird darüber hinaus das Recht auf Ersatz des ihm durch die Sammlung, Aufbewahrung, Verwendung und Verbreitung unwahrer Informationen entstandenen materiellen und moralischen Schadens garantiert (Abs. 3).

Zu den persönlichen Freiheitsrechten gehört ferner das in Artikel 30 verankerte Recht auf *Unverletzlichkeit der Wohnung*. In die Wohnung darf nur in den durch ein Gesetz festgelegten Fällen oder aufgrund eines Gerichtsbeschlusses eingedrungen werden.

Ein weiterer großer Fortschritt gegenüber dem Sowjetsystem, das vielen die Aufenthaltsorte zuwies und das Ausreisevisum für die eigenen Bürger einführte, ist Artikel 33, der erstmals in der Ukraine – sowohl hinsichtlich des zaristischen Rußland als auch der Sowjetunion – die *Freizügigkeit innerhalb des Staates und nach außen* garantiert: Jeder, der sich legal auf dem Territorium der Ukraine aufhält, hat das Recht auf Freizügigkeit und die freie Wahl des Wohnsitzes. Ihm wird das Recht garantiert, die Ukraine frei zu verlassen, mit Ausnahme der durch Gesetz bestimmten Beschränkungen (Abs. 2). Dem ukrainischen Staatsbürger darf das Recht nicht entzogen werden, jederzeit in die Ukraine zurückzukehren (Abs. 3).

Nach Artikel 35 garantiert das Recht auf *Freiheit der Weltanschauung und des Glaubensbekenntnisses*. Dieses Recht schließt die Freiheit ein, zu einer beliebigen Religion oder zu keiner Religion zu bekennen (Abs. 1). Zu Sowjetzeiten gab es die formale Trennung von Kirche und Staat, die in der Praxis so aussah, daß der Atheismus Staatsreligion war und sich das religiöse Bekenntnis auf den reinen Kirchenraum beschränkte. Der Staat durfte uneingeschränkt den Atheismus marxistisch-leninistischer Prägung propagieren. Wer einer Religion angehörte und das erkennen ließ, hatte keine Chance für eine berufliche Karriere. In der neuen Verfassung sind die Kirche und die Religionsgemeinschaften vom Staat und von der Schule getrennt. Es gibt keine Staatsreligion, denn keine Religion darf vom Staat als verbindlich anerkannt werden (Abs. 3). Der Staat darf auch keine Ideologie als verbindlich anerkennen (Art. 15, Abs. 2). Diese Aussage ist ein Reflex auf die Tatsachse, daß zu Zeiten der Sowjetunion der Marxismus-Leninismus die herrschende Staatsideologie war.

Wenn jemand aus religiöser Überzeugung keinen Wehrdienst ausüben kann, muß dieser durch einen alternativen Dienst ersetzt werden – eine Regelung, die zu Sowjetzeiten undenkbar gewesen wäre (Art. 35, Abs. 4).

Ein großer Schritt auf dem Wege zur Demokratie ist in Artikel 34 die Gewährung der *Freiheit des Gedankens und des Wortes*. Jedem wird das Recht auf die freie Bekundung seiner Ansichten und Überzeugungen garantiert (Abs. 1). Jeder hat das Recht, frei Informationen zu sammeln, aufzubewahren sowie mündlich oder schriftlich zu verbreiten (Abs. 2)

Die Wahrnehmung des Rechts auf Freiheit des Gedankens und des Wortes kann durch ein Gesetz eingeschränkt werden im Interesse:

- der nationalen Sicherheit, der territorialen Integrität oder der öffentlichen Ordnung mit dem Ziel der Verhinderung von Unruhen und Straftaten,
- des Schutzes der Gesundheit der Bevölkerung (Wieso schützt mangelnde Information die Gesundheit?),
- des Schutzes des Ansehens oder der Rechte anderer Menschen,
- der Verhinderung der Verlautbarung vertraulich beschaffter Informationen oder
- der Wahrung der Autorität und der Unvoreingenommenheit der Rechtsprechung (Abs. 3).

Die Zensur ist in der Ukraine verboten (Art. 15, Abs. 3). Was wir allerdings seit dem Jahr 2002 beobachten, ist die Einführung einer indirekten Zensur.[18]

5.4 Politische Freiheitsrechte

Die Bürger der Ukrainer haben nach Artikel 36 das Recht auf Vereinigungsfreiheit in politische Parteien und gesellschaftliche Organisationen einschließlich des

---

[18] Vgl. das Kapitel über die Massenmedien.

Rechts der Gewerkschaftsgründung (Abs. 1). Im Gegensatz zur jahrzehntelangen Praxis des fast erzwungenen Beitritts zur kommunistischen Staatsgewerkschaft legt Absatz 4 fest, daß niemand zum Eintritt in eine Vereinigung in ihr gezwungen werden kann (Abs. 4).

In Artikel 39 erhalten die Bürger das Recht, sich friedlich und unbewaffnet zu versammeln und Versammlungen, Meetings, Aufzüge und Demonstrationen durchzuführen unter der Einschränkung, daß ein Gericht die Wahrnehmung dieses Rechts beschränken kann im Interesse der nationalen Sicherheit und der öffentlichen Ordnung, im Interesse des Schutzes der Gesundheit der Bevölkerung oder des Schutzes der Rechte und Freiheiten anderer Menschen.

5.5 Mitwirkungsrechte

Die Mitwirkungsrechte umfassen:
- das Recht auf die Teilnahme an der Leitung der staatlichen Angelegenheiten (Art. 38, Abs. 1),
- das aktive und passive Wahlrecht (Art. 38, Abs. 1),
- das Recht, an gesamtukrainischen und örtlichen Referenda teilzunehmen (Art. 38, Abs. 1),
- den gleichen Zugang zum Staatsdienst (Art. 38, Abs.2),
- das Recht, sich persönlich an die staatlichen Organe und die Organe der kommunalen Selbstverwaltung zu wenden sowie individuelle bzw. kollektive Eingaben an diese und an die dort tätigen Amtspersonen zu richten. Diese sind verpflichtet, die Eingaben zu behandeln und innerhalb der vom Gesetz bestimmten Frist eine begründete Antwort zu geben (Art. 40).

Um den Wert des Wahlrechts in der neuen Verfassung beurteilen zu können, muß es in Verbindung mit Artikel 15 betrachtet werden, der die politische, ökonomische und ideologische Vielfalt für die Ukraine anerkennt. Das Wahlrecht wird zudem in einem Staat ausgeübt, der sich zur Gewaltenteilung bekennt (Art. 6).

5.6 Wirtschaftsrechte

Die ukrainische Verfassung gewährt das Recht auf unternehmerische Tätigkeit (Art. 42, Abs. 1), auf Privateigentum (Art. 42, Abs. 4) und auf Eigentum an Grund und Boden (Art. 14, Abs. 2). Im Sowjetsystem konnte niemand Grund und Boden erwerben, da der Staat Eigentümer des gesamten Bodens war.

Die ukrainische Verfassung strebt so etwas wie eine soziale Marktwirtschaft an, auch wenn dieser Begriff nicht verwendet wird: Sie will eine soziale Ausrichtung der Wirtschaft und betont, daß Eigentum verpflichtet – eine Formulierung, die auch Artikel 14, Abs. 2, des deutschen Grundgesetzes kennt (Art. 13, Abs. 3).

Die Grenze der unternehmerischen Tätigkeit zieht Artikel 42, Absatz 3. Sie liegt dort, wo sie eine Monopolstellung auf dem Markt mißbraucht, die Konkurrenz beschränkt oder unlautere Konkurrenz betreibt. Die Nutzung des Eigentums darf weder die Rechte, die Freiheiten sowie die Würde der Bürger und die Interessen der Gesellschaft beeinträchtigen noch die ökologische Situation und die natürliche Qualität des Bodens verschlechtern (Abs. 3).

Das Vermögen darf nur auf gesetzlicher Grundlage als Ausnahme aus Gründen gesellschaftlicher Notwendigkeit, nach einem bestimmten Verfahren sowie unter der Bedingung vorheriger und voller Erstattung ihres Werts zwangsweise enteignet werden, und das nur unter den Bedingungen des Kriegs- oder Ausnahmezustands (Art. 41, Abs. 3). Die Beschlagnahme des Vermögens darf nur aufgrund eines Gerichtsbeschlusses erfolgen in den durch ein Gesetz bestimmten Fällen und in dem darin bestimmten Umfang nach dem darin bestimmten Verfahren (Art. 41, Abs. 4).

5.7 Soziale Grundrechte und Freiheiten

Da der Staat nicht mehr Eigentümer aller Betriebe ist, kann er nicht mehr, wie in der bisherigen sowjetischen Verfassung, das Recht auf Arbeit gewähren, das mit der Pflicht zur Arbeit identisch war. Deshalb dürfte der ukrainische Staat eigentlich kein *Recht auf Arbeit* im engeren Sinn einräumen. Artikel 43 macht es in der modifizierten Form, daß der Staat die Bedingungen für die volle Wahrnehmung des Rechts auf Arbeit und die gleichen Möglichkeiten bei der Berufswahl und der Art der Beschäftigung schafft, entsprechend den gesellschaftlichen Bedürfnissen. Jeder, der arbeitet, hat das Recht auf Streik (Art. 44, Abs. 1) und Erholung (Art. 45, Abs. 1).

Weitere soziale Rechte, welche die Verfassung gewährt, umfassen das *Recht auf Wohnung* (Art. 47), das *Recht auf einen hinreichenden Lebensstandard* für den Bürger und seine Familie, das ausreichende Ernährung, Bekleidung und Wohnung einschließt (Art. 48) sowie das *Recht auf sozialen Schutz,* u.a. einschließlich des Rechts auf Versorgung im Falle der Arbeitslosigkeit aus von ihm unabhängigen Gründen (Art. 46, Abs. 1).

Jeder hat das *Recht auf Gesundheitsschutz* (Art. 49, Abs. 1). Da es in der Ukraine keine Krankenversicherung gibt, besteht dieses Recht in der Praxis darin, daß die ärztliche Behandlung kostenlos ist (Abs. 3), auch in den Krankenhäusern. Die Medikamente muß der Patient allerdings selbst bezahlen sowie anspruchsvolle Operationen (z.B. Herzschrittmacher). In den Krankenhäusern müssen die Verwandten den Patienten mit Bettwäsche, Verbandsmaterial und Essen versorgen. Wer dazu keine Möglichkeiten hat, muß sich mit seinem Schicksal abfinden.

Der Staat schützt in Artikel 51 *Familie, Kindschaft, Mutterschaft und Vaterschaft*. (Abs. 3). Jeder Ehepartner hat in der Ehe und in der Familie die gleichen Rechte und Pflichten (Abs. 2). Die Eltern sind verpflichtet, ihr Kinder bis zur Volljährigkeit zu versorgen und die volljährigen Kinder sind verpflichtet, ihre erwerbsunfähigen Eltern zu versorgen (Abs. 3).

Wohl als Reaktion auf die staatliche Vertuschungspolitik bei dem Atomunglück in Tschernobyl gewährt Artikel 50 das *Recht auf eine für das Leben und die Gesundheit ungefährliche Umwelt* und sogar auf Wiedergutmachung des in Verletzung dieses Rechts entstandenen Schadens (Abs. 1). Zudem wird das Recht auf freien Zugang zu Informationen über den Zustand der Umwelt, die Qualität der Lebensmittel und Konsumgüter garantiert (Abs. 2)..

Jeder hat nach Artikel 53 das *Recht auf Bildung* (Abs.1), zu dem die Unentgeltlichkeit der Schulbildung, Berufsausbildung und Hochschulbildung gehört (Abs. 3). Die Bürger der nationalen Minderheiten haben das Recht auf Unterrichtung in der Muttersprache oder das Erlernen der Muttersprache in den staatlichen und kommunalen Bildungseinrichtungen oder über nationale Kulturgesellschaften (Abs. 5).

Den Bürgern wird in Artikel 54 die *Freiheit literarischer, künstlerischer, wissenschaftlicher und technischer schöpferischer Betätigung* garantiert. Zugleich wird der Schutz des geistigen Eigentums, das aus der Wahrnehmung dieser Freiheiten entstanden ist, gewährleistet (Abs. 1).

5.8 Justizielle Grundrechte

Zu den justiziellen Grundrechten gehören der gerichtliche Schutz der Rechte und Freiheiten des Menschen (Art. 55, Abs. 1), das Recht, Beschlüsse, Handlungen und Unterlassungen von Organen der Staatsgewalt und der örtlichen Selbstverwaltung sowie von deren Amtspersonen und Angestellten vor Gericht anzufechten (Abs. 2). Jeder hat das Recht, sich nach Ausschöpfung aller nationaler Rechtsschutzmittel zum Schutz seiner Rechte und Freiheiten an die entsprechenden Organe internationaler Organisationen, deren Mitglied oder Teilnehmer die Ukraine ist, zu wenden (Abs. 3), also z.B. auch an den Europäischen Gerichtshof für Menschenrechte. Überhaupt sind viele Regelungen der Europäischen Menschenrechtskonvention in das Grundrechtekapitel eingeflossen (Bos 2002: 452).

Weitere Artikel gewähren:

- das Recht auf Rechtsbeistand (Art. 59, 63),
- den Grundsatz, daß niemand für ein und dieselbe Straftat zweimal verurteilt wird (Art. 61),
- die gesetzliche Unschuldsvermutung, die Nichtverpflichtung, seine Unschuld zu beweisen, und den Grundsatz, im Zweifel für den Angeklagten (Art. 62),
- das Verbot der Verwendung rechtswidrig erlangter Beweismittel (Art. 62, Abs. 2),
- das Verbot der rückwirkenden Geltung von Gesetzen (Art. 58),
- die Freistellung von der Verpflichtung, gegen sich selbst, anderen Familienmitgliedern oder gegen nahe Verwandte auszusagen (Art. 63)

Jeder hat das Recht auf Wiedergutmachung von materiellem oder moralischem Schaden, der durch gesetzwidrige Beschlüsse, Handlungen oder Unterlassungen der Organe der Staatsgewalt und der örtlichen Selbstverwaltung bzw. deren Amtspersonen oder Angestellte entstanden ist (Art. 56). Das ist nach Jahrzehnten des staatlichen Terrors unter Stalin gegen die eigene Bevölkerung eine geradezu revolutionäre Bestimmung.

6 Parlament

6.1 Kompetenzen

Nach der geltenden Verfassung vom 28. Juni 1996 besteht das ukrainische Parlament, die „Werchowna Rada" („Oberster Rat"), - im Gegensatz zum russischen Parlament - aus nur einer Kammer, die sich aus 450 Abgeordneten zusammensetzt, die in allgemeiner, gleicher, direkter und geheimer Wahl für vier Jahre gewählt werden (Art. 76). Das Parlament ist das einzige gesetzgebende Organ der Ukraine (Art. 75).

Die Verfassung führt 36 Kompetenzen an (Art. 85), von denen im folgenden nur die wichtigsten aufgeführt werden:

- Annahme von Gesetzen,
- Einbringung von Verfassungsänderungen,
- Anberaumung eines gesamtukrainischen Referendums – neben dem Präsidenten (Art. 72),
- Anberaumung der Präsidentenwahl,
- Amtsenthebung des Präsidenten,
- Bestätigung der Dekrete des Präsidenten über die Einführung des Kriegs- und Ausnahmezustands,
- Billigung der Beschlüsse des Präsidenten über den Einsatz der Streitkräfte der Ukraine und anderer militärischer Einheiten im Falle einer bewaffneten Aggression gegen die Ukraine,
- Billigung der Entsendung von ukrainischen Streitkräften ins Ausland,
- Bestimmung der Grundlagen der Innen- und Außenpolitik,
- Zustimmung zur Ernennung des Premiers durch den Präsidenten,
- Ausübung der Kontrolle über die Tätigkeit der Regierung,
- Billigung des Arbeitsprogramms der Regierung und deren Kontrolle,
- Erteilung der Zustimmung zur Ernennung des Generalstaatsanwalts,
- Ernennung eines Drittels der Mitglieder des Verfassungsgerichts,
- Wahl der Richter mit unbefristeter Amtszeit,
- Bestellung und Entlassung des Vorsitzenden und der anderen Mitglieder des Rechungshofs,

- Bestellung und Entlassung des Parlamentsbevollmächtigten für Menschenrechte,
- Bestellung und Entlassung des Vorsitzenden der Nationalbank,
- Bestellung der Mitglieder der Zentralen Wahlkommission und Beendigung ihrer Befugnisse auf Vorschlag des Präsidenten,
- Bestätigung der allgemeinen Struktur, der zahlenmäßigen Stärke und die Bestimmung der Funktionen der Streitkräfte.

Das Recht des Präsidenten, Dekrete herauszugeben (Art. 106), wird de facto durch Artikel 92 eingeschränkt, der einen Katalog von 31 Bereichen enthält, die nur per Gesetz bestimmt und festgelegt werden dürfen. Im folgenden werden die wichtigsten aufgezählt. Durch Gesetz werden bestimmt:

- die Freiheitsrechte und deren Garantien,
- Staatsangehörigkeit,
- Minderheitenrechte,
- Grundlagen der natürlichen Ressourcen,
- Grundlagen des sozialen Schutzes,
- Rechtsordnung des Eigentums sowie die des Unternehmertums und dessen Rechtsgarantien,
- Grundlagen der auswärtigen Beziehungen,
- Grundlagen der Bildung und Tätigkeit der politischen Parteien,
- Grundlagen der Bildung und Tätigkeit der Massenmedien,
- Organisation und Tätigkeit der Exekutivorgane,
- Territorialer Aufbau der Ukraine,
- das Gerichtssystem,
- Grundlagen der örtlichen Selbstverwaltung,
- Grundlagen der nationalen Sicherheit, Organisation der Streitkräfte und Gewährleistung der öffentlichen Ordnung;
- Organisation und das Verfahren der Durchführung von Wahlen und Referenda,
- Organisation und Arbeitsweise des Parlaments,
- der Staatshaushalt sowie das Finanz-, Steuer- und Währungssystem,
- das Verfahren der Entsendung von Einheiten der Streitkräfte in das Ausland,
- Verfahren der Errichtung und des Funktionierens von Wirtschaftssonderzonen, z.B. von Freihandelszonen.

Durch die Verfassungsänderung vom 8. Dezember 2004 erhielt das Parlament folgende neuen Rechte:
- Vorschlag des Kandidaten für das Amt des Premierministers an den Präsidenten aus der Mehrheitsfraktion des Parlaments,

6.1 Kompetenzen

- Ernennung des Außen- und des Verteidigungsministers sowie des Vorsitzenden des Sicherheitsdienstes der Ukraine, also des Geheimdienstchefs, auf Vorschlag des Präsidenten,
- Ernennung der übrigen Minister auf Vorschlag des Premierministers,
- Ernennung der Vorsitzenden der Antimonopolkommission, des Staatskomitees für Fernsehen und Rundfunk und des Vorsitzenden des Staatlichen Vermögensfonds sowie der Hälfte der Mitglieder des Nationalbankrats und des Nationalen Rats für Fragen des Fernsehens und des Rundfunks.

Das Parlament kann mit der Mehrheit aller seiner Mitglieder der Regierung das Mißtrauen aussprechen (Art. 87, Abs. 1), welches den Rücktritt der Regierung zur Folge hat (Art. 115). Die Mißtrauensfrage darf vom Parlament allerdings nicht mehr als einmal in einer turnusgemäßen Sitzungsperiode sowie nicht innerhalb eines Jahres nach der Billigung des Arbeitsprogramms der Regierung durch das Parlament behandelt werden (Art. 87, Abs. 2).

Zum ersten Mal stürzte das Parlament im Mai 2001 durch ein Mißtrauensvotum einen Regierungschef, Wiktor Juschtschenko.[19] Dieses Mißtrauensvotum kam durch das Zusammenspiel mächtiger Oligarchen mit der damaligen kommunistischen und linkssozialistischen Mehrheit unter dem Wohlwollen Kutschmas in der Werchowna Rada zustande. Als ehemaliger Nationalbankchef hatte Juschtschenko begonnen, einen erfolgreichen Wirtschaftsreformkurs zu steuern, bei dem einige wichtige Oligarchen Einschränkungen ihrer Wirtschaftsmacht hinnehmen mußten. Zudem argwöhnte der wenig beliebte Kutschma, daß sich der populäre Premier Juschtschenko zu einem politischen Rivalen entwickeln könnte. Hinzu kam bei der Bereitschaft Kutschmas, den Premier zu entlassen, wahrscheinlich auch noch, daß die Ernennung von Juschtschenko im Dezember 1999 zum neuen Premier auf Druck der USA und des Internationalen Währungsfonds zustandegekommen war.[20]

Das zweite Mal war ein Mißtrauensvotum gegen einen ukrainischen Regierungschef Wiktor Janukowytsch am 1. Dezember 2004 erfolgreich, der am 31. Oktober 2004 für das Amt des Präsidenten kandidiert hatte und bei der Wiederholung der Stichwahl am 26. Dezember 2004 wegen von ihm zu verantwortenden Wahlfälschungen gegen Wiktor Juschtschenko unterlag.

---

[19] Bos 2002: 459.
[20] Während seines USA-Besuchs Anfang Dezember 1999 war Kutschma klargemacht worden, daß die USA den Fortgang der Reformen nicht mit dem Namen des bisherigen Regierungschefs Pustowojtenko verbinden können. Das Parlament hatte diesen Personalvorschlag für das Amt des Premiers ohnehin abgelehnt (Ott 2002: 85). Juschtschenko wurde daraufhin von Kutschma dem Parlament als Premier vorgeschlagen, erhielt die Zustimmung und wurde vom Präsidenten zum Premier ernannt.

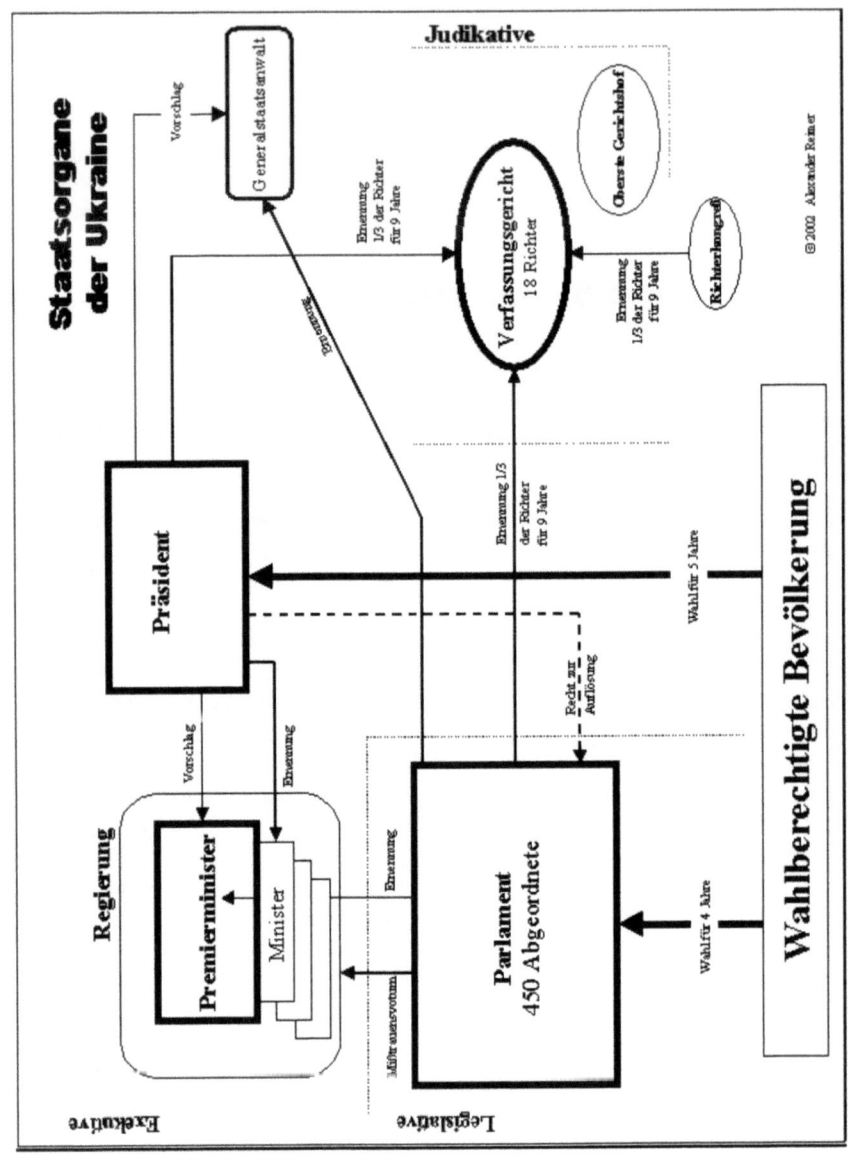

Wenn es überhaupt im politischen System der Ukraine ein staatliches Organ gibt, das zum mächtigen Präsidenten ein gewisses Gegengewicht bildet, dann ist es das Parlament. Kutschma hatte stets Schwierigkeiten, ein unabhängiges Parlament zu akzeptieren (Ott 2002: 81). Um so erstaunlicher ist es, daß er in seiner anläßlich des 11. Jahrestages der Unabhängigkeit der Ukraine am 24. August 2002 vorschlug, die Macht des Präsidenten zu beschneiden und dem Parlament mehr Einfluß einzuräumen. Mittels Verfassungsänderung soll erreicht werden, daß die Parlamentsmehrheit die Regierung bildet und die Verantwortung für deren Arbeit trägt.[21] Am 8. Dezember 2004 wurden dann eine Reihe dieser vorgeschlagenen Verfassungsänderungen vom Parlament beschlossen.

Das ukrainische Parlament hat etwas mehr Kompetenzen als die russische Staatsduma:
- Die Werchowna Rada schränkt das Dekretrecht des Präsidenten ein, weil wichtige Fragen nur durch Gesetze geregelt werden können.
- Der Präsident darf im Fall der Ablehnung des Kandidaten für das Amt des Premierministers dem ukrainischen Parlament für eine zweite Abstimmung nicht erneut denselben Kandidaten vorschlagen.
- Das ukrainische Parlament kann mit der Mehrheit aller seiner Mitglieder der Regierung das Mißtrauen aussprechen (Art. 87), welches den Rücktritt der Regierung zur Folge hat (Art. 115), während der russische Präsident die Wahl hat, die Regierung zu entlassen oder - mit Ausnahme des ersten Jahres nach der Wahl der Staatsduma - an der Regierung festzuhalten und dafür das Parlament aufzulösen.
- Die Werchowna Rada bestimmt die Grundlagen der Innen- und Außenpolitik,
- sie billigt das Arbeitsprogramms der Regierung und kontrolliert es und
- sie wählt die Richter mit unbefristeter Amtszeit

6.2 Wahlen

Das Parlament wird für vier Jahre gewählt. Wenn die Verfassungsänderung vom 8. Dezember 2004 in Kraft tritt für fünf Jahre. An der Parlamentswahl am 31. März 2002 beteiligten sich insgesamt 35 Parteien bzw. Wahlbündnisse. Nur sechs übersprangen die 4-Prozent-Hürde. Gegenüber der letzten Wahl 1998 zeigte die Wahl 2002 drei neue Entwicklungen: Die Kommunisten wurden bei der Listenwahl auf den zweiten Platz verwiesen, die von Präsident Leonid Kutschma initiierte Bewegung „Für eine einige Ukraine!" (FeU) landete auf dem

---

[21] UKRINFORM, 24.8.2002. Vgl. den Abschnitt über die Verfassungsänderung.

dritten Platz, Sieger wurde das oppositionelle Bündnis „Unsere Ukraine" (UU) unter Führung des vor einem Jahr abgesetzten Premiers Wiktor Juschtschenko (*siehe Biographie im Anhang*). Im Parlament, der Werchowna Rada, schaffte es trotzdem die Bewegung „Für eine einige Ukraine!", die größte Fraktion zu bilden durch Kauf von und Druck auf direkt gewählte Abgeordnete.

WAHLGESETZ: Im Vorfeld der Parlamentswahl kam es zu einem harten politischen Kampf um das Wahlgesetz von 1997.[22] Präsident Kutschma hatte dem Parlament eine Neuregelung des Wahlgesetzes vorgeschlagen, um „Unebenheiten und Ungenauigkeiten" zu verbessern. Gegen die vom Parlament vorgelegten fünf Wahlgesetze legte der Präsident sein Veto ein, das niemals überstimmt werden konnte.[23]

Im einzelnen ging es vor allem um folgende Streitpunkte: Das Parlament hatte am 18. Januar 2001 ein Wahlgesetz verabschiedet, das vorsah, daß alle Abgeordneten des Parlaments nach Parteilisten gewählt werden. Davon hätten vor allem die Kommunisten profitiert, die als einzige Partei über eine straffe landesweite Parteienstruktur verfügen und sich deshalb durch eine reine Parteienwahl ein besseres Wahlergebnis erhofften. Gegen dieses Gesetz legte der Präsident sein Veto ein.

Am 7. Juli 2001 verabschiedete das Parlament eine geänderte Version des Wahlgesetzes, die vorsah, daß 75 % der Abgeordneten (335) nach Parteilisten gewählt werden sollen und nur noch 25 % (115) in Direktwahlkreisen. Präsident Leonid Kutschma legt auch gegen dieses neue Wahlgesetz sein Veto ein. Er begründete das damit, daß es infolge der vorgesehenen Verringerung der Anzahl der direkt zu wählenden Abgeordneten zu einer Vergrößerung der Direktwahlkreise kommen werde. Außerdem würde sich für unabhängige Kandidaten die Chance verringern, in das Parlament gewählt zu werden.

Am 12. Juli 2001 gelang es dem Parlament wiederum nicht, das Präsidentenveto zu überstimmen. Schließlich gab das Parlament nach und beließ es in der neuen Fassung des Wahlgesetzes vom 18. Oktober 2001 bei der alten Regelung, wonach die Hälfte der Abgeordneten nach Parteilisten und die andere Hälfte direkt gewählt werden. Das Bestehen auf 225 direkt gewählten Abgeordneten hat einen sehr praktischen Grund: In den Direktwahlkreisen haben die regionalen Behörden, aber auch die Oligarchen bessere Möglichkeiten, auf die Aufstellung des Kandidaten und seinen Wahlkampf Einfluß zu nehmen (Lohmann/Durkot 2002).

---

[22] Quelle: Holos Ukrainy [Stimme der Ukraine], 25.10.1997, zitiert nach der Übersetzung von Wolfgang Göckeritz, in: Georg Brunner (Hrsg.), Verfassungs- und Verwaltungsrecht der Staaten Osteuropas. Bd. IV: GUS-Staaten. Berlin, Loseblattsammlung. Fortlaufend.
[23] Nowyj kanal [Neuer Kanal]. Kiew, 30.10.2001.

6.2 Wahlen

Neu ist, daß die Direktkandidaten nicht mehr wie im alten Wahlgesetz 900 Unterschriften von Wählern des entsprechenden Wahlkreises und die Listenwahlkandidaten nicht mehr 200.000 Unterschriften von Wählern vorlegen müssen, davon mindestens 10.000 Unterschriften von Wählern aus jeweils einem der territorialen Verwaltungsstrukturen der Ukraine (Artikel 25.2; Artikel 24.9 des Wahlgesetzes vom 24.9.1997). Nach dem neuen Wahlgesetz von 2001 wird für die Registrierung bei der Zentralen Wahlkommission eine Geldkaution hinterlegt, die bei den Direktwahlkandidaten 1.020 Hrywnja (ca. 200 Euro) beträgt und bei den Listenwahlkandidaten 255.000 Hrywnja (ca. 53.000 Euro). Diese Kaution wird bei Wahlerfolg zurückgezahlt, d.h. wenn die Partei oder der Direktkandidat in das Parlament eingezogen sind (Artikel 43.5 des Wahlgesetzes vom 18.10.2001[24]).

Ferner schreibt das neue Wahlgesetz vor, daß nur diejenigen Parteien zur Wahl antreten dürfen, die mindestens zwölf Monate vor dem Wahltermin registriert worden sind (Art. 38, Abs. 1). Und schließlich sitzen in den lokalen Wahlkreiskommissionen (zwölf bis 20 Mitglieder) nur diejenigen Parteien, die bei der letzten Parlamentswahl 1998 die Vier-Prozent-Hürde genommen hatten, während die weiteren Mitglieder der Wahlkommissionen unter den anderen Parteien ausgelost werden (Art. 20, Abs. 2).

Zur Wahl des ukrainischen Parlaments am 31. März 2002 traten 22 von 127 Parteien und 13 Wahlblöcke sowie 7.508 Direktkandidaten an. Es war die zweite Parlamentswahl seit Inkrafttreten der neuen Verfassung von 1997.

Ende März 2004 änderte das Parlament das Wahlrecht dahingehend, dass nur noch Listenkandidaten in die Werchowna Rada gewählt werden können. Diese Wahlrechtsänderung fördert die Entwicklung des Parteiensystems und erschwert die Einflussnahme des regionalen Business und der administrativen Ressourcen auf die Direktkandidaten (Finanzierung ihres Wahlkampfs für späteres businessfreundliches Abstimmungsverhalten, Behinderung der Gegenkandidaten durch administrative Maßnahmen usw.). Zudem wurde die Hürde für die Wahl in das Parlament auf 3 % herabgesetzt.

WAHLKAMPF: Das Komitee „Gleiche Möglichkeiten" kam bei der Untersuchung des Parlamentswahlkampfs 2002 zu dem Ergebnis, daß die präsidentenfreundlichen politischen Kräfte das Recht genossen, uneingeschränkt in den Medien präsent zu sein. Die Sendezeit des staatlichen TV-Kanals UT-1 gehörte faktisch dem Bündnis FeU und die des Senders „Inter" der „Vereinigten Sozialdemokratischen Partei der Ukraine" (VSDPU). Die Fernsehsender „Nowyj kanal" und „1+1" seien vergleichsweise politisch ausgewogen gewesen. Das Wahlbündnis UU wurde im Wahlkampf oft behindert, wenn es im Fernsehen oder in

---

[24] Quelle: Homepage der Zentralen Wahlkommission der Ukraine.

den Zeitungen für sich werben wollte oder Räumlichkeiten für Wahlveranstaltungen benötigte.[25]

Das ukrainische Wählerkomitee stellte folgende Verletzungen des Wahlgesetzes fest:

- Einsatz der administrativen Ressourcen, d.h. des administrativen Apparats und der Beamten zur Unterstützung von präsidentenfreundlichen Kandidaten und Bewegungen, vor allem von FeU;
- staatlicher Druck auf bestimmte politische Parteien, Kandidaten und Medien;
- Anwendung krimineller Methoden im Wahlkampf wie Gewaltandrohung und Gewaltanwendung sowie Zerstörung von Wahlkampfmaterial;
- illegale Wahlkampfpraktiken von Kandidaten wie Verteilung von Geschenken und Dienstleistungen an Wähler und Verteilung von nicht registriertem Wahlkampfmaterial;
- administrative Einmischung in die Stimmenauszählung zugunsten von „Für eine einige Ukraine!", ohne daß bewiesen werden kann, daß diese Einmischung von staatlicher Seite angeordnet war.[26]

WAHLERGEBNIS: An der Wahl beteiligten sich 69,66 %. Das am 15. April 2002 von der Zentralen Wahlkommission bekanntgegebene amtliche Endergebnis wird in der Tabelle 1 zusammengefaßt, wobei nur diejenigen Parteien und Wahlblöcke in der Reihenfolge ihrer Stimmenzahl aufgeführt sind, welche die Vier-Prozent-Hürde überwinden und in das Parlament einziehen konnten:

---

[25] Vgl. dazu auch: The European Institute for the Media (eds.), Preliminary report on Monitoring of Media Coverage during the Parliamentary Elections in Ukraine March 2002. Düsseldorf/Paris 1. September 2002.

[26] Committee of Voters of Ukraine: http://www.cvu.kjiev.ua, Vgl. dazu auch: Sushko 2002: 573.

6.2 Wahlen

Tabelle 1: Wahlergebnis der Parlamentswahl 2002

Partei/ Wahlblock	Spitzen- kandidat	Abgegebe- ne Stimmen in %	Listen- kandida- ten	Direktkan- didaten	Gewählte Abgeordnete insgesamt
UU	Wiktor *Juschtschenko*	23,57	70	42	112
KPU	Petro *Symonenko*	19,98	59	6	65
FeU	Wolodymyr *Lytwyn*	11,77	35	67	102
BjuT	Julija *Tymoschenko*	7,26	22	1	23
SPU	Oleksandr *Moros*	6,87	20	3	23
VSDPU	Wiktor *Medwedtschuk*	6,27	19	5	24
Sonstige Parteien/ Blöcke/ Wahlbündnisse		–	–	9	9
Unabhängige Kandidaten		–	–	84	89
Insgesamt		–	225	225	450

BJuT	Wahlbündnis „Block Julija Tymoschenko"
FeU	Block „Für eine einige Ukraine!"
KPU	Kommunistische Partei der Ukraine
SPU	Sozialistische Partei der Ukraine
UU	Wahlblock „Unsere Ukraine"
VSDPU	Vereinigte Sozialdemokratische Partei der Ukraine

Das liberal-nationale Wahlbündnis UU des ehemaligen Premierminister Wiktor Juschtschenko erklärte sich zum Wahlsieger mit 23,57 % der Stimmen. Das vom damaligen Leiter der Präsidialadministration geführte Bündnis FeU erhielt 11,77% und nahm den dritten Platz nach den Kommunisten ein, die 19,98 % (4 % weniger als 1998) der Stimmen bekamen. Zwei scharfe Kritiker Präsident Kutschmas – die ehemalige Vizepremierin Julija Tymoschenko (BJuT, *siehe Biographie im Anhang*) und der ehemalige Parlamentspräsident Oleksandr Moros (SPU, *siehe Biographie im Anhang*) – konnten jeweils 7,26 % bzw. 6,87 % der Stimmen auf sich vereinigen. Im Vergleich zu den Parlamentswahlen 1998

(4,1 %) erzielte die dem Präsidenten nahestehende VSDPU diesmal mit 6,27% ein besseres Ergebnis.

WAHLFÄLSCHUNGEN: Die Wahl beobachteten nach Auskunft des Vorsitzenden der ukrainischen Wahlkommission, Mychajlo Rjabez, rund 280 internationale Beobachter. Nach Auskunft des Gesandten der Wahlbeobachter-Mission des OSZE-Büros für demokratische Institutionen und Menschenrechte, Michael Wygant, haben 93% der OSZE-Wahlbeobachter einen guten Eindruck von der Wahl bekommen. Sie beobachteten die Wahlen in 5% der Wahllokale, insgesamt in 1.500 Wahllokalen. Sie kritisierten, daß die Abstimmung nicht immer geheim stattgefunden habe und daß viele Wahlberechtigte nicht in den Wahllokalen abgestimmt hätten, in denen sie registriert gewesen seien. Ferner hätten die Räumlichkeiten, in denen abgestimmt wurde, nicht immer ihrem Zweck entsprochen. Vor den Wahllokalen hätten sich lange Schlangen gebildet. Außerdem sei die Wahl dadurch erschwert worden, daß eine Vielzahl von Stimmzetteln auszufüllen war, weil gleichzeitig Regional- und Kommunalwahlen durchgeführt wurden. Die festgestellten Verstöße gegen das Wahlgesetz hätten das Wahlergebnis allerdings nicht ernsthaft beeinflussen können.[27]

Die Parlamentarische Versammlung des Europarats sandte 20 Abgeordnete aus zehn Ländern als Wahlbeobachter in die Ukraine. Sie bildeten 12 Gruppen und besuchten 100 Wahllokale. Nur in einem Viertel der Wahllokale waren sie nach Auskunft des Leiters der Beobachterdelegation, des Vizepräsidenten der Parlamentarischen Versammlung, Andreas Gross, mit dem Ablauf der Abstimmung zufrieden.

Die GUS hatte 200 Wahlbeobachter entsandt. Sie stellten Verstöße gegen das Wahlgesetz fest, die aber nur technischen Charakter gehabt hätten. Am häufigsten sei gegen das Gebot der geheimen Wahl verstoßen worden, was mit dem Gedränge und dem Mangel in Wahlkabinen in den Wahllokalen zusammengehangen habe.

Der Führer des Wahlbündnisses UU, Juschtschenko, ist der Ansicht, daß unter dem Druck der Staatsmacht die Wahlkommissionen das Abstimmungsergebnis zu Lasten des Wahlbündnisses UU und zugunsten des Blocks FeU falsch ausgerechnet hätten. Insgesamt registrierte UU 10.000 Verstöße. Juschtschenko schätzt die Verluste für sein Bündnis aufgrund der Fälschungen auf acht bis zwölf Prozent.

Der KPU-Vorsitzende Petro Symonenko (*siehe Biographie im Anhang*), erklärte, daß die Wahlfälschung fünf bis zehn Prozent betragen habe. Außerdem seien Leute aufgehalten worden, die versuchten, massenweise Wahlzettel wegzuwerfen.

---

[27] Vgl. dazu: OSCE Office for Democratic Institutions and Human Rights (ed.), Ukraine Parlamentary Elections 31 March 2002. Election Oberservation. Warsaw 27 May 2002.

Die Führerin des nach ihr benannten Wahlblocks, Julija Tymoschenko, erklärte, es habe zwar Wahlfälschungen gegeben, aber dank der gemeinsamen Anstrengungen der demokratischen Kräfte nicht in dem Ausmaß, wie die Staatsmacht es wollte. Ein Teil der Wahlfälschungen, die von den Beobachtern nicht kontrolliert werden konnten, fanden bereits vor Erstellung der Abstimmungsprotokolle durch die Wahlkommissionen statt. Die gröbsten Fälschungen durch die Staatsmacht wurden in den Gebieten Donezk, Dnipropetrowsk, Saporishshja, Mykolajiw, Charkiv, Odesa, Kirowohrad und Sumy festgestellt. Tymoschenko will das Wahlergebnis der Regierungsgruppierung FeU in 17 Wahlkreisen anfechten.

Die Wahlfälschungen haben nicht das Ausmaß erreicht, das manche vor der Wahl befürchtet hatten. Zwar führten die Fälschungen und Manipulationen – etwa „Tote Seelen" in den Wählerverzeichnissen – sicher zur Beeinträchtigung des Wahlergebnisses der oppositionellen Parteien, aber sie verkehrten das Gesamtergebnis nicht in sein Gegenteil. Nicht wenige Behinderungen und Fälschungen gingen auf das Konto regionaler Machthaber, die ein möglichst kutschmafreundliches Ergebnis nach Kiew melden wollten, um nicht im anderen Fall – was geschehen ist – vom Präsidenten abgesetzt zu werden.

6.3 Fraktionen

Laut § 4.2.1 Geschäftsordnung des Parlaments sind zur Bildung einer Fraktion oder einer Gruppe mindestens 14 Abgeordnete erforderlich.[28] Eine Fraktion wird von Abgeordneten gebildet, die einer Partei angehören, während zur Gruppe sich parteilose Abgeordnete zusammenschließen. Sonstige rechtliche Unterschiede zwischen Fraktionen und Gruppen bestehen nicht.

Die am 31. März 2002 gewählte Werchowna Rada besteht aus folgenden Fraktionen bzw. Gruppen:

---

[28] Reglament Verchovnoji Rady Ukrayiny [Geschäftsordnung des Obersten Rats der Ukraine], in: Vidomosti Verchovnoji Rady Ukrayiny [Mitteilungen des Obersten Rats der Ukraine], 1998, Nr. 40-41, Pos. 253.

Tabelle 2: Fraktionen und Gruppen im Parlament[29]

Fraktion/Gruppe	Fraktionsführer	Mitgliederzahl	Fraktionsstärke (in %)
PRÄSIDENTENFREUNDLICH:		168	37,5
Fraktion „Für eine einige Ukraine!"		17	3,8
Fraktion „Regionen der Ukraine"	Rajisa *Bohatyrjowa*	63	14,0
Fraktion „Werktätige Ukraine"	Ihor *Scharow*	21	4,7
Fraktion „Volksdemokatische Partei" und „Partei der Industriellen und Unternehmer"	Walerij *Pustowojtenko*	16	3,6
Gruppe „Union"	Mykola *Gapotschka*	17	3,8
Fraktion „Vereinigte Sozialdemokatische Partei der Ukraine"	Leonid *Krawtschuk*	34	7,6
OPPOSITION:		247	54,7
Fraktion „Unsere Ukraine"	Wiktor *Juschtschenko*	100	22,2
Fraktion „Kommunistische Partei der Ukraine"	Petro *Symonenko*	59	13,1
Fraktion „Sozialistische Partei der Ukraine"	Oleksandr *Moros*	20	4,4
Fraktion „Block ‚Julija Tymoschenko'„	Julija *Tymoschenko*	19	4,2
Fraktion „Agrarpartei der Ukraine"	Kateryna *Waschtschuk*	20	4,4
Gruppe „Demokratische Initiativen Volksmacht"	Stepan *Hawrysch*	14	3,1
Gruppe „Zentrum"	Serhij *Kirojanz*	15	3.3
FRAKTIONSLOS		35	7,8
Insgesamt		*450*	*100*

Im neuen Parlament fällt auf, daß die Fraktion der „Machtpartei", wie sie in Moskau heißen würde, denn sie wurde im Auftrag des Präsidenten vom damaligen Leiter der Präsidialadeministration und späteren Parlamentspräsidenten, Wolodymyr Lytwyn, geschaffen, „Für eine einige Ukraine!", im Parlament eine größere Fraktion bildet als Abgeordnete von ihr gewählt wurden. Gewählt wurden 102 Abgeordnete, so daß ihre Fraktion nur 22,8 % der Abgeordneten stellen dürften. Durch politischen Druck auf unabhängigen Abgeordneten und auf Abgeordnete der anderen Fraktionen sowie materielle Versprechungen erreichte sie eine Vergrößerung um 94 Abgeordnete, so daß sie eine Fraktionsstärke von 43,6

---

[29] Nach: korespondent.net, 3.12.2004.

6.3 Fraktionen

% erreicht. Doch da „Für eine einige Ukraine!" ein Konglomerat von verschiedenen kleinen Parteien und Bewegungen ist, zerfiel sie bald nach der konstituierenden Sitzung des Parlaments in inverschiedene Fraktionen und Gruppen, die allerdings eine Abstimmungsgemeinschaft als ein Mindestmaß an Zusammenhalt bilden.

Der Gruppierung „Für eine einige Ukraine!" steht politisch die „Vereinigte Sozialdemokratische Partei der Ukraine" nahe. Sie konnte ebenfalls ihre Fraktion um 13 Abgeordnete auf 37 vergrößern. Beide Fraktionen kamen anfangs 2002 zusammen auf 233 Abgeordnete oder 51,8 % aller Abgeordnetenstimmen. Damit hatten sie eine sehr knappe Mehrheit im Parlament.

Das oppositionelle Lager, bestehend aus den Fraktionen „Unsere Ukraine", „Kommunistische Partei der Ukraine", Block „Julija Tymoschenko" und „Sozialistische Partei der Ukraine" kommt zusammen auf 198 Abgeordnete oder 44,0 %. Doch es ist schwer vorstellbar, daß die Kommunisten mit der demokratischen Opposition unter Führung von Juschtschenko stimmen, den sie 2001 durch ihr Votum im Parlament abgesetzt hatten.

Mit Blick auf die Präsidentschaftswahl am 31. Oktober 2004, sind im September 2004, wie Tabelle 2 zeigt, drei Fraktionen und Gruppen aus der regierungsfreundlichen Abstimmungsgemeinschaft ausgeschieden: die Fraktionen „Agrarpartei der Ukraine", die eigentlich von Parlamentspräsidenen Wolodymyr Lytwyn geführt wird, sowie die beiden Gruppen „Demokratische Initiativen Volksmacht" und „Zentrum". Damit reduziert sich die Regierungsmehrheit auf 168 Abgeordnete und verliert mit 37,5 % ihre absolute Mehrheit. Man glaubte nicht, daß Kutschmas Kandidat, Premierminister Janukowytsch die Wahl gewinnen wird.

Die Fraktionen haben keine große Stabilität aus zwei Gründen: Zum einen gehören die Mitglieder einer Parteifraktion nicht immer der Partei an, auf deren Liste sie kandidiert haben. Deshalb ist es für sie leicht, ihre Parteifraktion zu verlassen und sich einer anderen Fraktion anzuschließen, die keine Parteifraktion ist, sondern von einer politischen Interessengruppe gebildet wird. Zum zweiten wechseln die unabhängigen Kandidaten oft die Fraktionen aus verschiedenen Gründen, nicht zuletzt aufgrund attraktiver finanzieller Angebote, die dem Fraktionswechsler von der neuen Fraktion angeboten werden. Nach dem Inkrafttreten der Verfasssungsänderung vom 8. Dezember 2004 verlieren in Zukunft die Abgeordneten ihr Mandat, wenn sie nicht der Fraktion der Partei beitreten, für die sie kandidiert haben, oder wenn sie deren Fraktion wieder verlassen.

6.4 Komitees

Die Fraktionen UU, KPU, BJuT und SPU versuchten in den ersten Wochen nach der Wahl, eine gemeinsame Personalpolitik durchzuführen und ihre Kandidaten für Schlüsselpositionen im Parlament aufzustellen. Da sie sich über Personalien nicht einigen konnten, gelang es ihnen nicht, die Ämter des Parlamentspräsidenten und seiner Stellvertreter unter sich zu verteilen. Diese Schlüsselpositionen sind wichtig für die anstehenden Gespräche mit dem Präsidenten über die Regierungsänderung und die Durchsetzung möglicher politischer Reformen (beispielsweise Verfassungsänderungen).

Nach dem zweiwöchigen parlamentarischen „Marathon" mit den vielfach mißlungenen Abstimmungen über Kandidaturen für die Parlamentsführung gelang es FeU und VSDPU am 28. Mai 2002 drei Schlüsselpositionen zu besetzen. Wolodymyr Lytwyn (FeU) wurde zum Parlamentspräsidenten und Hennadiy Wasiljew (FeU) sowie Oleksandr Sintschenko (VSDPU) zum Ersten Stellvertretenden bzw. Stellvertretenden Parlamentsvorsitzenden gewählt. Die Opposition warf dem Bündnis FeU vor, sieben Abgeordnete aus ihren Fraktionen unter Druck gesetzt zu haben, damit sie die Kandidatur Lytwyn unterstützen. Diese Abgeordneten wurden am 28. Mai 2002 aus der UU-Fraktion ausgeschlossen.

Die am 31. März 2002 gewählte Werchowna Rada bildete folgende Komitees, wie in der Ukraine die Parlamentsausschüsse heißen, deren Vorsitzenden laut § 4.4.3 der Geschäftsordnung entsprechend den Quoten der proportionalen Vertretung der Fraktionen und Gruppen zu vergeben sind:

Tabelle 3: Komitees des Parlaments (Stand: 27.6.2004)[30]

Komitee	Vorsitzender	Fraktion
Agrarpolitik	Iwan *Tomytsch*	UU
Außenpolitik	Stanislaw *Staschewskyj*	fraktionslos
Bauwesen, Verkehr, Telekommunikation	Walerij *Pustowojtenko*	FeU
Bekämpfung der organisierten Kriminalität und Korruption	Wolodymyr *Stretowytsch*	UU
Brennstoffe, Energiewirtschaft	?	
Europäische Integration	Boris *Tarassjuk*	UU
Finanzen und Bankwesen	Serhii *Burjak*	FeU
Geschäftsordnung und Abgeordnetenethik	Walentin *Matwejew*	KPU
Gesetzlicher Rechtsschutz	Wolodymyr *Mojsyk*	UU
Gesundheit, Mutter und Kind	Mykola *Polischtschuk*	UU

---

[30] Durkot 2002b: 9.

6.5 Status des Abgeordneten

Haushalt	Petro *Poroschenko*	UU
Industriepolitik und Unternehmertum	Jurij *Jechanurow*	UU
Jugendpolitik, Sport, Tourismus	Kateryna *Samojlyk*	KPU
Kultur und Geistiges	Les *Tanjuk*	UU
Menschenrechte	Hennadi *Udowenko*	UU
Nationale Sicherheit und Verteidigung	Georgi *Krjutschkow*	KPU
Presse und Informationen	Mykola *Tomenko*	UU
Privatisierung	Walentina *Semenjuk*	SPU
Rechtspolitik	Wasyl *Onopenko*	BjuT
Rentner, Veteranen, Behinderte	Petro *Zybenko*	KPU
Sozialpolitik und Arbeit	Wasyl *Chara*	KPU
Staatsaufbau, kommunale Selbstverwaltung	Anatolij *Matwijenko*	BjuT
Umweltpolitik, Naturressourcen, Katastrophenschutz, Tschernobyl	Hennadji *Rudenko*	VSDPU
Wirtschaftspolitik, Leitung der Volkswirtschaft, Eigentum, Investitionen	Stanislaw *Hurenko*	KPU
Wissenschaft und Bildung	Stanislaw *Nikolajenko*	SPU

BJuT   Wahlbündnis „Block Julija Tymoschenko"
FeU   Block „Für eine einige Ukraine!"
KPU   Kommunistische Partei der Ukraine
SPU   Sozialistische Partei der Ukraine
UU   Wahlblock „Unsere Ukraine"
VSDPU   Vereinigte Sozialdemokratische Partei der Ukraine

Die Ausschüsse arbeiten an den Gesetzentwürfen und bereiten die in die Zuständgkeit des Parlaments fallenden Fragen vor und behandeln sie vorher. Auf Wunsch von einem Drittel der Abgeordneten kann das Parlament Untersuchungskommissionen bilden, deren Empfehlungen allerdings für die Untersuchungsorgane und die Richter nicht maßgebend sind (Art. 89).

6.5 Status des Abgeordneten

Wer als Abgeordneter in das Parlament gewählt werden will, muß am Wahltag das 21. Lebensjahr erreicht haben und mindestens fünf Jahre in der Ukraine leben (Art. 76 der ukrainischen Verfassung). Artikel 80 garantiert dem Abgeordneten Immunität.

Der Abgeordnete übt seine Tätigkeit hauptberuflich aus: Deshalb darf er kein anderes Vertretungsmandat wahrnehmen und nicht im Staatsdienst stehen (Art. 78, Abs. 2) und kein Regierungsamt. Zugleich darf er in keinem Arbeitsverhältnis mit materieller Vergütung stehen mit Ausnahme einer Lehrtätigkeit, wissenschaftlicher Arbeit oder literarischem, künstlerischem sowie sonstigem schöpferischem Schaffen in der arbeitsfeien Zeit (§ 4 des Gesetzes über den Status des Abgeordneten).[31] Im Falle der Nichtbefolgung der Unvereinbarkeitsbestimmungen des Mandats erlischt das Mandat vorzeitig (Art. 81).

Die Abgeordneten haben das Recht, an die Regierung , an die Leiter der anderen Staatsorgane und der Organe der örtlichen Selbstverwaltung sowie an die Leiter der Unternehmen, Institutionen und Organisationen Anfragen zu richten, die verpflichet sind, diese Anfragen zu beantworten (Art. 86).

Im Auftrag des Parlaments oder seiner Organe hat der Abgeordnete das Recht, an Kontrollen der Einhaltung der Gesetze durch die staatlichen Organe, der Organe der Bürgervereinigungen sowie durch Unternehmen, Institutionen und Organisationen teilzunehmen und sich mit den dafür erforderlichen Dokumenten vertraut zu machen. Er ist nicht verpflichtet, die von ihm benutzten Informationsquellen preiszugeben (§ 13 des Gesetzes über den Status des Abgeordneten).

6.6 Arbeitsweise

Das Parlament tagt jährlich in zwei Sitzungsperioden, die jeweils am ersten Dienstag im Februar und am ersten Dienstag im September beginnen. Außerordentliche Parlamentssitzungen werden mit Nennung der Tagesordnung auf Verlangen von mindestens einem Drittel aller Abgeordneten oder auf Verlangen des Präsidenten vom Parlamentsvorsitzenden einberufen. Im Falle der Einführung des Kriegs- oder Ausnahmezustands tritt das Parlament innerhalb von zwei Tagen ohne Einberufung zusammen (Art. 83).

Die Sitzungen sind öffentlich. Geschlossene Sitzungen finden auf Beschluß der Mehrheit aller Abgeordneten statt. Die Abstimmung erfolgt persönlich (Art. 84) durch die Stimmkarte, die der Abgerodnete an seinem Sitzplatz in ein kleines Lesegerät steckt. Die russische Unsitte, für abwesende Abgeordnete mitabzustimmen, wurde abgeschafft.

---

[31] Zakon Ukrajiny pro status narodnogo deputata Ukrajiny [Gesetz der Ukraine über den Status des ukrainischen Abgeordneten], in: Vidomosti Verchovnoji Rady Ukrainy [Mitteilungen des Obersten Rats der Ukraine], vom 25.9.1997, Nr. 3, Pos. 17.

6.7 Gesetzgebungsprozess

Das Recht zur Gesetzesinitiative haben der Präsident, die Abgeordneten, die Regierung und die Nationalbank. Die Gesetzentwürfe, die vom Präsidenten der Ukraine für dringlich gehalten werden, werden vom Parlament außer der Reihe behandelt (Art. 93).

Ein in das Parlament eingebrachter Gesetzentwurf wird zuerst im Parlamentssekretariat registriert. Er hat dann drei Lesungen zu durchlaufen. Vor der ersten Lesung wird er einem Ausschuß oder mehreren Ausschüssen des Parlaments vorgelegt, der bzw. die vom Thema her für den Gesetzentwurf zuständig sind. Sind es mehrere Ausschüsse, wird einer als federführend bestimmt. Alle Gesetzesvorlagen, die neue Einnahmen oder Ausgaben des Staatshaushalts und der örtlichen Haushalte vorsehen und bedingen - das dürfte bei den meisten Vorlagen der Fall sein -, werden außer dem federführenden Ausschuß auch dem Haushaltsausschuß und dem Ausschuß für Rechtspolitik des Parlaments vorgelegt, der die Verfassungskonformität des Entwurfs prüft. Dem Gutachten des federführenden Ausschusses werden das Gutachten des Haushaltsausschusses sowie der Regierung und des Rechtsausschusses beigelegt (§ 6.3.7 der Geschäftsordnung).

Der Ausschuß, dessen Mitglieder verschiedenen Fraktionen angehören, berät den Gesetzentwurf und erstellt ein Gutachen, dem die Mehrheit aller seiner Mitglieder zustimmen muß. Das Gutachten muß obligatorisch eine Begründung für die Zweckmäßigkeit der Annahme des Entwurfs enthalten sowie Vorschläge bezüglich des Verfahrens der weiteren Bearbeitung des Entwurfs. Das Präsidium übergibt dann den Entwurf zusammen mit dem Gutachten dem Parlament (§ 6.3.3 der Geschäftsordnung)[32]. Im Bedarfsfall kann das Parlament zum Entwurf eine wissenschaftliche, juristische oder anderweitige Expertise einholen (§ 6.3.4 der Geschäftsordnung).

Nachdem eine Vorlage diesen Prozeß durchlaufen hat, entscheidet das Parlament innerhalb von 15 Tagen die Frage ihrer Aufnahme in die Tagesordnung der Sitzungsperiode und des Verfahrens ihrer weiteren Bearbeitung (§ 6.4.1 der Geschäftsordnung). Meistens erfolgen die Änderungen nach der ersten Lesung, wenn das Gesetz vom Parlament zu diesem Zweck an den Ausschuß zurücküberwiesen wird. Nach den vorgenommenen Änderungen sind die zweite und dritte Lesung meist nur Formsache. Das Parlament kann aber auch die Berarbeitung des Entwurfs und eine erneute zweite Lesung oder dann den Übergang zur dritten Lesung anordnen.

---

[32] Reglament Verchovnoji Rady Ukrainy [Geschäftsordnung des Obersten Rats der Ukraine], in: Vidomosti Verchovnoji Rady Ukrainy [Mitteilungen des Obersten Rats der Ukraine], 1998, Nr. 40-41, Pos, 253.

Gesetzgebungsvorhaben, die vom Parlament in der vorangegangenen Wahlperiode in der ersten Lesung nicht angenommen wurden, gelten als zurückgezogen (§ 6.2.2 der Geschäftsordnung). Befindet das Parlament nach der ersten Lesung, daß die Gesetzesvorlage nicht der Überarbeitung bedarf, kann sofort zur zweiten Lesung übergegangen werden (§ 6.5.5 der Geschäftsordnung).

Das vom Parlament angenommene und von seinem Vorsitzenden unterzeichnete Gesetz wird dem Präsidenten zugeleitet, der es innerhalb von 15 Tagen nach Erhalt unterzeichnet. In dem Fall, daß der Präsident gegen das Gesetz innerhalb der festgelegten Frist kein Veto einlegt, gilt das Gesetz als vom Präsidenten gebilligt und ist zu unterzeichnen. Oder der Präsident legt gegen das Gesetz sein Veto ein, indem er es mit einer Begründung und seinen formulierten Vorschlägen zur erneuten Behandlung an das Parlament zurückverweist. Das Parlament kann mit mindestens zwei Dritteln aller seiner Mitglieder das Präsidentenveto überstimmen. Danach ist der Präsident innerhalb von zehn Tagen verpflichtet, das Gesetz zu unterschreiben und zu verkünden (Art. 94).

Kritiker bemängeln, dass im ökonomischen Bereich die Gesetzgebung nicht schnell genug erfolgt. Auch missachtet die Werchowna Rada nicht selten die Verfassungsvorschrift (Art. 93, Abs. 2), daß vom Präsidenten als unabdingbar eingebrachte Gesetzesentwürfe sofort zu behandeln sind, weswegen sich Kutaschma schon an das Verfassungsgericht wenden mußte. Kutschma seinerseits verletzte manchmal die Verfassungsbestimmung (Art. 94, Abs. 2), daß er ein vom Parlament verabschiedetes Gesetz innerhalb von 15 Tagen zu unterzeichnen hat, wenn er gegen das Gesetz kein Veto einlegen will (Helmerich 2003: 66 f.).

7 Präsident

7.1 Präsidentielles oder parlamentarisches System

Angesichts der Machtfülle des Präsidenten ist folgende Frage zu untersuchen: Handelt es sich beim politischen System der Ukraine um ein parlamentarisches oder ein präsidentielles Regierungssystem? Das *präsidentielle System* hat folgende Charakteristika:

- Präsident und Parlament sind für einen bestimmten Zeitraum unabhängig voneinander direkt gewählt (duale Legitimität), und ihr jeweiliges Verbleiben im Amt ist unabhängig von der Amtsperiode des anderen.
- Der Präsident verfügt über erhebliche Vollmachten, durch die er über einen bestimmten Zeitraum unabhängig vom Parlamentsvertrauen agieren kann.
- Der Präsident entscheidet über die Zusammensetzung von Kabinett und Verwaltung.
- Die Absetzung des Präsidenten kann nur durch ein Impeachment erfolgen (Linz 1990. Linz 1994: 6).

Das Problem präsidentieller Systeme besteht in der dualen Legitimität von Präsident und Parlament. Außerdem sind präsidentielle Systeme für die Herausbildung starker Parteien nicht förderlich, denn der Präsident ist eher an klientelistischem Verhalten interessiert.

Für ein *parlamentarisches System* ist folgendes typisch:

- Die einzige demokratisch legitimierte Institution ist das Parlament; sollte doch eine Direktwahl des Präsidenten durch das Volk vorgesehen sein, kann der Präsident nicht um die Macht mit dem Regierungschef konkurrieren.
- Die Regierung ist vom Vertrauen des Parlaments oder zumindest von dessen Duldung abhängig.

Der französische Politologe Maurice Duverger führte – ausgehend vom politischen System der V. Französischen Republik – das Model eines *semipräsiden-*

tiellen Systems ein (Duverger 1980). Für ein solches System sind folgende Merkmale charakteristisch:

- Präsident und Parlament sind – wie beim präsidentiellen System – direkt gewählt (duale Legitimität).
- Es gibt eine doppelte Exekutive: den direkt vom Volk gewählten Präsidenten – wie beim präsidentiellen System – und die vom Parlament abhängige Regierung – wie beim parlamentarischen System.
- Der Präsident ist – wie im präsidentiellen System – mit konkurrierender exekutiver und legislativer Macht ausgestattet, hat aber – in Abweichung vom präsidentiellen System – nur begrenzten Einfluß auf die Zusammensetzung der Regierung (Rüb 1994: 265 f.).

Steffani erklärt das Abberufungsrecht des Parlaments bezüglich der Regierung zum primären Kriterium für ein parlamentarisches System. „Sämtliche anderen möglichen Merkmale treten demgegenüber zurück, da sie nahezu alle in der einen oder anderen Weise mit dem Kriterium 'Abberufbarkeit' vereinbar sind." Er lehnt die Einführung des Typus eines semipräsidentiellen Systems als ein „parlamentarisch-präsidentielles Mischsystem" ab. Denn wenn das Unterscheidungskriterium der Abberufbarkeit der Regierung durch das Parlament zugrunde gelegt wird, dann erfüllt eine vom Parlament abhängige Regierung im semipräsidentiellen System dieses Hauptkriterium eines parlamentarischen Systems (Steffani 2002: 54).

Das ukrainische politische System kann als ein parlamentarisches Regierungssystem bezeichnet werden, auch wenn es sich hinsichtlich der Vollmachten des Präsidenten weitgehend von anderen westeuropäischen parlamentarischen Regierungssystemen unterscheidet, weil im ukrainischen System – allerdings weniger stark als in Rußland – der Präsident dominiert. Diesen Umstand berücksichtigt Steffani und spricht von einem „parlamentarischen Regierungssystem mit Präsidialdominanz".

Das ukrainische politische System erfüllt das Hauptkriterium eines parlamentarischen Regierungssystems: die Ablösbarkeit der Regierung durch das Parlament: Das ukrainische Parlament kann auf Antrag von einem Drittel der Abgeordneten mit Mehrheit der Regierung das Mißtrauen aussprechen (Art. 87). Dieses Mißtrauen zieht unbedingt den Rücktritt des Ministerkabinetts nach sich (Art. 115, Abs. 3 der ukrainischen Verfassung). Anders in Rußland: Dort hat der Präsident nach zweimaligem Mißtrauensvotum innerhalb von drei Monaten die Wahl, die Regierung abzulösen oder das Parlament aufzulösen. Die Erzwingung der Ablösung der Regierung kann nur innerhalb des ersten Jahres nach der Parlamentswahl oder ein halbes Jahr vor der Präsidentenwahl erfolgen, denn in diesen Zeiträumen verfügt der Präsident nicht über die Option, die Staatsduma aufzulösen (Art. 111 und 109 der russischen Verfassung; vgl. dazu: Schneider 2001).

7.2 Kompetenzen

Der Präsident ist das Staatsoberhaupt und Garant der staatlichen Souveränität, der territorialen Integrität des Landes, der Einhaltung der Verfassung, sowie der Recht und Freiheiten der Bürger (Art. 102).

Die Vollmachten des Präsidenten gegenüber der *Legislative* sind folgende:

- Er hat das Recht zur Gesetzesinitiative (Art. 93).
- Er hat das Recht, das Parlament aufzulösen, wenn es nicht innerhalb von 30 Tagen einer Sitzungsperiode eine Plenarsitzung beginnt (Art. 106, nr. 8). Nach Inkrafttreten der Verfassungsänderung vom 8. Dezember 2004 darf der Präsident zudem das Parlament auflösen, wenn es innerhalb eines Monats keine Koalition und innerhalb von zwei Monaten keine Regierung bildet. Dies alles allerdings nicht während der letzten sechs Monate der Amtszeit des Präsidenten und nicht innerhalb des ersten Jahrs nach der Wahl eines vorzeitig neu gewählten Parlaments infolge der Auflösung des vorherigen Parlaments durch den Präsidenten (Art. 90, Abs. 3 und 4).
- Der Präsident unterzeichnet die vom Parlament angenommenen Gesetze (Art. 106, nr. 29).
- Gegen die vom Parlament angenommenen Gesetze kann der Präsident sein Veto einlegen und diese dem Parlament zur erneuten Behandlung zuleiten (Art. 106, nr. 30). Dieses Veto kann das Parlament mit einer Zwei-Drittel-Mehrheit überwinden (Art. 94).
- Der Präsident beraumt vorgezogene Parlamentswahlen in der durch die Verfassung bestimmte Frist an (Art. 106, nr. 7).

Bezüglich der *Exekutive* hat der Präsident folgende Kompetenzen. Er:

- ernennt mit Zustimmung des Parlaments den Premierminister, beendet seine Befugnisse und faßt den Beschluß über seinen Rücktritt (Art. 106, nr. 9);
- ernennt auf Vorschlag des Premierministers die Mitglieder des Ministerkabinetts, die Leiter der anderen zentralen Organe der vollziehenden Gewalt sowie die Leiter der örtlichen staatlichen Verwaltungen und beendet ihre Befugnisse in diesen Ämtern (Art. 106, nr. 10);

- bildet, reorganisiert und löst auf Vorschlag des Premierministers Ministerien und andere zentrale exekutive Organe auf (Art. 106, nr. 15),
- ernennt und entläßt mit Zustimmung des Parlaments die Vorsitzenden des Antimonopolkomitees, des Staatlichen Vermögensfonds und des Staatskomitees für Fernsehen und Rundfunk (Art. 106, nr. 14);
- kann Akte der Regierung aufheben sowie des Ministerkabinetts der Autonomen Republik Krim (Art. 106, nr. 16).

Von diesen Kompetenzen, die sich auf die zentrale – nicht die regionale - Exekutive erstrecken, bleibt nach dem Inkrafttreten der Verfassungsänderung vom 8. Dezember 2004 nicht mehr viel übrig. Der Präsident schlägt dann zwar dem Parlament immer noch den Kandidaten für das Amt des Premierministers vor, aber er muß dabei der Empfehlung der Mehrheitsfraktion oder Koalition des Parlaments folgen. Von dem bisherigen Recht der Ministerernennung bleibt nur noch übrig, daß der Präsident dem Parlament die Kandidaten für die Ämter des Außen- und Verteidigungsministers sowie des Geheimdienstchefs vorschlägt. Der Präsident kann weiterhin Akte des Ministerkabinetts und der Autonomen Republik Krim aufheben, wenn sie verfassungswidrig sind. Er muß sich dann sofort in dieser Frage an das Verfassungsgericht wenden. Nach wie vor verbleibt ihm das Recht, die Gouverneure zu ernennen.

In bezug auf die *Judikative* hat der Präsident folgende Zuständigkeiten. Er:

- ernennt ein Drittel der Mitglieder des Verfassungsgerichts (Art. 106, nr. 22),
- bildet die Gerichte nach dem durch das Gesetz bestimmten Verfahren (Art. 106, nr. 23),
- ernennt mit Zustimmung des Parlaments den Generalstaatsanwalt und entläßt ihn (Art. 106, nr. 11).

Im Bereich der *äußere und innere Sicherheit* obliegen dem Präsidenten folgende Verantwortlichkeiten. Er:

- ist Oberbefehlshaber der Streitkräfte,
- ernennt und entläßt das Oberkommando der Streitkräfte sowie anderer militärischer Einheiten,
- nimmt die Führung in den Bereichen der nationalen Sicherheit und der Verteidigung wahr (Art. 106, nr. 17),
- verleiht die höchsten militärischen Dienstgrade (Art. 106, nr. 24),.
- leitet den Rat der Nationalen Sicherheit und Verteidigung (Art. 106, nr. 18),

7.2 Kompetenzen

- faßt gemäß dem Gesetz den Beschluß über die vollständige oder teilweise Mobilmachung und die Einführung des Kriegszsutandes in der Ukraine oder in einzelnen Orten im Falle eines drohenden Angriffs und einer Gefahr für die Unabhängigkeit der Ukraine (Art. 196, nr. 20)
- bringt im Parlament den Vorschlag zur Erklärung des Kriegszustandes ein und
- faßt den Beschluß über den Einsatz der Streitkräfte im Falle einer bewaffneten Aggression gegen die Ukraine (Art. 106, nr. 19),
- faßt im Falle der Notwendigkeit den Beschluß über die Einführung des Ausnahmezustandes in der Ukraine oder in einzelnen Orten (Art. 106, nr. 21).

In der *Außenpolitik* obliegen dem Präsidenten folgende Kompetenzen. Er:

- nimmt die Führung der außenpolitischen Tätigkeit des Staates wahr,
- vertritt den ukrainischen Staat in den internationalen Beziehungen,
- führt internationale Verhandlungen,
- schließt die internationalen Verträge der Ukraine (Art. 106, nr. 3),
- faßt Beschlüsse zur Anerkennung ausländischer Staaten (Art. 106, nr. 4),
- ernennt und entläßt die Leiter der diplomatischen Missionen der Ukraine in anderen Staaten und bei internationalen Organisationen,
- nimmt die Beglaubigungs- und Abberufungsschreiben der diplomatischen Vertreter anderer Staaten entgegen (Art. 106, nr. 5),
- verleiht die höchsten diplomatischen Ränge (Art. 106. nr. 24).

Weitere Aufgaben des Präsidenten sind folgende:

- Er wendet sich mit einer jährlichen Botschaft zur inneren und äußeren Lage des Landes an das Parlament (Art. 106, nr. 2),
- beraumt das gesamtukrainische Referendum zur Ergänzung der Verfassung gemäß Art. 156 an,
- schreibt das gesamtukrainische Referendum auf Initiative des Volkes aus (Art. 106, nr. 6),
- ernennt die Hälfte der Mitglieder des Verwaltungsrats der Nationalbank (Art. 106, nr. 12),
- ernennt die Hälfte der Mitglieder des Nationalen Rats für Fragen des Fernsehens und Rundfunks (Art. 106, nr. 13),
- verleiht staatliche Auszeichnungen (Art. 106, nr. 25),
- faßt den Beschluß zur Aufnahme in die Staatsangehörigkeit der Ukraine und zur Entlassung aus ihr,

- gewährt Asyl (Art. 106, nr. 26),
- nimmt Begnadigungen vor (Art. 106, nr. 27) und
- bildet für die Wahrnehmung seiner Befugnisse konsultative, beratende und andere Hilfsorgane und –dienste (Art. 106, nr. 28).

Der Präsident erläßt auf der Grundlage und in Ausführung der Verfassung und der Gesetze Dekrete und Verfügungen (Art. 106). Der entsprechende Artikel der russischen Verfassung wird in Moskau so interpretiert, daß der Präsident zu allen Fragen Dekrete erlassen kann, die verfassungsmäßig und gesetzlich nicht geregelt sind. Die ukrainische Verfassung macht allerdings zwei Einschränkungen: Zum einen legt sie in Artikel 92 - wie im Kapitel über das Parlament bereits ausgeführt wurde - fest, welche Fragen nur durch ein Gesetz geregelt werden dürfen. Zum zweiten müssen Dekrete des Präsidenten – nach der Verfassungsänderung vom 8. Dezember 2004 alle Dekrete - vom Premierminister und von dem für die Umsetzung verantwortlichen Minister gegengezeichnet werden – ähnlich wie in Frankreich -, wenn sie folgende Kompetenzen zum Inhalt haben:

- vertritt den ukrainischen Staat in den internationalen Beziehungen,
- führt internationale Verhandlungen,
- schließt die internationalen Verträge der Ukraine ab,
- beschließt die Anerkennung ausländischer Staaten,
- ernennt und entläßt die Leiter der diplomatischen Missionen der Ukraine in anderen Staaten und bei internationalen Organisationen,
- nimmt die Beglaubigungs- und Abberufungschreiben der diplomatischen Vertreter anderer Staaaten entgegen;
- ernennt auf Vorschlag des Premierministers die Mitglieder des Ministerkabinetts, die Leiter der anderen zentralen Organe der vollziehenden Gewalt sowie die Leiter der örtlichen staatlichen Verwaltungen und beendet ihre Befugnisse in diesen Ämtern;
- bildet, reorganisiert und löst auf Vorschlag des Premierministers Ministerien und andere zentrale exekutive Organe auf;
- ernennt und entläßt mit Zustimmung des Parlaments die Vorsitzenden des Antimonopolkomitees, des Staatlichen Vermögensfonds und des Staatskomitees für Fernsehen und Rundfunk;
- übt die Funktion des Oberbefehlshabers der Streitkräfte aus,
- ernennt und entläßt das Oberkommando der Streitkräfte sowie anderer militärischer Einheiten,
- nimmt die Führung in den Bereichen der nationalen Sicherheit und der Verteidigung wahr;
- leitet den Rat der Nationalen Sicherheit und Verteidigung;

7.2 Kompetenzen

- faßt im Falle der Notwendigkeit den Beschluß über die Einführung des Ausnahmezustandes in der Ukraine oder in einzelnen Orten;
- ernennt ein Drittel der Mitglieder des Verfassungsgerichts;
- bildet die Gerichte nach dem durch das Gesetz bestimmten Verfahren;
- verleiht die höchsten militärischen Dienstgrade und diplomatischen Ränge sowie andere höchste und besondere Titel und Ränge (Art. 106).

Kutschma gab durchschnittlich jährlich 1.000 Dekrete heraus, zu denen auch eingie Hundert Ernennungsdekrete gezählt wurden (Protsyk 2004: 638).

Der Präsident genießt für die Dauer seiner Amtszeit das Recht auf Unantastbarkeit. Für Angriffe auf die Ehre und Würde des Präsidenten werden die Schuldigen auf der Grundlage des Gesetzes zur Verantwortung gezogen. Der Präsident behält seinen gesetzlich geschützten Titel auch nach dem Ablauf seiner Amtszeit sein ganzes Leben lang, es sei denn, er ist amtsenthoben worden (Art. 105).

Als Gegengewicht zur starken Stellung des Präsidenten räumt die Verfassung die Möglichkeit des Impeachments im Falle des Begehens von Hochverrat oder eines anderen Verbrechens durch den Präsidenten ein (Art. 111, Abs. 1).

Das Amtsenthebungsverfahren durchläuft mehrere Stufen:

- Initiierung durch die Parlamentsmehrheit;
- Bildung einer Untersuchungskommission, der ein Sonderstaatsanwalt und Sonderermittler angehören, durch das Parlament;
- Erörterung der Schlußfolgerungen und Vorschläge der Untersuchungskommission auf einer Parlamentssitzung;
- Beschlußfassung über die Anklageerhebung gegen den Präsidenten bei Vorliegen ausreichender Gründe durch 2/3-Mehrheit aller Parlamentsabgeordneten;
- Prüfung der Sache und Erstellung eines Gutachtens bezüglich der Einhaltung der verfassungsmäßigen Prozedur der Untersuchung und der Behandlung des Impeachmentverfahrens durch das Verfassungsgericht;
- Erstellung eines Gutachtens durch das Oberste Gericht darüber, daß die Handlungen, deren der Präsident angeklagt wird, den Tatbetand des Hochverrats oder eines anderen Verbrechens erfüllen;
- Beschluß über Amtsenthebung ¾-Mehrheit aller Parlamentsabgeordneter (Art. 111).

Die Verhinderung der Amtsführung des Präsidenten aus gesundheitlichen Gründen ist in der ukrainischen Verfassung – im Gegensatz zur russischen Verfassung

- geregelt. Offensichtlich will man eine Amtsführung durch einen schwerkranken Präsidenten, der nicht abtreten will wie damals Boris Jelzin in Rußland, vermeiden. Um den Präsidenten aus gesundheitlichen Gründen für amtsunfähig erklären zu können, sind folgende Schritte zu unternehmen:

- Vorlage eines ärztlichen Gutachtens,
- schriftlicher Antrag des Obersten Gerichts aufgrund eines Ersuchens des Parlaments und
- Beschlußfassung des Parlaments mit der Mehrheit aller seiner Abgeordneten (Art. 110).

Die ukrainische Verfassung kennt wie die russische keinen Vizepräsidenten. Im Falle der vorzeitigen Beedigung der Amtszeit des Präsidenten werden dessen Befugnisse bis zur Wahl eines neuen Präsidenten – wie in Rußland - dem Premierminister übertragen. Allerding ist er in seiner Amtsführung – im Gegensatz zur russischen Verfassung – eingeschränkt, denn er darf kein gesamtukrainisches Referendum anberaumen, das Parlament nicht auflösen, keine Minister ernennen oder entlassen sowie keine Ministerien auflösen, keinen Generalstaatsanwalt ernennen oder entlassen, keine Akte der Regierung bzw. des Ministerkabinetts der Autonomen Republik Krim aufheben und keine Verfassungsrichter ernennen (Art. 112). Nach dem Inkrafttreten der Verfassungsänderung vom 8. Dezember 2004 vertritt den Präsidenten im Falle der Amtsunfähigkeit oder nach seiner Amtsenthebung der Parlamentspräsident.

Der ukrainische Präsident hat in folgenden Bereichen eine stärkere Stellung als sein russischer Kollege, denn er:

- hat eine Amtszeit von fünf statt von vier Jahren;
- hat das Recht zur Parlamentsuaflösung,
- hebt Akte der Regierung und des Ministerkabinetts der Autonomen Republik Krim im Falle ihrer Verfassungswidrigkeit auf;
- ernennt ein Drittel der Mitglieder des Verfassungsgerichts (in Rußland schlägt der Präsident die Verfassungsrichter dem Föderationsrat vor, der sie wählt),
- faßt den Beschluß über den Einsatz der Streitkräfte (in der Ukraine oder außerhalb des Landes?) im Falle einer bewaffneten Aggression gegen die Ukraine (in Rußland fällt die Entscheidung über den Einsatz der Streitkräfte außerhalb Rußlands der Föderationsrat);

- verhängt den Ausnahmezustand (in Rußland muß der Präsident darüber sofort den Föderationsrat und die Staatsduma informieren, wobei der Föderationsrat das entsprechende Dekret des Präsidenten bestätigen muß).

Verglichen mit seinem russischen Kollegen:

- hat der ukrainische Präsident nicht das Recht, bei den Sitzungen der Regierung den Vorsitz zu führen;
- hat der ukrainische Präsident nicht das Recht, das Parlament aufzulösen, wenn es dreimal den vom Präsidenten vorgeschlagenen Kandidaten für das Amt des Regierungschefs abgelehnt hat, der Präsident aber an ihm festhält; wenn das Parlament innerhalb von drei Monten der Regierung erneut ihr Mißtrauen ausgesprochen hat und der Präsident an der Regierung festhält und wenn das Parlament auf Antrag des Regierungschefs der Regierung das Vertrauen verweigert;
- muß der ukrainische Präsident eine Vielzahl seiner Dekrete vom Premierminister und vom zuständigen Fachminister gegenzeichnen lassen;
- hat der ukrainische Präsident nicht das Recht, zur Lösung von Unstimmigkeiten zwischen den Organen der zentralen und regionalen Staatsgewalt zu schlichten.[33]

7.3 Wahl

Der Präsident wird in allgemeinen, gleichen, direkten und geheimen Wahlen für fünf Jahre gewählt. Der Kandidat muß mindestens 35 Jahre alt sein, mindestens zehn Jahre vor dem Wahltermin in der Ukraine gelebt haben und Ukrainisch sprechen. Eine Person darf nicht mehr als zwei Amtsperioden nacheinander Präsident sein. Die Wahl findet am letzten Sonntag im Oktober des fünften Jahres der Amtszeit des Präsidenten statt. Im Falle einer vorzeitigen Beendigung der Amtszeit des Präsidenten muß die Wahl des neuen Präsidenten innerhalb von neunzig Tagen nach dem Datum der Beendigung der Amtszeit stattfinden (Art. 103).

Nach dem neuen Präsidentenwahlgesetz vom 3. März 1999[34] haben Parteien, Wählerblöcke und Wählerversammlungen das Recht, Präsidentschaftskandidaten aufzustellen (Art. 22-24). Um sich als Kandiat registrieren lassen zu können, muß man eine Million Unterschriften aus mindestens zwei Dritteln der Regionen vorlegen (Art. 28, Abs. 1), um so zu gewährleisten, daß der Kandidat

---

[33] Vgl. dazu ausführlicher: Schneider 2001.
[34] http://www.kiev.ua/new/r9/zakon.html

nicht nur von einzelnen Regionen unterstützt wird. Beim ersten Wahlgang ist eine absolute Mehrheit erforderlich. Wird diese nicht erreicht, erfolgt eine Stichwahl, bei der die relative Mehrheit ausreicht (Art. 45, Abs. 5; Art. 46, Abs. 1 und 3).

Die Ukraine hatte bisher drei Präsidenten: vom 5. Dezember 1991 bis zum 19. Juli 1994 Leonid Krawtschuk und dann bis zur Wahl von Wiktor Janukowytsch Leonid Kutschma, seit dem 14. November 1999 in der zweiten Amtsperiode. Erst die Präsidentenwahl von 1999 fand nach der neuen Verfassung statt.

WAHLKAMPF: Der Wahlkampf war der schmutzigste in der ukrainischen Geschichte, wobei die programmatischen Vorstellungen der Präsidentschaftskandidaten völlig in den Hintergrund traten. Das Lager um Regierungschef Janukowytsch ließ keine Gelegenheit aus, Juschtschenko als anti-russischen Nationalisten und Vasall Amerikas darzustellen und die amerikanische Staatsbürgerschaft seiner ukrainischen Ehefrau Kateryna Tschumatschenko, die früher im Weißen Haus in Washington die amerikanisch-ukrainischen Programme koordiniert hatte und seit 1999 vergeblich auf die ukrainische Staatsbürgerschaft wartet, rhetorisch auszuschlachten. Das Oppositionslager auf der anderen Seite spielte nicht Juschtschenkos Stärken aus und zeigte nicht die demokratische Alternativen zum semi-autoritären Regierungsstil von Präsident Leonid Kutschmas auf, sondern versuchte, die kriminelle Vergangenheit des Ministerpräsidenten (Körperverletzung, Diebstahl, Unterschlagung, Vergewaltigung) zu instrumentalisieren und das gesamte Regierungslager als korrupt darzustellen.

Janukowytsch nutze die Möglichkeiten seines Amtes als Ministerpräsident und setzte populäre Maßnahmen schon vor der Wahl um. So wurden nur wenige Wochen vor dem ersten Wahlgang Beamtengehälter, Renten und Stipendien erhöht. Wie Kutschma 1994 versuchte Janukowytsch mit den Versprechen, Russisch zur zweiten Amtssprache zu machen und der russischen Minderheit die doppelte Staatsbürgerschaft - neben der ukrainischen auch die russische - zu ermöglichen, zu punkten. Dabei ließ er unerwähnt, daß zur Umsetzung dieser Vorschläge eine Verfassungsänderung und damit die Zustimmung von zwei Dritteln des Parlaments nötig wäre, was bei den gegenwärtigen Kraftverhältnissen in der Werchowna Rada kaum gelingen würde. Obwohl Janukowytschs Vorstoß bei den russophonen Ukrainern auf Zustimmung stieß, ist zweifelhaft, ob dies viele zusätzliche Wählerstimmen einbrachte. Selbst Leonid Kutschma zeigte sich skeptisch bezüglich der Umsetzung der doppelten Staatsbürgerschaft.

Der Wahlkampf trug zeitweise Züge eines Politthrillers, dessen negativer Höhepunkt die versuchte Ermordung von Juschtschenko mit Dioxin war. Bei einem fünfstündigen Essen am späten Abend und in der Nacht, zu dem der SBU-Vorsitzende Igor Smeschko und sein Stellvertreter Wolodymyr Sazjuk Juschtschenko in Sazjuks Wohnung am 5. September 2004 geladen hatte, um ihm eine

Nach einer OHDIR-Analyse wurde während des Wahlkampfs vor dem ersten Wahlgang, also vom 3. September bis zum 29. Oktober 2004, in den Prime Time News am häufigsten über Janukowytsch in den zentralen Fernsehkanälen Inter (49,77 %, Juschtschenko 25,76 %), Nowy (50,64 %, Juschtschenko 32,44 %), TRC „Ukraina" (61,13 %, Juschtschenko 25,97 %)), 1 + 1 (62,47 %, Juschtschenko 24,95 %) und UT-1 (63,84 %, 21,43 %) berichtet. In etwa ausgewogen war das Verhältnis beim Fernsehkanal STB (Janukowytsch 42,54 %, Juschtschenko 39,90 %). Mehr wurde über Juschtschenko in den Fernsehkanälen ICTV (46,91 %, Janukowytsch 39,72 %) und dem 5. Kanal (51,27 %, Janukowytsch 31,12 %) berichtet.

Ähnlich sieht die Analyse der zentralen Fernsehmedien vor der Stichwahl am 21. November zwischen dem 2. und 19. November aus, trotz der Kritik der westlichen Wahlbobachter am einseitigen Medienverhalten zugunsten von Janukowytsch vor dem ersten Wahlgang: Die Fernsehkanäle UT-1 berichteten zu 84,29 % über Janukowytsch und nur zu 15,71 % über Juschtschenko, Inter zu 70,91 % über Janukowytsch und zu 29,09 % über Juschtschenko, 1+1 zu 62,75 % über Janukowytsch und zu 37, 25 % über Juschtschenko sowie ICTV zu 49,27 % über Janukowytsch und zu 50,73 % über Juschtschenko,

Bei den regionalen Fernsehstationen dominierte immer die Berichterstattung über Janukowytsch, wenn auch in unterschiedlichem Maße, das von 45,19 % (Krim), über 53,73 % (Tscherkassy), 56,33 % (Riwne), 72,52 % (Sumy), 86,06 % (Charkiw), 92,09 % (Dnipropetrowsk), 95,86 % (Tschernihiw) bis 100 % (Saporoshje) reichte.

Nach dem zweiten Wahlgang trat eine Reihe von Nachrichtenredaktionen der zentralen Fernsehstationen zurück bzw. verweigerte die Arbeit unter den Bedingungen der Zensur. Seither bemühen sich diese Fernsehstationen um eine objektive Berichterstattung.

MASSIVE FÄLSCHUNGEN: Nach der Stichwahl am 21. November zwischen den beiden Spitzenkandidaten war die Zentrale Wahlkommission mit der Bekanntgabe des Ergebnisses schneller: Am nächsten Tag teilte sie mit, daß Premier Wiktor Janukowytsch mit 49,46 % der Sieger sei, während Juschtschenko nur 46,61 % erhalten habe. Beim ersten Wahlgang am 31. Oktober 2004 hatte die Zentrale Wahlkommission zum spätestmöglichen Zeitpunkt bekannt gegeben, den das Wahlgesetz zuließ, nämlich nach zehn Tagen, um die Wahlkampfzeit vor dem zweiten Wahlgang zu verkürzen, was zum Nachteil des Oppositionsführers Wiktor Juschtschenkos gegangen war, denn der hatte beim ersten Wahlgang mit 39,87 % gewonnen gegenüber 39,32 % für Wiktor Janukowytsch.

Das das offizielle Ergebnis der Stichwahl machte – verglichen mit serösen Meinungsumfragen und Parallelauszählungen durch Juschtschenko-Anhänger deutlich, daß massiv gefälscht worden war. Juschtschenko reichte beim Obersten

7.3 Wahl

„eminent wichtige Information" zukommen zu lassen, die er dann aber nicht erhalten hatte, wurde ihm das in irgendeiner Form zugeführt, wahrscheinlich im Cognac, den am Ende des Abendessens nur Juschtschenko trank. Eine um eine winzige Menge höhere Dosis des Giftes hätte tatsächlich zum Tod des Juschtschenkos geführt. Wenige Stunden nach dem Abendessen litt Juschtschenko unter Unterleibs- und Rückenschmerzen, Gesichtsmuskeln waren gelähmt und er erbrach sich häufig. Nach vier Tagen begab er sich zur Behandlung in das Rudolfinerkrankenhaus nach Wien. Für drei Wochen fiel er für den Wahlkampf aus, und sein Gesicht ist weiterhin von den Folgen der Vergiftung entstellt.

Außerdem wurden die »administrativen Ressourcen« massiv zugunsten von Janukowytsch eingesetzt. So wurden lokale Verwaltungen zum Wahlkampf für den Ministerpräsidenten gezwungen. Wahlplakate wurden an öffentlichen Gebäuden ausgehängt, und Druck wurde auf Staatsbedienstete ausgeübt. Gleichzeitig kam es zur Behinderung von Wahlkampfauftritten der Oppositionskandidaten bis hin zur Verweigerung der Landeerlaubnis für Juschtschenkos Flugzeug in mehreren ukrainischen Städten.

Positiv ist zu vermerken, daß sich beide Kandidaten vor der Stichwahl und deren Wiederholung zu einer Fernsehdiskussion bereit fanden. Während bei der ersten Fernsehdiskussion am 15. November 2004 Janukowytsch volksnaher auftrat als Juschtschenko, geriet ersterer bei der 100minütigen Debatte am 20. Dezember in die Defensive.

MEDIENVERHALTEN: Das Fernsehen spielt im Wahlkampf als Massenmedium eine viel größere Rolle als die Printmedien, weil Zeitungen von den Menschen vergleichsweise wenig gekauft werden. Zu keinem Zeitpunkt war die Chancengleichheit der Kandidaten im Fernsehen sichergestellt. In den meisten Fernsehsendern, von denen einer staatlich ist und die anderen Kuschtma nahestehenden Oligarchen, darunter seinem Schwiegersohn Wiktor Pintschuk, gehören, wurde mehrheitlich und ausschließlich positiv über Janukowytsch berichtet, während Juschtschenkos Wahlkampagne kaum erwähnt wurde. Der einzige oppositionsfreundliche Sender »Kanal 5«, der nur über Kabel empfangen werden kann, wurde von der Administration stark behindert und war in einigen Landesteilen nicht zu empfangen. Nachdem dem Kanal wenige Tage vor der Wahl mit Schließung gedroht wurde, traten mehrere Journalisten in den Hungerstreik. Bemerkenswerterweise wurde diese Aktion von Journalisten anderer Sender unterstützt, die über Zensur und sog. »Temniky« der Präsidialadministration, d. h. Listen von Themen, über die ausschließlich berichtet werden darf, klagten. Im ostukrainischen Gebiet Donezk – Janukowytsch war vor seiner Ernennung zum Regierungschef 2002 Gouverneur dieses Gebiets - mußten schon vor einigen Jahren die Oppositionszeitungen ihr Erscheinen einstellen.

schenko wählen würden und deshalb an ihrer Stimmabgabe gehindert werden sollten. Wer vorher die Wählerliste geprüft und sich dort nicht gefunden hatte, konnte bis zu zwei Tagen vor dem Wahltag vor Gericht gehen und seine Eintragung verlangen. In der Ukraine sollen das mit Erfolg 40.000 Personen getan haben. Aber nicht alle haben das getan, weil sie die Wählerlisten nicht vorher geprüft haben bzw. nicht wußten, daß sie vor Gericht gehen können, so daß auf diese Weise Personen an der Stimmabgabe gehindert wurden, die gern gewählt hätten. In einigen Wahlbezirken hatte die Wahllokalkommission einen Monat lang vor der Wahl alle Wohnungen im Wahlbezirk aufgesucht und so die Wählerlisten korrigiert und ergänzt.

In der Ostukraine wählten Mitglieder der Wahllokalkommission dann für die abwesenden Personen. Die Unterschriften, durch die der Erhalt des Stimmzettels quittiert werden muß, wurden von Mitgliedern der Wahllokalkommission gefälscht, und dann wurde für Janukowytsch votiert. Da in jeder Wahllokalkommission mindestens ein Mitglied eines jeden Kandidaten vertreten war, wurde das Mitglied von Juschtschenko in der Wahllokalkommission durch Druck („Sie wollen hier ja weiter arbeiten und ruhig wohnen.") oder durch Bestechung (600 $, was einem vielfachen Monatsgehalt entspricht) dazu gebracht, Verletzungen des Wahlgesetzes zu übersehen.

Mehrfachabstimmungen: Eine beliebte Manipulationsmethode war die Mehrfachabstimmung. Um in einem anderen als dem angestammten Wahllokal wählen zu können, mußte man einige Tage vorher einen Talon beantragen. In der Ostukraine – der Hochburg von Janukowytsch – wurden kräftige junge Männer mit Bussen in die Zentralukraine und in die Westukraine – der Hochburg von Juschtschenko – gefahren, um dort zur Wahl zu gehen. Jeder von ihnen hatte nicht einen, sondern gesetzwidrig 20 kopierte Talons bei sich, so daß er zwanzig Mal wählen konnte, natürlich Janukowytsch. Wenn Anhänger von Juschtschenko diese Busse mit ihren Insassen filmen wollten, wurde ihnen die Kamera weggenommen, wenn ihnen nicht gar noch etwas angetan wurde.

Einschüchterung: Es wurde versucht, das Wählerverhalten bei den „budgetniki", also bei den Personen zu beeinflussen, die vom Staat leben wie Amtsträger, Polizei, Militär, Lehrer, Ärzte usw. Ihnen wurde von ihrem Vorgesetzten klar gemacht, daß sie Janukowytsch zu wählen hätten, sonst würden sie entlassen.

In der Ostukraine wurden zudem die Rentner versammelt, die kurz vorher eine geringfügige Erhöhung ihrer Renten von 108 Hrywna (rund 16 €) um 20 Hrywna (rund 3 €) erhalten hatten, und nachdrücklich dazu angehalten, als Dank dafür Regierungschef Janukowytsch zu wählen.

Bestechung: Am Eingang des Wahllokals wurden dem Wähler 20 Hrywna gegeben (etwa 3 €), was für viele Menschen durchaus Geld ist, mit der Auflage, Janukowytsch zu wählen. Um sicherzugehen, daß der Betreffende das auch tut,

7.3 Wahl

Gericht der Ukraine mehr als 11.000 belegte Beschwerden wegen Wahlfälschung ein. Das Mitglied der Zentralen Wahlkommission, Ruslan Knjasewitsch, sagte am 2. Dezember vor dem Obersten Gericht aus, daß in den östlichen Landesteilen, die mehrheitlich für Janukowytsch gestimmt hatten, nach der Schließung der Wahllokale um 20.00 Uhr etwa eine Million Stimmen nachträglich in die Wahlurnen geworfen worden seien. Die Leiterin der IT-Firma Prokon, Halyna Mandrosowa, führte am 3. Dezember vor dem Obersten Gericht aus, daß das Computersystem der Zentralen Wahlkommission manipuliert worden war. Die Weiterleitung der Wahlergebnisse durch die Territorialen Wahlkommissionen in den östlichen Landesteilen war um Stunden verzögert worden, weil man erst sehen wollte, wie in den westlichen Landesteilen gewählt worden war, um dann entsprechend fälschen zu können.

Am 3. Dezember 2004 erklärte das Oberste Gericht überraschend die Stichwahl wegen der vielen Fälschungen als rechtlich nicht gültig und ordnete deren Wiederholung an. Die OSZE, das Europäische Parlament, die Parlamentarische Versammlung der OSZE, der Europarat und die Parlamentarische Versammlung der NATO stellten in ihrer ausführlichen Stellungnahme fest, daß sie bei denen Wahlgängen den mangelnden Willen feststellen mußten, die Wahl nach genuinen demokratischen Maßstäben durchzuführen.

Nach der unveröffentlichten internen Liste der Präsidialadministration betrug die Wahlbeteiligung bei der gefälschten Stichwahl am 21. November 2004 in den östlichen Gebieten Donezk 83,67 % und Luhansk 85,84 %, veröffentlicht wurde aber von der Zentralen Wahlkommission eine Wahlbeteiligung von 96,31 % bzw. 88,41 %. Die erhöhte Wahlbeteiligung ist das Ausmaß der Wahlfälschung in diesen Gebieten (wie siehe unten) zu ersehen. Auffällig ist zudem, daß die Wahlbeteiligung in diesen beiden Gebieten ab 15 Uhr bis zur Schließung der Wahllokale um 20.00 Uhr rapide zunahm.

Falsche Wählerlisten: Während bei der Parlamentswahl 2002 die Wählerlisten völlig korrekt waren, waren sie bei der Präsidentenwahl falsch bzw. unvollständig. Die Fehlerquote lag – regional unterschiedlich - zwischen 10 und 30 %. In vielen Listen standen „tote Seelen", d.h. die Namen von Verstorbenen, aber auch von Lebenden, die aus der Ukraine weggezogen waren. Beim ersten Wahlgang am 31. Oktober wurden aufgrund falscher Wählerlisten 3 Mio. Wähler gehindert, zur Wahl zu gehen. Nach Aussagen einer Mitarbeiterin der Informationsgruppe der Präsidialadministration wurden auf diese Weise 1,5 Mio. Stimmen »toter Seelen« gesetzwidrig hinzugefügt, im Gebiet Donezk allein 500.000.

Im Osten des Landes war es vorgekommen, daß alle Personen unter 40 Jahren aus der Wählerliste gestrichen worden waren, weil die regionale Administration, die in der Machtvertikale von Regierungschef Wiktor Janukowytsch steht, zu Recht vermutete, daß diese Personen eher den Oppositionsführer Jusch-

7.3 Wahl

wurde ihm erklärt, daß man die Stimmabgabe kontrollieren werde: Der Wähler dürfe nur zu einem blau-weiß – die Farben von Janukowytsch – Mitglied der Wahllokalkommission gehen, um seinen Stimmzettel zu erhalten. Jeder Stimmzettel ist oben mit einem schmalen Abschnitt versehen, der eine Nummer trägt und der vor der Wahl von einem Mitglied des Wahllokallokalvorstands vom Wahlzettel abgetrennt und einbehalten wird. Das Mitglied des Wahllokalvorstands unterschreibt dann den Wahlzettel, um seine Echtheit zu garantieren. Dem Wähler wurde nun eingeredet, der Stimmzettel trage dieselbe Nummer wie der abgerissene Abschnitt – was nicht stimmt -, so daß man die Stimmabgabe nachher kontrollieren könne. Im Wahllokal stehen immer mehrere Urnen, die alle durchsichtig sind. Der Wähler wurde verpflichtet, seinen Stimmzettel in eine bestimmte Urne zu werfen.

„Karussell": Mit der Methode „Karussell" soll sichergestellt werden, daß tatsächlich alle Personen Janukowytsch wählen: Ein Bus aus der Ostukraine fährt zu einem Wahllokal in der Westukraine. Der erste Wähler holt seinen Stimmzettel, wirft ihn aber nicht in die Wahlurne, sondern nimmt ihn unausgefüllt mit hinaus und gibt ihn dem Anführer der Busmannschaft. Dieser füllt ihn zugunsten von Janukowytsch aus und gibt ihn dann der nächsten Person im Bus. Diese holt sich einen neuen Stimmzettel, wirft den alten Stimmzettel, den sie bereits ausgefüllt in das Wahllokal gebracht hatte, in die Wahlurne und nimmt den neuen Wahlzettel mit und gibt ihn unausgefüllt dem Busanführer usw. Auf diese Weise konnte kontrolliert werden, daß tatsächlich für Janukowytsch abgestimmt wurde.

Druck auf die Wahlkommissionen: Auf die Mitglieder der Wahllokalkommissionen als auch der Territorialen Wahlkommissionen wurde oft Druck ausgeübt – „Wir kennen dich ja, du willst doch sicher hier weiter arbeiten und ruhig leben." - oder Geld (15.000 Hrywna oder rund 2.800 €) angeboten, damit sie sich zugunsten von Janukowytsch verhalten oder aus der Wahlkommission ausscheiden.

Im Gebiet Odessa z. B. entließ die Administration am letzten Tag vor der Wahl, dem 30. Oktober 2004, die Vorsitzenden von 75 Territorialen Wahlkommissionen, weil sie kein Engagement für den Regierungskandidaten, Premier Janukowytsch, gezeigt hätten. Die Vorsitzenden gingen sofort vor Gericht und wurden wieder in ihr Amt eingesetzt.

Es wurde von dem Fall der Vorsitzenden einer Territorialen Wahlkommission – es gibt 225 in der Ukraine, bei denen nach der Auszählung der Stimmen in den 33.104 Wahllokalen die Protokolle mit den Stimmzetteln abgegeben und in die Computer eingegeben werden müssen – berichtet, die im Laufe der Nachtstunden bemerkte, daß Jankowytsch nicht die ihr von der Administration vorgegebene Stimmenzahl erreichen wird, einfach nach Hause ging und somit die weitere Arbeit der Territorialen Wahlkommission blockierte.

ORANGENE REVOLUTION: Juschtschenkos Bewegung »Unsere Ukraine« hatte im Falle von Wahlfälschungen für den Morgen nach dem Stichwahltag am 22. November 2004 eine Manifestation auf dem zentralen Unabhängigkeitsplatz in Kiew angekündigt. Die spontane Teilnahme hundert Tausender Menschen, die trotz möglicher Konsequenzen nicht zur Arbeit oder an die Universität gingen und ins Zentrum Kiews strömten, überraschte sowohl die Opposition, als auch das Regierungslager. Die Zahl der Demonstrierenden, die zunehmend auch aus anderen Teilen der Ukraine und sogar aus dem Ausland anreisten, wuchs bis zum 27. November auf etwa 1,5 Millionen an. Ungefähr mehrere Tausend übernachteten in Hunderten auf der Hauptstraße errichteten Zelten bei -10 Grad nachts. Viele Einwohner Kiews, aber auch kleine Unternehmer aus der Westukraine spendeten Nahrungsmittel und Tee, warme Kleidung und Überschuhe gegen den Schneematsch. Ein Jugendtheater führte keine Vorstellungen mehr durch, um in ihren Räumen den Demonstranten Übernachtungsmöglichkeiten zu bieten. Die Stadtverwaltung Kiews öffnete ihnen das Rathaus. Das Bildungsministerium öffnete seinen Belagern freiwillig die Türen, damit sie sich aufwärmen können. In den folgenden Tagen kam es auch zu Massendemonstrationen in anderen Städten der Ukraine, nicht nur in der Westukraine, sondern auch in der Ostukraine, z.B. in Charkiw, wo sich 50.000 auf dem größten Platz der Stadt versammelten.

Um Druck auszuüben, wurden ab dem 23. November die Präsidialadministration, das Regierungsgebäude und einige Ministerien von den Demonstranten blockiert. Zugleich trafen in der Nacht zehn Sonderzüge mit etwa 10.000 Gegendemonstranten aus Donezk in Kiew ein. Sie hatten ein kleines Handgeld bekommen, waren aber dann sich selbst überlassen. Die „orangen" Juschtschenko-Demonstranten nahmen sich ihrer an, verköstigten sie, kümmerten sich um sie und verwickelten sie in Diskussionen. Es dauerte nicht lange, dann war oft an den Stangen mit den blau-weißen Janukowytsch-Fahnen orange Bänder zu sehen. Nicht wenige Gegendemonstranten liefen zu den Juschtschenko-Leuten über, nachdem ihnen klar geworden war, wie sie falsch informiert worden waren. Auf den Wahlplakaten war Juschtschenko als Lakai Bushs und als Faschist, neben dem Foto von Hitler, dargestellt worden.

Auf der Bühne auf dem Unabhängigkeitsplatz in Kiew sprachen nicht nur die Oppositionspolitiker Juschtschenko, Tymoschenko, Moros und Kinach, sondern auch ein General, Vertreter der Miliz, Abgesandte der Griechisch-katholischen und der Ukrainisch-orthodoxen Kirche, die Gewinnerin des Eurovision Song Contests 2004 Ruslana und der Boxer Witalij Klitschko.

In diesen Tagen zeigten diese Hunderttausenden auf den Straßen – und nicht nur in Kiew - ein selbstbewußtes zivilgesellschaftliches Verhalten, das niemand erwartete hatte. Der friedliche Protest und die spontane Teilnahme verschiedener gesellschaftlicher Gruppen kann als Zeichen für die Herausbildung einer echten Zivilgesellschaft gewertete werden. Den Menschen ging es in erster Linie um die unverfälschte Respektierung ihres Wählerwillens, was sie an der Person von Juschtschenko festmachten. Zugleich wurden sich diese Menschen aus der West-, Zentral- und Ostukraine ihrer nationalen Zusammengehörigkeit bewußt. Auf dem Unabhängigkeitsplatz waren nicht nur viele orange Fahnen zu sehen, sondern auch oft die ukrainischen Nationalfarben. Und alle großen Redeveranstaltungen im Zentrum Kiews wurden mit der sehr schönen ukrainischen Nationalhymne beendet.

Selbst die meisten Angehörigen der Präsidialadministration mit Ausnahme der Leitungsebene standen und stehen auf der Seite von Juschtschenko. Das gilt weitgehend auch für Ministeriumsmitarbeiter und die Angehörigen des Verfassungsgerichts. Am 1. Dezember 2004 sprach das Parlament der Regierung Janikowytsch das Mißtrauen aus. Kutschma wäre laut Verfassung verpflichtet gewesen, die Regierung zu entlassen, was er aber nicht tat. Statt dessen beurlaubte er am 7. Dezember Janukowytsch als Premierminister, damit er Wahlkampf führen kann.

GRÜNDE FÜR DEN SIEG JUSCHTSCHENKOS: Nach dem von der Zentralen Wahlkommission am 28. Dezember 2004 bekannt gegebenen amtlichen Endergebnis hat Juschtschenko die Präsidentenwahl mit 51,99 % vor Janukowytsch mit 44,19 % bei einer von Wahlbeteiligung 77,3 % gewonnen. Erstens war die Berichterstattung in den zentralen Fernsehmedien objektiver geworden. Zweitens hatte Kuschma auf Druck des Parlaments die bisherige Zentrale Wahlkommission aufgelöst und eine neue gebildet, die paritätisch aus Vertretern Juschtschenkos und Janukowytschs zusammengesetzt ist Diese Zusammensetzung wiederholt sich auf der Ebene der Territorialen Wahlkommissionen und der Wahllokalkommissionen. Drittens wurde am 3. Dezember auch das Wahlgesetz geändert. Jetzt erhielten die Wahlkommissionen nur eine begrenzte Anzahl von Talons: statt für 4 % nur noch für 0,5 % der Wähler. Wer einen erhalten möchte, mußte genau angeben, in welchem Wahlbezirk er wählen wollte. Außerdem wurde nach der Benutzung des Talons in seinen Paß ein Stempel gedrückt. Auf diese Weise war es nicht mehr möglich, durch das Land zu reisen und seine Stimme auf der Grundlage fotokopierter Talons 20 bis 30 mal abzugeben. Viertens wurden die administrativen Ressourcen nicht mehr zugunsten von Juschtschenko eingesetzt.

7.4 Administration des Präsidenten

Der Präsident bildet in den Grenzen der im Staatshaushalt vorgesehenen Mittel für die Wahrnehmung seiner Befugnisse konsultative, beratende und andere

Hilfsorgane und –dienste (Art. 106, nr. 28). Ein solches Hilfsorgan ist die Administration des Präsidenten, die immer größer und mächtiger wird. Mit seinem Dekret „Über die Administration des Präsidenten der Ukraine" vom 14. Dezember 1996 verpflichtete Kutschma alle Exekutivorgane und alle Amtspersonen, den Anordnungen des Leiters der Präsidialadministration, seines Ersten Stellvertreters, seiner weiteren Stellvertreter und des Ersten Referenten des Präsidenten Folge zu leisten.[35]

Im Oktober 2002 reorganisierte Kutschma den Aufbau der Präsidialadministration. Folgende Strukturelemente konnten festgestellt werden:

Leiter
Erster Stellvertretender Leiter
5 einfache Stellvertretende Leiter
Erster Helfer (Referent) des Präsidenten
Pressesekretär des Präsidenten
Gruppe der Berater und Helfer des Präsidenten
Sekretariat der Administration des Präsidenten

Acht *Hautpverwaltungen* für:
Fragen der Außenpolitik
Fragen der Innenpolitik
Fragen der Rechtsreform, der Tätigkeit der Militärformationen und der Rechtsschutzorgane
Fragen der Wirtschaftspolitik
Informationspolitik
Kontrolle
Organisations- und Kaderpolitik sowie Zusammenwirken der Regionen
Staat und Recht

Neun *Verwaltungen* für:
Fragen der Begnadigung
Fragen der Beziehungen zum Parlament, zum Verfassungsgericht und zur Regierung
Fragen der Bürgereingaben
Fragen der Staatsbürgerschaft
Staatliche Auszeichnungen und Wappen
Staatsprotokoll und Zeremoniell des Präsidenten
strategische Initiativen

Abteilung für die Vorbereitung der Reden des Päsidenten

---

[35] Urjadovyj kur'jer [Regierungskurier], 19.12.1996, S. 2, zitiert nach: Ott 1999: 46).

7.4 Administration des Präsidenten

Ständige Vertreter des Präsidenten:
beim Parlament
beim Verfassungsgericht
bei der Regieurng
beim Atomkraftwerk in Tschernobyl

Bevollmächtiger des Präsidenten für die Kontrolle der Tätigkeit des Sicherheitsdienstes
Sekretariat des Nationalen Rats für Abstimmung der Tätigkeit der zentralen und regionalen Organe sowie der örtlichen Selbstverwaltung

Über die Größe der Abteilungen gibt es fast keine Informationen. Bekannt wurde, daß die Abteilung für Informationspolitik mit 38 Mitarbeitern eine der größten ist. Die Abteilung für Fragen der Wirtschaftspolitik hat 26 und die Abteilung für Fragen der Außenpolitik 23 Mitarbeiter.[36]

Die Präsidialadministration nimmt organisatorische, rechtliche, konsultative und analytische Aufgaben wahr. Sie bereitet die Erlasse des Präsidenten vor und Gesetzentwürfe, die das Staatsoberhaupt in das Parlament einbringt. Außerdem erarbeitet die Administration Expertisen über Gesetze, die vom Parlament verabschiedet wurden und die dem Präsidenten zur Unterzeichnung vorgelegt werden. Außerdem hat die Präsidialadministration die Funktion einer Personalabteilung für Spitzenpositionen in dem Sinne, daß sie dem Präsidenten Personalvorschläge unterbreitet oder selbst die Kader für diese Stellen stellt. Zudem unterhält die Präsidialadministration vielfältige Kontakte zu den Fraktionen und Abgeordnetengruppen des Parlaments und kann so Druck auf das Parlament ausüben und dessen Beschlüsse beeinflussen.

Die praktische Tätigkeit der Präsidialadministration überschneidet sich nicht selten mit der der Regierung. In dieser exekutiven Funktion wird die Präsidialadministration nicht vom Parlament kontrolliert. Sie höhlt auf diese Weise die Gewaltenteilung aus (Ott 2002: 78). Unter dem neuen Präsidenten Juschtschenko wurde die Präsidialadministration in Sekretariat des Präsidenten umbenannt. Sein Leiter ist seit dem 24. Januar 2005 Oleksandr Sintschenko *(siehe Biographie im Anhang)*.

Eine wichtige Rolle spielt der Ständige Vertreter des Präsidenten beim Parlament, der auch zur Präsidialadministration gehört. Im Gegensatz zu Rußland, wo ein Beamter diese Funktion ausübt, ist es in der Ukraine ein Abgeordneter, den das Parlament vorschlägt und den der Präsident dann ernennt. Der Ständige Vertreter des Präsidenten beim Parlament hat die Aufgabe, zwischen den Interessen des Präsidenten und des Parlaments zu vermitteln (Helmerich 2003: 62).

---

[36] RFE/RL Poland, Belarus, and Ukraine Report, Vol. 5, No. 14 vom 15.4.2003.

7.5 Rat der nationalen Sicherheit und Verteidigung

Eine weitere Institution im Machtbereich des Präsidenten ist der „Rat der nationalen Sicherheit und Verteidigung der Ukraine" (RNSV). Laut Verfassung hat er als Organ des Präsidenten die Aufgabe, die Tätigkeit der Exekutivorgane im Bereich der nationalen Sicherheit und Verteidigung zu koordinieren und zu kontrollieren. Die Beschlüsse des Rates werden durch Präsidentendekrete in Kraft gesetzt. An den Sitzungen des RNSV, der über einen eigenen Apparat verfügt, kann der Parlamentspräsident teilnehmen. Seine Beschlüsse müssen mit Zwei-Drittel-Mehrheit gefaßt werden (Art. 107 der Verfassung; Art.10, Abs. 1,3 des RNSV-Gesetzes).

Als ständige Mitglieder gehören dem RNSV, dessen Vorsitzender der Präsident ist, von Amts wegen an: der Premierminister, der Verteidigungsminister, der Geheimdienstchef, der Innen- und der Außenminister. Außer diesen gehört dem RNSV als ständiges Mitglied noch der Sekretär des RNSV an, die für seine praktische Arbeit wichtigste Person. Zusätzlich ernannte der Präsident nichtständige Sicherheitsratsmitglieder.[37]

DER RAT DER NATIONALEN SICHERHEIT UND VERTEIDIGUNG DER UKRAINE

Vorsitzender:
- Präsident der Ukraine

Sekretär:

Weitere Ständige Mitglieder:
- Premier
- Verteidigungsminister
- Vorsitzender des Sicherheitsdienstes [Geheimdienst],
- Innenminister,
- Außenminister

Mitglieder:
- Erster Vizepremier
- Vorsitzender des Staatlichen Komitees für Grenzschutz,
- Minister für Wirtschaftspolitik,
- Minister für Außerordentliche Situationen und den Schutz der Bevölkerung vor den Folgen der Tschernobyl-Katastrophe,

---

[37] Präsidentendekret vom 7. 8.2001 "Sklad rady nacional'noi bezpeky i oborony Ukrajiny" [Zusammensetzung des Rats der nationalen Sicherheit und Verteidigung der Ukraine], INTERFAX-Ukraine, 26.12.2002.

7.5 Rat der nationalen Sicherheit und Verteidigung

- Finanzminister,
- Justizminister
- Umweltminister
- Präsident der Nationalen Akademie der Wissenschaften,
- Leiter der Präsidialadministration,
- Generalstabschef

Recht zur Sitzungsteilnahme:
- Parlamentspräsident

Von November 1999 bis Juni 2003 war Jewhen Martschuk *(siehe Biographie im Anhang)* Vorsitzender des RNSV. Er legte der Tätigkeit des Rats einen sehr weiten Sicherheitsbegriff zugrunde und verwandelte ihn so in eine für fast alle Fragen zuständige Institution. Laut Gesetz hat er RNSV u.a. die Funktion, dem Präsidenten innen- und außenpolitische Vorschläge in den Bereichen der nationalen Sicherheit und Verteidigung zu unterbreiten, die Militärdoktrin sowie die Sicherheitskonzeption auszuarbeiten und dem Präsidenten zu unterbreiten, die strategischen nationalen Interessen der Ukraine zu definieren und Konzeptionen zur Gewährleistung der nationalen Sicherheit und Verteidigung in den Bereichen Politik, Wirtschaft, Soziales, Militär, Wissenschaft und Technik, Ökologie, Informatik u.ä. zu entwickeln. Von den wichtigen Dokumenten, die der RNSV ausgearbeitet hat, ist vor allem die Konzeption über die Sicherheit der Ukraine zu nennen, die am 16. Januar 1997 vom Parlament verabschiedet wurde. Inzwischen hat der RNSV eine neue Militärdoktrin ausgearbeitet, die am 15. Juni 2004 in Kraft trat. Im Falle des Kriegsausbruchs bereitet der Rat Vorschläge über eine allgemeine oder Teilmobilmachung und über die Einführung des Kriegs- oder Ausnahmezustands im ganzen Land oder in einzelnen Gebieten vor.[38]

Sekretär des Rates der nationalen Sicherheit und Verteidigung ist seit dem 24. Januar 2005 Petro Poroschenko *(siehe Biographie im Anhang)*.

---

[38] Art. 3 und 4 des RNSV-Gesetzes "Zakon Ukrajiny pro Radu nacional'noji oborony Ukrajiny" [Gesetz der Ukraine über den Rat der nationalen Verteidigung der Ukraine] vom 5.3.1998.

8 Regierung

8.1 Kompetenzen

Die ukrainische Regierung ist laut Verfassung das oberste Exekutivorgan. Sie nimmt eine gewisse Zwitterstellung ein: auf der einen Seite ist sie dem Präsidenten verantwortlich, auf der anderen Seite wird sie vom Parlament kontrolliert, aber in den durch Artikel 85 und 87 bestimmten Grenzen (Art. 113). Diese beziehen sich auf die Kompetenzen des Parlaments gegenüber der Regierung und die Mißtrauensfrage.

Die Regierung legt ihre Befugnisse vor dem neugewählten Präsidenten nieder (Art. 115, Abs. 1). Der Präsident ernennt den Premierminister mit Zustimmung mehr als der Hälfte aller Abgeordneten des Parlaments (Art. 114, Abs. 2). Die Regierungsmitglieder werden vom Präsidenten auf Vorschlag des Premierministers ernannt (Art. 114, Abs. 3).

Der Premierminister leitet die Arbeit des Ministerkabinetts (Art. 114, Abs,. 4). Der Präsident hat nicht, wie in Rußland, das Recht, bei den Sitzungen der Regierung den Vorsitz zu führen.

Der Premierminister und die anderen Regierungsmitglieder haben das Recht, dem Präsidenten ihren Rücktritt zu erklären. Tritt nur der Premierminister zurück, zieht das den Rücktritt des gesamten Ministerkabinetts nach sich (Art. 115, Abs. 3). Zum Rücktritt ist die Regierung verpflichtet, wenn der Präsident das wünscht oder das Parlament ihr das Mißtrauen ausgesprochen hat (Art. 115, Abs. 5).

Nach der Verfassungsreform vom 8. Dezember 2004 wird die Regierung vom Parlament ernannt. Der Präsident hat lediglich das Recht, dem Parlament den Kandidaten für das Amt des Premierministers vorzuschlagen, den ihm vorher die Mehrheitsfraktion oder –koalition des Parlaments empfohlen hat. Ferner schlägt er dem Parlament die Kandidaten für die Ämter des Außen- und des Verteidigungsministers sowie des Geheimdienstchefs vor. Die Regierung legt ihr Amt nicht mehr vor dem neugewählten Präsidenten, sondern vor der neugewählten Regierung nieder.

Die Regierung hat folgende Aufgaben, von denen die wichtigsten genannt seien:

- Gewährleistung der staatlichen Souveränität und wirtschaftlichen Unabhängigkeit,
- Ergreifung von Maßnahmen zur Gewährleistung der Rechte und Freiheiten der Menschen,
- Durchführung der Innen-, Finanz-, Außenwirtschafts- und Außenpolitik des Staates,
- Gewährleitung der gleichen Bedingungen für die Entwicklung aller Eigentumsformen und Verwaltung des Staatseigentums,
- Verwirklichung von Maßnahmen zur Gewährleistung der Verteidigungsfähigkeit und der nationalen Sicherheit der Ukraine.

8.2 Struktur

Die Regierung besteht aus dem Premierminister, seinem Ersten Stellvertreter, drei Stellvertretern und den Ministern (Art. 114, Abs. 1) Nicht zur Regierung im engen Sinne, aber zur zentralen Exektive gehören außerdem 18 Staatskomitees, 7 diesen gleichgestellte Behörden und 17 „zentrale Exekutivorgane mit Sonderstatus". Das Staatskomitee untersteht direkt dem Premier oder einem seiner Stellvertreter oder einem fachbezogenen Minister. Es hat die Aufgabe, für das ihm übergeordneten Ministerium Vorschläge auszuarbeiten. Das Ministerium überwacht dann die konkrete Umsetzung dieser Vorschläge auf dem engen Feld seiner Aufgabenstellung. Es bestehen z.B. Staatskomitees für Energieversorgung, für Informationspolitik, für Arbeitsschutz, für Religion, für Informatisierung, für Familie und Jugend, für Statistik. Zu den Exekutivorganen mit Sonderstatut gehören z.B. der Sicherheitsdienst (SBU) und der Grenzschutz.[39]

Zudem unterstellte sich Kutschma 1999 das Innen-, Verteidigungs-, Außen- und Informationsministerium direkt.[40] Da es das Informationsministerium nicht mehr gibt, unterstehen Kutschma direkt nur noch die beiden „Macht"minister für Inneres und Verteidigung sowie der Außenminister. Das sind weniger Ministerien, die in Kiew dem Präsidenten direkt unterstehen, als seinem Kollegen in Moskau. Dem russischen Präsidenten unterstehen direkt zusätzlich das Ministerium für Angelegeheiten der Zivilverteidigung, Ausnahmesituationen und Beseitigung von Naturkatastrophen sowie die Föderalen Dienste für Auslandsaufklä-

---

[39] Ukaz Prezidenta Ukrajiny "Pro zminy u strukturi central'nych organiv vykonavčoji vlady" [Erlaß des Präsidenten über die Änderung der Struktur der zentralen Exekutivorgane], Nr. 1573/99 vom 15.12.1999 in der Redaktion vom 11.12.2001.
[40] Ukaz Prezidenta Ukrajiny "Pro sklad Kabinetu Ministriv Ukrajiny" [Erlaß des Präsidenten über die Zusammensetzung des Ministerkabinetts], Nr. 1228/99 vom 15.12.1999.

rung (= Auslandsspionage), für den Schutz Rußlands und für den Schutz der Grenzen.

Daß es seit 1991 bisher elf Ministerpräsidenten gab, ist Ausdruck der Instabilität auf Regierungsebene. Das ist politisch zwar nicht ganz so tragisch, weil die Hauptexekutivmacht bisher beim Präsidenten liegt. Aber die Regierung ist nicht nur - mit einigen genuinen eigenen Kompetenzen - das wichtigste Vollzugsorgan der Dekrete des Präsidenten und der Beschlüsse des Parlaments, sondern sollte auch ein wichtiger Reformmotor sein.

Die Regierung steht - ähnlich wie in Rußland - in einer gewissen Konkurrenz zur Präsidialadminsitration. Nur ein starker Premier kann das Durchsetzungvermögen entwickeln, das nötig wäre, damit sich die Regierung zu einem eigenständigen Machtzentrum entwickelt, woran der Präsident bisher kein Interesse hatte.

Tabelle 4: Ukrainische Regierungschefs

Premierminister	Herkunft/ Politische Richtung	Amtszeit
Witold Fokin	Nomenklatura	Okt. 1990 - Sept. 1992
Leonid Kutschma	Dnipropetrowsker Clan	Okt. 1992 - Sept. 1993
Juchim Swjahilskyj[a]	Donezker Clan	Sept. 1993 - Juni 1994
Witalij Massol	Nomenklatura	Juni 1994 - März 1995
Jewhen Martschuk[b]	Nomenklatura (KGB/SBU)	März 1995 - Mai 1996
Pawlo Lasarenko	Dnipropetrowsker Clan	Mai 1996 - Juli 1997
Walerij Pustowojtenko	Dnipropetrowsker Clan	Juli 1997 - Dez. 1999
Wiktor Juschtschenko	Chef der Nationalbank	Dez. 1999 - Mai 2001
Anatolij Kinach	Vors. Unternehmer- u. Industriellenverband	Mai 2001 - Nov. 2002
Wiktor Janukowytsch	Donezker Clan	Nov. 2002 – Dez.2004
Julija Tymoschenko	Opposition	Febr. 2005 -

Quelle: Fußnote[41]. [a] amtierend [b] von März 1995 bis Juni 1995 amtierend

Am 4. Februar 2005 bestätigte das Parlament mit großer Mehrheit von 373 Stimmen (82,9 %) Julija Tymoschneko die Vorsitzende des nach ihr benannten oppositionellen Bündnisses „Block Julija Tymoschenko" als Regierungschefin. Unter dem neuen Präsidenten Wiktor Juschtschenko war sie von 1999 bis 2001 dessen Stellvertreterin gewesen, als dieser Regierungschef war.

---

[41] Bos 2002: 459. Aktualisierung durch den Autor.

8.2 Struktur

Tabelle 5: Regierung vom 4.2.2005

Premier	Juklija TYMOSCHENKO
Erster Stellvertretender Premier	Anatolij KINACH
Stellvertretende Premiers	
Für Fragen der administrativen Reform	Roman BESSMERTNYJ
Für Europäische Integration	Oleh RYBATSCHUK
Für humanitäre Fragen	Mykola TOMENKO
Minister	
Äußeres	Borys TARASJUK
Arbeit und Sozialpolitik	Wjatscheslaw KYRYLENKO
Ausnahmesituationen	Dawyd SHWANIJA
Bildung und Wissenschaft	Stanislaw NIKOLAJENKO
Brennstoff und Energie	Serhij PLATSCHKOW
Familie, Kinder und Jugend	Jurij PAWLENKO
Finanzen	Wiktor PYNSENYK
Gesundheitsschutz	Mykola POLISCHTSCHUK
Industriepolitik	Wolodymyr SCHANDRA
Inneres	Jurij LUZENKO
Justiz	Roman SWARYTSCH
Kultur und Kunst	Oksana BILOSIR
Landwirtschaft	Oleksandr BARANIWSKYJ
Transport und Kommunikation	Jewhen TSCHERWONENKO
Umweltschutz	Pawlo IGNATENKO
Verteidigung	Anatolij HRYZENKO
Wirtschaft	Serhij TJEROCHIN

Diese neue Regierung Tymoschenko unter dem neuen Präsidenten Juschtschenko stellt einen völligen Bruch mit der Vorgänger-Regierung Janukowytsch dar. Nur vier Minister gehören nicht Juschtschenkos Wahlbündnis „Unsere Ukraine" an: der Bildungs-, der Energie, der Innen- und der Landwirtschaftsminister. Außer dem ehemaligen Regierungschef Kinach (vor Janukowytsch) waren der Minister in früheren Regierungen vertreten: der Außen-, der Energie- und der Finanzminister. Bemerkenswert ist, daß die Europazuständigkeit vom Wirtschaftsministerium abgetrennt, um entsprechende Abteilungen des Außenministeriums „angereichert" und in den Rang eines Stellvertretenden Regierungschefs gehoben wurde.

Die neue Regierung wird aber nur ein Jahr im Amt sein, denn nach der Verfassungsreform ist ihre Amtszeit nicht mehr an die des Präsidenten, sondern an die des Parlaments. Im März 2006 wird das Parlament neu gewählt, was die Bildung einer neuen Regierung zur Folge hat.

9 Justiz

Das Rechtsbewußtsein hatte im zaristischen Rußland, zu dem auch die Ukraine gehörte, leider keine Tradition. Im alten Rußland galt der Spruch „Der Zar ist weit", was in etwa bedeutete, daß der jeweilige regionale Machthaber der Zar vor Ort ist und – aufgrund der riesigen Entfernungen – in seinem Gebiet praktisch autonom ist, ohne Gesetze und sonstige Vorschriften sonderlich ernst zu nehmen.

In Sowjetzeiten wurde das Recht dem ideologischen Überbau zugeordnet. Die marxistisch-leninistische Ideologie lehrte, daß es kein objektives Recht gibt, sondern nur Klassenrecht. Die jeweils herrschende Klasse setze mittels des Rechts ihre Machtansprüche durch. In der UdSSR bildete formal die Arbeiterklasse die herrschende Klasse, in Wirklichkeit die „Avantgarde der Arbeiterklasse", also die KPdSU. Das Rechte diente der Machterhaltung der KPdSU und ihrer Funktionärskaste. In diesem Sinne wurden die Gesetze verfaßt. Und um ganz sicher zu gehen, wurde bei politischen Verfahren, die es offiziell nicht gab und die deshalb immer formal als Strafverfahren abgewickelt wurden, dem Vorsitzenden Richter von der KPdSU, vom KGB oder von anderen Behörden vorher telefonisch mitgeteilt, wie das Urteil auszusehen hat. Angesichts dieser Situation ist es nicht verwunderlich, wenn kein besonders großer Wert auf die Lehre der Rechtswissenschaft und auf die Ausbildung der Juristen gelegt wurde. Die Vertreter des Rechts hatten in der Sowjetunion aus diesen angeführten Gründen bei der Bevölkerung kein besonders großes Ansehen.

Vor dem Hintergrund dieser jahrhundertealten Tradition ist es sehr schwer, einen Bewußtseinswandel herbeizuführen in der Richtung, daß Verfassung und Gesetze auch dann einzuhalten sind, wenn deren Vorschriften den eigenen Interessen widersprechen, daß ihre Einhaltung vom Staat notfalls mit Zwangsmitteln durchgesetzt werden kann und daß man bei Verletzung von Verfassungs- und Gesetzesvorschriften bestraft wird. Angesichts dieses mentalen Erbes sind die Vorschriften der neuen Verfassung ein gewaltiger Schritt vorwärts auf dem Weg zur Entwicklung einer Rechtskultur.

9.1 Allgemeine Bestimmungen

In Artikel 6 der Verfassung wird die rechtsprechende Gewalt als dritte Staatsgewalt genannt. Sie wird ausschließlich durch Gerichte ausgeübt (Art. 124, Abs. 1), und zwar durch das Verfassungsgericht und die Gerichte der allgemeinen Gerichtsbarkeit (Art. 124, Abs. 3).

Für das Richteramt kann ein Bürger der Ukraine durch eine Richterprüfungskommission empfohlen werden, der mindestens 25 Jahre alt ist, über eine juristische Hochschulausbildung sowie eine juristische Berufspraxis von mindestens drei Jahren verfügt, mindestens zehn Jahre in der Ukraine ansässig ist und die Staatssprache, also das Ukrainische, beherrscht (Art. 127, Abs. 3). Die Amtszeit eines Richters endet mit Erreichen des 65. Lebensjahrs (Art. 126, 2).

Die Erstberufung eines Berufsrichters erfolgt durch den Präsidenten der Ukraine für fünf Jahre. Alle übrigen Richter – mit Ausnahme der Verfassungsrichter – werden vom Parlament gewählt und üben ihre Funktionen unbefristet aus (Art. 128, Abs. 1). Die Vorschläge zur Ernennung von Richtern werden vom Obersten Justizrat der Ukraine eingebracht (Art. 131, 1). Dieser Justizrat besteht aus 20 Mitgliedern, von denen jeweils drei vom Parlament, vom Präsidenten, vom Richterverband, von der Anwaltskammer, vom Kongreß der Vertreter der juristischen Hochschulen und wissenschaftlichen Einrichtungen entsandt werden, und zwei entsendet die Gesamtukrainische Konferenz der Vertreter der Mitarbeiter der Staatsanwaltschaften. Von Amts wegen gehören dem Justizrat der Vorsitzende des Obersten Gerichts, der Justizminister und der Generalstaatsanwalt an (Art. 131, Abs. 2 und 3).

Die Unabhängigkeit und Unantastbarkeit der Richter wird durch die Verfassung garantiert (Art. 126). Um die Unabhängigkeit der Rechtsprechung materiell abzusichern, gewährleistet der Staat die Finanzierung der Rechtsprechung, die im ukrainischen Staatshaushalt gesondert ausgewiesen wird (Art. 130).

Die Rechtsprechung erfolgt durch einen Einzelrichter, ein Richterkollegium oder ein Geschworenengericht. Die Gerichtsprozesse sind öffentlich (Art. 129), keine geheimen politischen Gerichtsprozesse mehr wie zu sowjetischen Zeiten. Das Gerichtsverfahren erfolgt auf der Grundlage des Parteienstreits: dem Staatsanwalt steht der Rechtsanwalt gegenüber (Art. 129). Dieser Artikel schafft nach siebzig Jahren Kommunismus in der Sowjetunion die verfassungsrechtlichen Voraussetzungen dafür, daß sich ein Angeklagter in der Ukraine vor Gericht nicht nur formal, sondern tatsächlich von einem Rechtsanwalt vertreten lassen kann, der diesen Titel auch verdient.

Die älteren Richter und die Richter in den nachgeordneten Gerichten sind ihrer neuen Unabhängigkeit und der eigenen Verantwortlichkeit in der Rechtsprechung oft nicht gewachsen, weil sie es nie gelernt haben, sich so zu verhalten. Sie sind leicht geneigt, bei ihrer Urteilsfindung irgendwelchem Druck nachzugeben. Am hartnäckigsten halten sich totalitäre Verhaltensweisen bei den Rechtsschutzorganen, vor allem bei der Staatsanwaltschaft, der Miliz, dem Sicherheitsdienst und im Gefängnisbereich. Der gesamte Strafvollzug müßte reformiert werden.

Obwohl der Menschenrechtsschutz durch die obersten Justizorgane gesichert wird, gibt es Unzulänglichkeiten auf den unteren Ebenen und bei der Umsetzung der zentralen Rechtsprechung. Zur parlamentarischen Kontrolle der Einhaltung der verfassungsmäßigen Rechte und Freiheiten des Menschen und Bürgers setzte die Werchowna Rada einen Bevollmächtigten Vertreter für die Menschenrechte, einen Ombudsmann, ein (Art. 101).

Zur Zeit ist das eine Ombudsfrau, Nina Karpatschowa. Bis zum Herbst 2001 hatten sich 180.000 Personen an sie gewandt. Dabei mußte sie leider feststellen, daß in der Ukraine die Menschenrechte massenweise und systematisch verletzt werden, obwohl Kiew fast alle internationalen Menschenrechtskonventionen ratifiziert hat. Mehr als ein Drittel aller Beschwerden betreffen die Verletzung der sozi-ökonomischen Grundrechte.[42]

Nach der Prüfung der Beschwerden stellt der Ombudsmann vor den entsprechenden Organen die „Frage nach der strafrechtlichen Belangung der Rechtsverletzer, leitet amtliche oder Disziplinarverfahren gegen die Amtspersonen ein, ruft das Gericht zu Fragen der Geltendmachung von Schadenersatz an, macht Vorschläge zu Fragen der Beseitigung der Gründe für die Verletzung der Menschenrechte" (Šemšučenko 2001: 196).

9.2 Verfassungsgericht

Vorläufer des Verfassungsgerichts war das von Gorbatschow 1988 eingeführte Komitee für Verfassungsaufsicht der UdSSR, das zwar die Verfassungsmäßigkeit der Gesetze prüfen, aber kein Urteil fällen konnte, weil es kein Gericht war. Das ukrainische Verfassungsgericht fällt Entscheidungen, die für die gesamte Ukraine verbindlich, endgültig und nicht anfechtbar sind (Art. 150).

Zu den Befugnissen des ukrainischen Verfassungsgerichts gehören:

- auf Ersuchen des Präsidenten, von mindestens 45 Parlamentsabgeordneten, des Obersten Gerichts, des Obudsmanns (Ombudsfrau) des Parlaments für Menschenrechte und des Regionalparlaments der Autonomen Republik

---

[42] Dr. Nina Karpatschowa in einem Vortrag am 12. September 2001 in Berlin. Vgl. auch dazu: Bulletin of the Ukrainian Parliament Commissioner for Human Rights. Kiew 2000, Nr. 2.

9.2 Verfassungsgericht

Krim die Entscheidung von Fragen der Verfassungsmäßigkeit von Gesetzen des Parlaments, Akten des Präsidenten, Akten der Regierung und Rechtsakten der Regionalparlaments der Autonomen Republik Krim;
- die offiziellen Auslegung der Verfassung und der Gesetze der Ukraine (Art. 150),
- auf Ersuchen des Präsidenten oder der Regierung Gutachten zur Übereinstimmung geltender internationaler Verträge der Ukraine oder solcher internationaler Verträge, die in das Parlament eingebracht wurden, mit der ukrainischen Verfassung (Art. 151, Abs. 1) sowie
- im Falle eines Impeachmentverfahrens auf Ersuchen des Parlaments die Erstellung von Gutachten über die Einhaltung der verfassungsmäßigen Prozedur der Untersuchung und Behandlung der Amtsenthebung des Präsidenten (Art. 151, Abs. 2).

Das Verfassungsgericht der Ukraine besteht aus 18 Richtern. Zum Verfassungsrichter kann ein Bürger der Ukraine nominiert werden, der am Tag seiner Ernennung das 40. Lebensjahr erreicht hat, juristische Hochschulbildung besitzt, mindestens zehn Jahre Berufserfahrung hat, sich in den letzten 20 Jahren in der Ukraine aufgehalten hat und die Staatssprache, also Ukrainisch, beherrscht.

Ein Drittel der Verfassungsrichter wird vom Präsidenten ernannt, der sich vorher mit Premier und Justizminister beraten haben muß, ein Drittel vom Parlament gewählt und ein Drittel vom ukrainischen Richterkongreß – dem höchsten Vertretungsorgan der Richterschaft (Art. 148, Abs. 2). Die Verfassungsrichter werden für neun Jahre ernannt ohne das Recht auf Ernennung auf eine neue Amtszeit (Art. 148, Abs. 4). Der Vorsitzende des Verfassungsgerichts wird von den Verfassungsrichtern in geheimer Abstimmung auf drei Jahre ohne Wiederwahlmöglichkeit gewählt. Das Verfassungsgericht wurde erst im Herbst 1997 komplettiert (Ott 1999: 54, Helmerich 2003: 72). Die Verfassungsrichter dürfen sich bei Abstimmungen nicht der Stimme enthalten (Art. 63 des Gesetzes über das Verfassungsgericht vom 16. Oktober 1996).

Das Gesetz über das Verfassungsgericht sieht zwei Rechtsmittel vor, die beim Verfassungsgericht eingelegt werden können: den Prüfungsauftrag und die Anrufung. Den Prüfungsantrag können nur diejenigen juristischen Personen stellen, die oben aufgeführt sind. Angerufen werden kann das Verfassungsgericht dagegen von jedem Bürger, wenn er sich durch die nicht eindeutige Auslegung von Verfassungsnormen und Gesetzen durch ukrainische Richter in seinen verfassungsmäßigen Rechten und Freiheiten verletzt fühlt (Helmerich 2003: 73).

Das Schwergewicht der Tätigkeit des Verfassungsgerichts lag von Anfang an bei der Klärung der Zuständigkeiten von Parlament und Präsident/Regierung.

Diese Fragen hat die Hälfte aller Verfahren am Verfassungsgericht zum Inhalt (Helmerich 2003: 73). Das Verfassungsgericht versuchte anfangs mit seinem Urteil in einer wichtigen politischen Streitfrage zwischen Präsident und Parlament einen Mittelweg zu gehen. Am 27. März 2000 erklärte es zwei von sechs Fragen, die der Präsident in einem Referendum den Wählern stellen wollte, für verfassungswidrig: dem Parlament der 14. Legislaturperiode (1998-2002) das Mißtrauen auszusprechen und die Verfassung durch Volksentscheid zu ändern (Ott 2002: 90). Am 27. Juni 2000 und am 13. Juli 2000 schlug sich das Verfassungsgericht – wie bereits oben erwähnt – allerdings auf die Seite des Präsidenten, als es den Präsidentenentwurf zur Änderung der Verfassung für verfassungskonform und den Alternativentwurf des Parlaments für nicht verfassungskoform erklärte (Ott 2002: 95).

Das Verfassungsgericht hat sich noch nicht zu einer völlig unabhängigen Kontrollinstanz entwickeln können. Selbst ein ehemaliger Vorsitzender des Verfassungsgerichts räumte in einem Interview im September 2001 ein, dass in mehreren Fällen von Amtspersonen und von Abgeordneten versucht wurde, einzelne Verfassungsrichter zu beeinflussen (Helmerich 2003: 75).

Vorsitzender des Verfassungsgerichts ist Wiktor Skomorocha *(siehe Biographie im Anhang)*.

9.3 Staatsanwaltschaft

Die Staatsanwaltschaft der Ukraine bildet ein einheitliches System (Art. 121). Sie wird vom Generalstaatsanwalt der Ukraine geleitet. Der Generalstaatsanwalt wird mit Zustimmung der Werchowna Rada vom Präsidenten ernannt und entlassen. Das Parlament kann dem Generalstaatsanwalt das Mißtrauen aussprechen, das seinen Rücktritt nach sich zieht. Die Amtszeit des Generalstaatsanwalts beträgt fünf Jahre (Art. 122). Generalstaatsanwalt ist Henadij Wassyljew *(siehe Biographie im Anhang)*.

10 Regionale Ebene

10.1 Allgemeine Bestimmungen

Die Idee einer föderalen Ukraine wurde bereits nach dem Zusammenbruch der Sowjetunion diskutiert, und zwar im Westen der Ukraine und vom damaligen Vorsitzenden der Bewegung „Ruch". Wjatscheslaw Tschornowil, aufgegriffen. Das führte dazu, daß die Föderalismusidee in engem Zusammenhang mit der oppositionellen ukrainischen Nationalbewegung gesehen wurde. Nach der Unabhängigkeit der Ukraine wurde das föderalistische Prinzip erneut mit einem subversiven Oppositionsgedanken assoziiert (Sasse 2002: 144 f.).

Obwohl die Ukraine eine regionale Vielfalt hat und eine erfolgreiche Wirtschaftspolitik politisch regionale Vollmachten erfordern, definiert die Verfassung die Ukraine nicht als föderalen Staat wie Rußland, auch wenn dort noch viel zu einem echten Föderalismus fehlt, sondern als unitaren Staat (Art. 2, Abs. 2). Die Entscheidung für einen Einheitsstaat fiel aus Sorge vor separatistischen Tendenzen. Dies wird verständlich, wenn man sich vergegenwärtigt, welche Teile der heutigen Ukraine wann zum jetzigen ukrainischen Staat kamen und welchen anderen Staaten sie vorher angehört und welche kulturellen, politischen und sprachlichen Einflüssen sie aufgenommen haben: Die heutigen drei Großregionen Galizien (Lemberg), das bis 1772 polnisch-litauisch, dann bis 1918 österreichisch und zwischen den beiden Weltkriegen polnisch war, die Bukowina (Tscherniwiz), die bis 1918 österreichisch und zwischen den beiden Weltkriegen rumänisch war, und Transkarpatien (Ushgorod), das früher österreichisch und zwischen den beiden Weltkriegen tschechoslowakisch war und erst 1939 zur Sowjetunion kam. Wolhynien, das zuerst polnisch-litauisch, dann russisch und zwischen den beiden Weltkriegen wieder teilweise polnisch war, wurde 1945 ganz der Sowjetunion einverleibt. Der Süden des Landes kam erst Ende des 18. Jahrhunderts nach den siegreichen Kriegen gegen das Osmanischen Reich zum Russischen Imperium (Polonska-Vasylenko 1988: 802).

Die Ukraine wird administrativ-territorial in die Autonome Republik Krim, die Städte Kiew (Art. 133, Abs. 1) und Sewastopol mit einem besonderen gesetzlich bestimmten Status (Art. 133, Abs. 3) sowie in die 24 Gebiete Charkiw, Cherson, Chmelnyzkyj, Dnipropetrowsk, Donezk, Iwano-Frankiwsk, Kiew, Kyrowohrad, Luhansk, Lwiw, Mykolajiw, Odessa, Poltawa, Riwne, Saporoschje,

Schytomyr, Sumy, Ternopil, Transkarpatien, Tscherkassy, Tschernihiw, Tscherniwiz, Winnyza und Wolhynien eingeteilt (Art. 133, Abs. 2). Sewastopol auf der Krim nimmt eine besondere Rolle ein, denn diese Hafenstadt ist ein Stützpunkt der russischen Schwarzmeerflotte, den Moskau nach dem russisch-ukrainischen Freundschaftsvertrag von 1997 für zwanzig Jahre von der Ukraine gepachtet hat. Mehrere Gebiete können zu einer Region zusammengefaßt werden wie z.B. die Gebiete Donezk und Luhansk zur Region Donbas.

Die Chefs der Exekutive in den oben angeführten regionalen Einheiten werden nicht gewählt, wie in Rußland, sondern von Kiew ernannt, denn Kutschma möchte die Kontrolle über die regionalen Administrationen nicht verlieren. Die Gouverneure stammen nicht unbedingt aus der Region, deren Administration sie leiten. Ihre Ablösung erfolgt entweder, weil sie bei Präsidentschafts- bzw. Parlamentswahlen die „administrativen Ressourcen" nicht genügend zur Wirkung gebracht haben, d.h. nicht genügend Stimmen für den Präsidenten bzw. dessen Partei in ihrer Region einbringen konnten, oder wenn sie anfangen, zu große Selbständigkeit zu entwickeln. Deshalb sind ihre Möglichkeiten, in der regionalen Politik eigene Akzente zu setzen, begrenzt (Haran 2002a: 113).

Die Großregionen unterscheiden sich sprachlich und politisch. Die russische Sprache dominiert in denjenigen Teilen der Ukraine, die zur Sowjetunion und vorher zum Russischen Reich gehörten, also in der Ostukraine und im Süden, das Ukrainische in der Westukraine und teilweise im Zentrum.

Die politischen Unterschiede zwischen den verschiedenen Teilen der Ukraine können der regionalen Aufschlüsselung der Ergebnisse des zweiten Wahlgangs bei der Präsidentenwahl am 14. November 1999 und der Parlamentswahl am 13. März 2002 entnommen werden. Zur Stichwahl standen der bisherige Amtsinhaber Leonid Kutschma und der kommunistische Gegenkandidat Petro Symonenko.

Tabelle 6: Stichwahl des Präsidenten am 14.11.1999 nach Regionen (in %) [43]

	Westen	Osten	Zentrum	Süden	Norden	Insgesamt
Kutschma	81,54	48,25	44,14	46,61	53,23	56,25
Symonenko	13,82	45,72	49,33	47,87	39,30	37,80

Dieses Wahlergebnis zeigt, daß Kutschma in der West- und in der Nord-Ukraine siegte, in der Westukraine besonders hoch. Sein kommunistischer Gegenspieler Symonenko erhielt in diesen Teilen der Ukraine deutlich weniger Stimmen als der amtierende Präsident. In der Ostukraine bekam er jedoch nicht den höheren

---

[43] Central'na vyborča komisia. Vybory Prezidenta Ukrajiny [Zentrale Wahlkommission. Die Wahl des Präsidenten] Kyiv 2000, S. 293. Zitiert nach: Haran 2002: 118.

10.1 Allgemeine Bestimmungen

Stimmenanteil als Kompensation für sein schlechtes Abschneiden in der West- und in der Nord-Ukraine.

Tabelle 7: Ergebnis der Parlamentswahl 2002 nach Regionen (in %)[44]

Region	Wahlsieger	%	2. Sieger	%	3. Sieger	%
Charkiw	KPU	30,69	FeU	15,38	VSDPU	10,35
Cherson	KPU	31,59	UU	11,82	SPU	8,21
Chmelnyzkyj	UU	34,79	KPU	13,46	BjuT	12,64
Dnipropetrowsk	KPU	31,86	FeU	11,43	VSDPU	9,58
Donezk	FeU	36,83	KPU	29,78	VSDPU	4,65
Iwano-Frankiwsk	UU	74,62	BJuT	9,83	FeU	2,45
Kiew (Gebiet)	UU	25,61	SPU	12,03	KPU	10,82
Kiew (Stadt)	UU	28,11	BjuT	12,84	Einheit	11,66
Kirowohrad	KPU	22,24	SPU	15,15	FeU	13,27
Krim	KPU	33,91	VSDPU	12,47	UU	9,77
Lwiw	UU	63,91	BJuT	17,11	FeU	3,43
Luhans	KPU	39,69	FeU	15,38	VSDPU	10,35
Mykolajiw	KPU	29,29	FeU	14,14	VSDPU	12,09
Odessa	KPU	26,15	FeU	14,34	VSDPU	8,01
Poltawa	SPU	22,04	UU	20,48	KPU	17,68
Riwne	UU	54,80	FeU	10,63	BjuT	9,91
Saporoshje	KPU	33,40	VSDPU	10,68	UU	7,93
Shytomyr	UU	21,84	KPU	18,85	FeU	12,65
Sewastopol	KPU	32,76	FeU	13,11	Russischer Block	8,84
Sumy	UU	18,60	FeU	17,04	KPU	16,49
Ternopil	UU	69,01	BJuT	18,83	FeU	1,86
Transkarpatien	UU	36,63	VSDPU	14,01	FeU	10,26
Tscherkassy	UU	27,00	SPU	18,98	KPU	13,31
Tschernihiw	UU	24,82	KPU	16,61	SPU	15,13
Tscherniwiz	UU	46,27	VSDPU	10,07	KPU	8,17
Winnyza	UU	29,43	SPU	21,16	BjuT	13,47
Wolhynien	UU	57,55	BJuT	13,31	FeU	7,95

BJuT Wahlbündnis „Block Julija Tymoschenko"
FeU Block „Für eine einige Ukraine!"
KPU Kommunistische Partei der Ukraine
SPU Sozialistische Partei der Ukraine
UU Wahlblock „Unsere Ukraine"
VSDPU Vereinigte Sozialdemokratische Partei der Ukraine

---

[44] Durkot 2002a: 19.

Tabelle 8: Sieger bei der wiederholte Stichwahl des Präsidenten am 26.12.2004 nach Regionen (in %)

Region	Juschtschenko	Janukowytsch
OSTUKRAINE		
Charkiw		68,12
Dnipropetrowsk		61,13
Donezk		93,54
Luhansk		91,24
Saporishja		70,14
SÜDUKRAINE		
Cherson		51,32
Krim		81,26
Mykolajiw		67,13
Odessa		66,56
Sewastopol		88,83
ZENTRALUKRAINE		
Chmelnyzkyj	80,47	
Kiew (Gebiet)	82,70	
Kiew (Stadt)	78,37	
Kirowohrad	63,40	
Poltawa	66,00	
Shytomyr	66,86	
Sumy	79,45	
Tscherkassy	79,10	
Tschernihiw	71,15	
Winnyza	84,07	
WESTUKRAINE		
Iwano-Frankiwsk	95,72	
Lwiw	93,74	
Riwne	84,52	
Ternopil	96,03	
Transkarpatien	67,45	
Tscherniwiz	79,75	
Wolhynien	90,71	

10.1 Allgemeine Bestimmungen

Die Betrachtung des Wahlergebnisses in den Regionen zeigt, daß es dem Machtblock FeU nur in einer von insgesamt 27 Regionen gelang, die meisten Stimmen an sich zu binden – in der größten Industrieregion der Ukraine, dem Donezk. Das gemäßigt oppositionelle Bündnis UU gewann in 15 Gebieten der West- und Zentralukraine, die KPU in 10 Regionen der Ost- sowie Südukraine und die SPU nur im Gebiet Poltawa (Durkot 2002c: 570).

Wird dieses regional aufgeschlüsseltes Ergebnis der Parlamentswahl 2002 mit dem Regionalergebnis der Präsidentenwahl 1999 verglichen, fällt auf, daß die kutschma-kritische Bewegung „Unsere Ukraine" gerade in denjenigen Regionen siegte, in denen vor drei Jahren der Präsident die meisten Stimmen erhalten hatte. Auch wenn bedacht wird, daß Präsidenten- nicht gleich Parlamentswahl ist und daß bei jeder Wahl andere personelle Alterntiven zur Wahl stehen, so ist doch bemerkenswert, daß innerhalb von drei Jahren die Wähler in den westlichen und nördlichen sowie zentralen Gebieten der Ukraine Kutschma den Rücken gekehrt haben, aber nicht zur Opposition der Kommunisten übergelaufen sind, sondern sich für eine demokratisch-marktwirtschaftliche Alternative zu Kutschma unter Führung Juschtschenkos entschieden haben.

Aus dem regional aufgeschlüsselten Ergebnis der wiederholten Präsidentenstichwahl 2004 ist zu ersehen, daß das Land politisch gespalten ist in Ost- und Südukraine, die mehrheitlich für Janukowytsch gestimmt hat, und die Zentral- und Westukraine, die mehrheitlich für Juschtschenko votiert hat. Bemerkenswert ist der Sieg Juschtschenkos in der Zentralukraine, die bisher als politisch nicht so festgelegt galt wie die Ost- und Westukraine. Aber selbst innerhalb der Ost- und der Westukraine erreichten die jeweiligen Sieger kein einheitlich hohes Abstimmungsergebnis.

Kutschma ist sich durchaus des Gewichts der Regionen bewußt, doch er betreibt aus Sorge, die Kontrolle über die Administrationen der Gebiete zu verlieren, eine zögerliche Regionalpolitik (Sasse 2002: 145). Um den Regionen auf der zentalen Ebene eine Stimme zu geben, wenn auch nur eine beratende, gründete Kutschma 1994 den Rat der Regionen, dem die Leiter der regionalen Exekutie angehören (Bos2002: 483). Später versuchte Kutschma ein Zweikammerparlament einzuführen, für das sich bei einem Referendum im April 2000 die Mehrheit der Wähler aussprach.[45] Bis heute ist das Ergebnis des Referendums, auch in dieser verfassungsändernden Frage, vom Parlament nicht umgesetzt worden. Unklar ist, wie sich diese zweite Kammer zusammensetzen soll. Wenn dort die vom Präsidenten ernannten Gouverneure, die Vorsitzenden der Gebietsparlamente und die Bürgermeister der Gebietshauptstädte sitzen, dürfte das die Abhängigkeit der neuen Kammer vom Präsidenten bedeuten. Würden die Gouverneure

---

[45] Siehe Abschnitt über die Verfassungsänderung.

gewählt und wären sie dann mit dieser Legitimation in der Kammer vertreten, würde das die Gebiete in ihrem Widerstreit mit dem Zentrum stärken (Haran 2002a: 123).

10.2 Sonderfall Autonome Republik Krim

Eine Sonderrolle als ukrainische Region spielt die Krim, die erst 1954 aus Anlaß der 300-Jahr-Feier des Anschlusses der Ukraine an Rußland vom ehemaligen KPdSU-Chef der Ukraine, Nikita Chruschtschow der Ukraine geschenkt wurde, denn vorher gehörte sie seit 1921 als Autonome Sozialistische Sowjetrepublik Krim und ab 1944 als Gebiet zur Russischen Sozialistischen Föderativen Sowjetrepublik. Vorher war die Krim von 1370 bis 1783 ein Chanat, das von einem Ableger der Goldenen Horde errichet worden war und das seit 1475 als relativ selbständiges unabhängiges Protektorat des Osmansichen Reiches fortbestand, bis die Krim 1783 von Katharina II. ins Russische Reich genommen wurde (Sasse 2002: 131).

1944 wurden die Krimtataren von Stalin wegen angeblicher Kollaboration mit der deutschen Wehrmacht deportiert. Erst unter Gorbatschow durften sie in ihre Heimat zurückkehren, doch die meisten vollzogen diesen Schritt erst seit der Unabhängigkeit der Ukraine. Die Krim ist das einzige Gebiet der Ukraine mit einem dominierenden russischen Bevölkerungsanteil von 62 %. Es folgen die Ukrainer mit 24 % und die Krimtataren mit 10 % (Sasse 2002: 131 f.).

Nach der Unabhängigkeit der Ukraine erhoben sich auf der Krim Forderungen nach territorialer Autonomie im neuen ukrainischen Staat, die 1994 in einem russisch-nationalistischen Separatismus kulminierten. Diese Separatismusbewegung ereichte 1994 mit der Wahl eines Krim-Präsidenten und dem überwältigenden Wahlsieg von „Blok Rossija"-Abgeordneten im Krimparlament ihren Höhepunkt. Da das Programm dieses Blocks hauptsächlich auf das russische ethnische Moment zugeschnitten war, ging der Zuspruch der Bevölkerung sehr schnell zurück. Zudem versuchte Kiew durch Föderung der Ansiedelung der Krimtataren das russsiche Element indirekt zu schwächen. Ferner ist die finanzielle Abhänigigkeit der Krim von Kiew nicht zu übersehen und ihr Angewiesensein auf Energie- und Wasserlieferungen. Kutschma, der im Juli 1994 zum neuen Präsidenten gewählt worden war, schaffte das offiziell nicht sanktionierte Präsidentenamt kurzerhand ab und unterstellte sich 1995 die Krim einschließlich ihres Parlaments (Sasse 2002: 135-137).

Parallel dazu erhob im Juli 1993 das russische Parlament Anspruch auf Sewastopol, das in den Übergabetransfer der Krim angeblich nicht einbezogen gewesen sein soll und deshalb weiterhin ein Teil der Russischen Föderation sei

10.2 Sonderfall Autonome Republik Krim

(Götz/Halbach 1996: 386). Zur Begründung wurde angeführt, daß im Erlaß des Präsidiums des Obersten Sowjet der UdSSR „Über die Übergabe des Krim-Gebiets aus dem Verband der RSFSR in den Verband der Ukrainischen SSR" vom 19. Februar 1954 Sewastopol nicht erwähnt wird. Deshalb gelte weiterhin der Erlaß des Obersten Sowjet der RSFSR vom 28. Oktober 1948, der Sewastopol zum selbständigen Wirtschafts- und Verwaltungszentrum erklärte und der Regierung in Moskau als republikunmittelbare Stadt mit besonderem Haushalt unterstellte. Doch mit diesem Erlaß wurde Sewastopol nicht aus der Krim ausgegliedert, denn eine solche Ausgliederung hätte der Zustimmung des Obersten Sowjet der RSFSR bedurft (Tscherkassowa 1999: 2).

Sprachrohr der den Status von Sewastopol revidierenwollender Deputierten war der damalige Vorsitzende des Komitees für internationale Beziehungen des Obersten Sowjet der Russischen Föderation, Jewgenij Ambarzumow. Am 9. Juli 1993 beschluß der Oberste Sowjet der Russischen Föderation mit großer Mehrheit eine Resolution, in der es hieß, daß Sewastopol „russischen föderalen Status" habe und „Hauptquartier einer einheitlichen Schwarzmeerflotte" sei. Jelzin lehnte den Beschluß ab, bekräftige allerdings, daß er Sewastopol für ein russische Stadt halte (Malek 2002: 22). Im September 1993 löste Jelzin den Volksdeputiertenkongreß, zu dem auch der Oberste Sowjet gehörte, auf, um so den Machtkampf zwischen ihm und dem Vorsitzenden des Volksdeputiertenkongresses, Ruslan Chasbulatow, zu beenden und schickte 1994 Ambarzumow als Botschafter nach Mexiko (bis 1999).

Die Autonome Republik Krim hat eine eigene Verfassung, die der Oberste Rat der Krim annimmt (geschehen am 23. Dezember 1998) und die von der Werchowna Rada in Kiew mit mindestens der Hälfte ihrer Abgeordneten bestätigt werden muß (Art. 135, Abs. 1). Das Vertretungsorgan der Autonomen Republik ist der Oberste Rat. Der Regierungschef der Autonomen Republik wird vom Obersten Rat der Republik mit Zustimmung des Präsidenten ernannt und entlassen (Art. 136, Abs. 1, 3).

Die Autonome Republik Krim hat folgende Kompetenzen, von denen die wichtigsten folgende sind, die sich allerdings in Grenzen halten, so daß man sich fragen kann, was daran eigentlich das Autonome ist:

1. Aufstellung, Bestätigung und Erfüllung des Haushalts,
2. Anberaumung der Wahlen zum Obersten Rat und Bestätigung der personellen Zusammensetzung der Wahlkommission,
3. Organisation und Durchführung örtlicher Referenda,
4. Verwaltung des der Autonomen Republik Krim gehörenden Eigentums,

5. Aufstellung, Bestätigung und Erfüllung von Programmen zu Fragen der sozio-ökonomischen Entwicklung, der rationellen Nutzung der natürlichen Ressourcen und des Umweltschutzes (Art. 138).

Im Falle der Nichtübereinstimmung von normativen Rechtsakten des Obersten Rats mit der Verfassung der Ukraine und/oder ihren Gesetzen kann der Präsident die Geltung dieser normativen Rechtsakte bei gleichzeitiger Anrufung des Verfassungsgerichts zur Prüfung ihrer Verfassungsmäßigkeit aufheben (Art- 137). Zugleich hat er das Recht, Akte des Ministerkabinetts der Autonomen Republik Krim aufzuheben (Art. 106.16). Zur besseren Kontrolle der widerspenstigen Krim hat der Präsident eine Vertretung auf der Halbinsel eingerichtet (Art. 139).

Das Parlament kann die Befugnisse des Obersten Rats der Autonomen Republik Krim bei Vorliegen eines Gutachtens des Verfassungsgerichts zur Verletzung der Verfassung und der Gesetze der Ukraine vorzeitig beenden. Dann werden von der Werchowna Rada vorgezogene Wahlen zum Obersten Rat der Krim anberaumt (Art. 85.28).

Vier potentielle Konflikte konnten bisher auf der Krim verhindert werden: „eine Auseinandersetzung zwischen der Ukraine und Rußland, interne regionale Konflikte zwischen den verschiedenen politischen Gruppierungen, ein offener Konflikt zwischen dem Zentrum Kiew und der Peripherie Simferopol" und die Zuspitzung der Probleme der Krimtateren (Sassa 2002: 146).

Vier Faktoren haben auf der Krim den Ausbruch eines ethnopolitischen Konflikts verhindert:

„das Fehlen von klaren ethnopolitischen Trennlinien als Folge einer historisch bedingten regionalen Völkervielfalt;
die Fragilität der russischen ethnopolitischen Bewegung aufgrund der Vernachlässigung sozioökonomischer Probleme, einer verschwommenen russisch-sowjetischen Identität und interner politischer Organisations- und Koordinationsschwächen;
der Mangel einer aktiven außenpolitischen Unterstützung durch Rußland oder die Türkei und
viertens die Dynamik der langwierigen Verhandlungen über die regionalen Autonomieforderungen." (Sasse 2002: 146).

11 Örtliche Selbstverwaltung

Die rechtliche Grundlage der örtlichen Selbstverwaltung bilden die Verfassung und das Gesetz „Über die örtliche Selbstverwaltung" von 1997. Laut Verfassung umfaßt die örtliche Selbstverwaltung Gemeinschaften wie Städte, Dörfer, Siedlungen und den freiwilligen Zusammenschluß von Siedlungen. Deren Bewohner haben das Recht, Fragen von örtlicher Bedeutung - natürlich im Verfassungs- und Gesetzesrahmen – selbständig zu entscheiden (Art. 140, Abs. 1). Die Rechte der örtlichen Selbstverwaltungen werden im Rechtsweg geschützt (Art. 145).

Die Dörfer, Siedlungen und Städte bilden zur Vertretung ihrer Interessen, Dorf-, Siedlungs- und Stadträte. (Art. 140, Abs. 1, 3). Diesen Räten gehören Deputierte an, die von der Bevölkerung der jeweiligen territorialen Einheit in allgemeinen, gleichen, direkten und geheimen Wahlen für vier Jahre gewählt werden (Art. 141, Abs. 1) Die territorialen Gemeinschaften der Dörfer, Siedlungen und Städte wählen in allgemeiner, gleicher, direkter und geheimer Wahl ebenfalls für vier Jahre das Dorf-, Siedlungs und Stadtoberhaupt, welches das Exekutivorgan des Rates leitet und auf dessen Sitzungen den Vorsitz führt (Art. 141, Abs. 2).

Die Organe der örtlichen Selbstverwaltung, welche die gemeinsamen Interessen der Dorf-, Siedlungs- und Stadtgemeinschaften vertreten, sind die Kreis- und Gebietsräte (Art. 140, Abs. 4). Die Mitglieder der Kreis- und Gebietsräte werden ebenfalls in allgemeinen, gleichen und geheimen Wahlen gewählt (Art. 71; Instytut 1998: 334). Die Vorsitzenden der Kreis- und Gebietsräte werden von dem entsprechenden Rat gewählt; sie leiten Exekutivapparate des jeweiligen Rates (Art. 140, Abs. 4; 141, Abs. 4).

Neben der örtlichen Selbstverwaltung bestehen örtliche staatliche Verwaltungen in den Gebieten und Kreisen sowie in den Städten Kiew und Sewastopol. Die Leiter der örtlichen staatlichen Verwaltungen werden vom Präsidenten auf Vorschlag der Regierung ernannt und daraus entlassen. Sie sind bei Wahrnehmung ihrer Befugnisse dem Präsidenten und der Regierung verantwortlich. Gegenüber den übergeordneten Exekutivorganen sind sie rechenschaftspflichtig und werden von ihnen kontrolliert (Art. 118).

Das bedeutet, daß es auf der Ebene der Gebiete und Kreise zwei Verwaltungsorgane parallel gibt: die örtliche Selbstverwaltung und die örtliche staatliche Verwaltung, die verpflichtet sind zusammenzuwirken (Art. 119, nr. 6). Es besteht die Möglichkeit, daß den staatlichen Gebiets- und Kreisverwaltungsorganen Befugnisse übertragen werden, die dann den Räten gegenüber rechenschaftspflichtig sind und von ihnen kontrolliert werden (Art. 118, Abs. 6). Der Gebiets- oder Kreisrat kann dem Leiter der staatlichen Gebiets- oder Kreisverwaltung das Mißtrauen aussprechen, auf dessen Grundlage der Präsident einen Beschluß faßt und eine begründete Antwort gibt. Wenn das Mißtrauen von zwei Dritteln der Abgeordneten des Rats ausgesprochen wurde, faßt der Präsident einen Beschluß über den Rücktritt des Leiters der entsprechenden örtlichen staatlichen Verwaltung (Art. 118, Abs. 9 und 10).

Werden die Zuständigkeiten der Gebiets- und Kreisräte als Organe der örtlichen Selbstverwaltung mit den Aufgaben der Gebiets- und Kreisorgane der örtlichen staatlichen Verwaltung verglichen, so ergeben sich folgende Zuständigkeiten:

- die staatlichen Gebiets- und Kreisverwaltunsorgane erfüllen die staatlichen und regionalen Programme der sozio-ökonomischen und kulturellen Entwicklung (Art. 119, nr. 3), die Gebiets- und Kreisräte bestätigen diese Programme und kontrollieren deren Erfüllung (Art. 143, Abs. 2);
- die staatlichen Gebiets- und Kreisverwaltungsorgane stellen und erfüllen die entsprechenden Gebiets- und Kreishaushalte (Art. 119, nr. 3-5), die Gebiets- und Kreisräte bestätigen diese Haushalte (Art. 143, Abs. 2).

Die Gebiets- und Kreisräte können den staatlichen Gebiets- und Kreisorganen gewisse Vollmachten übertragen, welche die Aufstellung von sozio-ökonomischen und national-kulturellen Programmen betreffen, die sich auf das Territorium des Rats beziehen, und die Ausarbeitung von Vorschlägen für den Staatshaushalt beinhalten, insofern er sich auf das Gebiets- und Kreisterritorium bezieht (Art. 44 des Selbstverwaltungsgesetzes von 1997).[46]

Die materielle und finanzielle Grundlage der örtlichen Selbstverwaltungen bilden:

- das ihnen gehörende bewegliche und unbewegliche Vermögen,
- der Grund und Boden sowie die natürlichen Ressourcen,
- die Einnahme der örtlichen Haushalte und
- andere finanzielle Mittel, die von der Verfassung nicht näher bestimmt werden (Art. 142, Abs. 1).

---

[46] Zakon Ukrajiny pro misceve samourjaduvannaja v Ukrajini [Gesetz über die örtliche Selbstverwaltung in der Ukraine], in: Vidomosti Verchovnoji Rady [Mitteilungen des Obersten Rats der Ukraine], 1997, Nr. 24, st. 170.

10.2 Sonderfall Autonome Republik Krim

Der Staat beteiligt sich an der Bildung von Einnahmen der örtlichen Selbstverwaltungen und unterstützt sie finanziell. Wenn den örtlichen Selbstverwaltungen durch die Übertragung einzelner Befugnisse der staatlicher Exekutivorgane Kosten entstehen, werden ihnen diese vom Staat erstattet (Art. 143, Abs. 3; Art. 142, Abs. 3).

Die örtlichen Selbstverwaltungen:

- verwalten das sich in kommunalem Eigentum befindliche Vermögen,
- bestätigen die Programme zur sozialen, wirtschaftlichen und kulturellen Entwicklung und kontrollieren deren Erfüllung,
- bestätigen die Haushalte ihrer jeweiligen territorialen Verwaltungseinheit und kontrollieren deren Erfüllung,
- legen die örtlichen Steuern und Abgaben nach den gesetzlichen Verfahren fest,
- gewährleisten die Durchführung örtlicher Referenda und die Verwirklichung deren Ergebnisse,
- gründen, reorganisieren und lösen kommunale Unternehmen, Organisationen und Institutionen auf und üben die Kontrolle über deren Tätigkeit aus und
- entscheiden andere Fragen von örtlicher Bedeutung, die gemäß dem Gestz in deren Zuständigkeit fallen (Art. 143, Abs. 1).

Obwohl die Verfassung und das Selbstverwaltungsgesetz von 1997 die Dezentralisierung der staatlichen Macht und die Finanzierung der örtlichen Selstverwaltung auf einem angemessenen Niveau vorsehen, verloren in Wirklichkeit die kommunalen Haushalte allmählich ihre Unabhängigkeit. Die Finanzierung der kommunalen Bedürfnisse erfolgte aus den Haushalten der Gebietsverwaltungen. Dieses Verfahren erwies sich in den letzten Jahren wegen Verzögerungen bei der Auszahlung der Löhne, Korruption und dem weitgehenden Beruhen auf persönlichen Beziehungen als ineffizient (Haran 2002a: 121 f.).

Die örtlichen Selbstverwaltungen bekommen einen gewissen geringen Anteil am Einkommensteuer-, Mehrwert- und und am Gewinnsteueraufkommen, deren geringe kommunale Anteile sich jährlich ändern.[47] Außerdem haben sie die Möglichkeit, eigene Steuern (kommunale Steuern, Werbesteuern) und Abgaben zu erheben.[48] Wenn sie allerdings – gemessen an der Einwohnerzahl - zu viel

---

[47] Zakon Ukrajiny pro Deržavnyj bjudžet Ukrajiny na 2002 rik [Gesetz der Ukraine über den Staatshaushalt der Ukraine für das Jahr 2002], in: Vidomosti Verchovnoji Rady [Mitteilungen des Obersten Rats der Ukraine], 2002, Nr. 12-13, st. 92.
[48] Zakon Ukrajiny pro systemu opodatkuvanja [Gesetz der Ukraine über das Steuersystem], in: Vidomosti Verchovnoji Rady [Mitteilungen des Obersten Rats der Ukraine], 1991, Nr. 39, st. 510.

einnehmen, nimmt ihnen das Kiew wieder ab (Art. 62 des Selbstverwaltungsgesetzes von 1997).

1999 wurde der „Verband der Führer der lokalen und regionalen Machtorgane der Ukraine" gegründet, der sowohl die Interessen der Gebiete als auch der Kommunen vertritt. Dieser Verband trat für die Stärkung der Rolle der Regionen in der ukrainischen Politik ein. (Haran 2002a: 122 f.).

Die bisher mehrfach erwähnte Verfassungsänderung vom 8. Dezember 2004 tritt am 1. September 2005 nur dann in Kraft, wenn bis dahin das Gesetz über die örtlichen staatliche Vewaltung verabschiedet worden ist. Es sieht u.a. die Auflösung der staatlichen Verwaltung in den Bezirken und Dörfern vor. Ferner soll es die in der Verfassungsänderung vorgesehene Reform der zentralen Exekutive auf der Gebietsebene sowie in Kiew und Sewastopol entsprechend umsetzen.

12 Politische Parteien

12.1 Das Ende der KPdSU

Das Aus der „Kommunistischen Partei der UdSSR" (KPdSU) ist das Ergebnis des Putsches gegen Gorbatschow im August 1991. Das, was die Putschisten verhindern wollten, haben sie sozusagen in einer Art geschichtlicher Dialektik beschleunigt: das Ende ihrer eigenen Partei und in Folge der Sowjetunion. Allerdings zeichnete sich das politische Ende der KPdSU schon vor dem Putsch vom August 1991 ab, wenn es auch ohne ihn nicht so schnell eingetreten wäre. Die Ursachen für den Zusammenbruch des Kommunismus und seines Kerns, der KPdSU, liegen freilich tiefer: Der Kommunismus ist in der östlichen Führungsmacht zusammengebrochen, weil er nicht in der Lage war, die wirtschaftlichen und politischen Probleme einer Industriegesellschaft zu lösen. Die strategische Überdehnung des sowjetischen Machtbereichs, die fortschreitende Erosion der ideologischen Legitimierung des kommunistischen Systems bei der eigenen Bevölkerung und das Aufzehren der Wirtschaftsressourcen von einer paranoisch aufgeblähten Rüstung sind die konkreten Ursachen für das Scheitern eines politischen Experiments, unter dem Millionen von Menschen gelitten haben und zu Tode gekommen sind.

12.1.1 Diskreditierung der KPdSU bei den Wählern

Wäre der Putsch nicht geschehen, hätte die KPdSU bei Wahlen zum neuen Parlament in einer wie auch immer gearteten Sowjetunion, die für 1992 vorgesehen waren, nur noch 10 % der Stimmen erhalten. Selbst nicht einmal alle KPdSU-Mitglieder hätten für ihre Partei votiert. Keine demokratische Partei wäre bereit gewesen, die KPdSU in irgendeine Koalition einzubeziehen.

Wieso konnte die bis dahin noch so mächtige Partei plötzlich auf dem Abfallhaufen der Geschichte landen? Der eigentliche Grund liegt darin, daß sich die KPdSU dem Wunschdenken hingegeben und die Entwicklungen in der Gesellschaft und in der Partei nicht wahrgenommen hat.

Innerhalb der KPdSU hatten sich die unteren Parteifunktionäre bis hin zur Gebietsebene mehr verändert als der sich darüber wölbende KPdSU-Apparat auf

Republik- und auf Unionsebene. Die auf der unteren Ebene neu gewählten Parteifunktionäre standen der Parteibasis näher als die Republiks- sowie die zentralen Funktionäre und waren deshalb viel stärker für eine Perestrojka als jene. Der höhere Parteiapparat erschrak über den raschen Fortgang der Perestrojka an der Parteibasis und ging deshalb zur Abwehr über.

KPdSU-Generalsekretär Michail Gorbatschow versuchte zu verhindern, daß die Partei – wie er es auf dem Plenum des Zentralkomitees (ZK) der KPdSU Anfang Februar 1990 formulierte – an den „Wegrand des politischen Lebens" abgedrängt wird.[49] Er konnte auf diesem Plenum den Verzicht der Partei auf die Verankerung ihres Führungsanspruchs in Artikel 6 der Verfassung der UdSSR durchsetzen und so den Weg zu einem Mehrparteiensystem freimachen. Die Partei sollte ihre führende Rolle nicht mehr auf administrative Weise durch Absicherung in der Verfassung ausüben, sondern politisch, indem sie sich geheimen Wahlen stellt. Programmatisch versuchte Gorbatschow eine Sozialdemokratisierung der KPdSU durch das neue Parteiprogramm einzuleiten, dessen letzter Entwurf Anfang Juli 1991 veröffentlicht wurde[50].

Die KPdSU hatte seit dem Winter 1989/90 vier Millionen Mitglieder verloren, bildete aber mit 15 Millionen[51] noch immer die stärkste politische Gruppierung im Land. Viele Parteimitglieder zahlten keine Mitgliedsbeiträge mehr. Während sie deshalb früher aus der Mitgliederliste gestrichen wurden, bat sie inzwischen die KPdSU, doch in der Partei zu bleiben, um eine hohe Mitgliederzahl vorweisen zu können.

Unterdessen beeilte sich die Parteibürokratie, aus ihrem politischen Kapital Geldkapital zu machen. KPdSU-Funktionäre gründeten in zunehmendem Maße unter Verwendung von Parteigeldern und Parteigebäuden eigene Firmen oder Joint ventures mit westlichen Firmen. Die besten Betriebe bzw. Betriebsteile wurden von Parteifunktionären unter sich privatisiert. Die Parteinomenklatur wandelte sich zu einer Nomenklaturbourgeoisie. Das enttäuschte und verärgerte die Parteibasis. Sie mußte mit ansehen, daß sich gerade ihre Spitzenfunktionäre besonders kapitalistisch gaben. Diese Entwicklungen demoralisierten die Parteibasis und nahmen ihr jegliche Motivation zu aktivem politischem Engagement.

---

[49] Pravda [Wahrheit], 6.2.1990.
[50] Izvestija [Nachrichten], 10.7.1991. Pravda [Wahrheit], 26., 27., 29. und 30.7.1991. Die Billigung des Programmentwurfs erfolgte auf dem ZK-Plenum am 25./26. Juli 1991. Vgl. dazu: Mann 1991.
[51] Gorbatschow in seiner Rede auf dem ZK-Plenum am 25.7.1991, in: Sovetskaja Rossija [Sowjetrußland], 26.7.1991.

12.1.2 Parteiinterne Spannungen

Die KPdSU bestand in ihrer Schlußphase ohnehin aus mehreren Parteien. Auf dem ZK-Plenum am 25. April 1991 erklärte Gorbatschow, daß vor ihm Vertreter nicht einer, sondern von zwei, drei oder vier Parteien säßen.[52] Die Partei war vertikal und horizontal gespalten. Die vertikalen Spannungen bezogen sich auf die Differenz zwischen einer Kommunistischen Partei, die sich als eine unionsweite Partei begriff und am bisherigen sowjetischen Imperium festhalten wollte (Imper[ial]-Kommunisten), und einer Kommunistischen Partei, die diesen Anspruch nicht mehr erhob und sich deshalb nur noch als eine Republikpartei verstand (Souverän-Kommunisten), die für die Souveränität und Unabhängigkeit ihrer Republik eintrat.

Die horizontalen Spannungen innerhalb der KPdSU bestanden hauptsächlich zwischen den Konservativen und den Demokraten. Die Konservativen wollten das stalinistisch-breschnewistische System der gesellschaftlichen Beziehungen bewahren bzw. wiederherstellen, wie der Putsch zeigte, notfalls auch mit Gewalt. Sie hatten wenig Rückhalt und in normalen Zeiten keine besondere Perspektive. Die Demokraten in der KPdSU formierten sich zu den Reformströmungen „Demokratische Bewegung der Kommunisten" und „Kommunisten für Demokratie".

Die „Demokratische Bewegung der Kommunisten" setzte in der KPdSU die Politik der „Demokratischen Plattform in der KPdSU" fort. Diese war auf dem 28. KPdSU-Kongreß im Juli 1990 aus der Partei ausgetreten, weil Gorbatschow nicht ihre politischen Positionen übernommen hatte bzw. übernehmen konnte. Aus der „Demokratischen Plattform in der KPdSU" gingen Ende 1990 die „Republikanische Partei der Russischen Föderation" und die „Partei der demokratischen Wiedergeburt der Ukraine" hervor.

Die „Demokratische Bewegung der Kommunisten" forderte die Demokratisierung der KPdSU, die Überwindung der unbeweglichen Verwaltungsstrukturen in der Partei und die Durchführung wirklicher politisch-ökonomischer Reformen. Vertreter der „Demokratischen Bewegung der Kommunisten" waren in höchsten Parteipositionen sowie in der Programmkommission zu finden und spielten dort eine wichtige Rolle.

---

[52] Moskovskije novosti [Moskauer Neuigkeiten], Nr. 19, 12.5.1991.

12.1.3 Verbot der KPdSU

Die KPdSU war keine politische Partei, sondern im Grunde eine Art Staatsstruktur. Jelzin hatte in seinem Erlaß am 6. November 1991 die KPdSU verboten. Bei ihnen handelte es sich um „einen besonderen Mechanismus der Formierung und Realisierung der politischen Macht", der durch das „Zusammenwachsen mit staatlichen Strukturen bzw. deren direkte Unterstellung unter die KPdSU" durchgesetzt worden ist.[53]

Ausgelöst wurde das Verbot der KPdSU durch das Verhalten ihrer obersten Organe während des Putsches. So ist ein geheimes Telegramm des Sekretariats des ZK der KPdSU vom 19. August 1991 – dem zweiten Putschtag – mit der Chiffre 215/schn 19.08.91 bekannt geworden, in dem die Parteikomitees der Republiken, Regionen und Gebiete, also des ganzen Landes, aufgefordert wurden, „Maßnahmen zur Teilnahme der Kommunisten an der Unterstützung des Staatlichen Komitees für den Ausnahmezustand in der UdSSR", also des Putschkomitees, zu ergreifen.[54]

12.2 Entstehungsprozeß neuer Parteien

In der Ukraine bildeten sich die neuen politischen Parteien in verschiedenen Phasen heraus (Boyko 2002: 588-592):

1. Etappe: Entstehung des Mehrparteiensystems (Mitte 1988 – Mai 1990):
- Aufkommen von nicht-formalen Organisationen,
- Bildung legaler organisierter Opposition,
- Aktivierung der Tätigkeit des „Ukrainischen Helsinkikomitees",
- „Ruch" betritt die politische Arena,
- Differenzierung innerhalb der „Kommunistischen Partei",
- organisatorische Konsolidierung der „Demokratischen Plattform",
- Entstehung der ersten formal deklarierten Partei „Ukrainische Nationalpartei".

2. Etappe: Entwicklung des Mehrparteiensystem auf der staatlichen Ebene (Mai 1990 bis zum Putsch im August 1991):

- Auftreten der parlamentarischen Opposition,

---

[53] Rossijskaja gazeta [Russische Zeitung], 9.11.1991.
[54] Rossijskaja gazeta [Russische Zeitung], 23.7.1992.

12.2 Entstehungsprozeß neuer Parteien

- Initiierung wichtiger staatlicher Entscheidungen durch Vertreter des demokratischen Blocks, vor allem die Erklärung der staatlichen Souveränität der Ukraine;
- Entstehen weiterer politischer Parteien und Vereinigungen (von 1989 bis August 1991 zwanzig).

3. Etappe: Herausbildung des Mehrparteiensystems (seit August 1991):

- Gründung einer Vielzahl neuer Parteien (über 100),
- Zunehmende Zersplitterung und Spaltung der politischen Kräfte,
- Vermehrte Bildung von örtlichen Parteiorganisationen und -zellen,
- Juristische Untermauerung der Parteientätigkeit,
- Stärkung der Verbindung der Parteien mit einflußreichen juristischen und Geschäftskreisen,
- periodische Umgruppierung der politischen Kräfte durch Gründung von Parteienblöcken für den Kampf um die politische Macht (besonders während der Wahlkämpfe 1994 und 1999).

Für die politischen Parteien in der Ukraine ist neben ihrer bereits erwähnten Vielzahl folglich ihre geringe Mitgliederzahl typisch. Die Menschen hatten nach dem Verbot der KPdSU die Nase voll von allem, was „Partei" heißt, ganz gleich, welche Losungen diese Parteien auf ihre Fahnen schrieben oder wer sie führte. Außerdem waren und sie mit den physischen Überleben so beschäftigt, daß sie weder Zeit noch Kraft für politische Tätigkeit hatten. Viele Parteien waren zudem Kopfgeburten, denen die entsprechende soziale Basis fehlte. Sie waren ohne wirkliches politisches Programm nur auf die Person des Vorsitzenden ausgerichtet. Oft waren sie nur auf die Gewinnung von politischer Macht in Kiew ausgerichtet ohne ausreichende organsatorische Basis um ganzen Land.

Als politischer Motor für das Streben nach Demokratie und nationaler Souveräität profilierte sich im Sommer 1989 die nationale politisch-kulturelle Bewegung „Ruch" („Bewegung"). „Ruch" wurde vom Schriftsteller und Deputierten Iwan Dratsch gegründet und von ihm bis 1992 geführt. Die nationaldemokratischen Kräfte der „Ruch" fanden die größte Unterstüzung in der Westukraine, die - im Unterschied zur Ostukraine - erst im Zuge des Zweiten Weltkrieges Bestandteil der Sowjetunion geworden war. In der Westukraine waren die nationalistischen Kräfte immer sehr einflußreich, und die kommunistische Ideologie war im Bewußtsein der dortigen Bevölkerung nicht so stark verankert wie in der Ostukraine. Am stärksten profilierte sich „Ruch" durch die Forderung nach völliger Unabhängigkeit der Ukraine. Später forderte die Bewegung die Einführung der Marktwirtschaft, wodurch sie in scharfen Gegensatz zu den Kommunisten geriet.

„Ruch" gab faktisch den Anstoß für die Gründung von Parteien. Ihren Aufruf zur Schaffung eines Mehrparteiensystems von März 1990 unterzeichneten die meisten jener Politiker, die später an der Spitze der neuen Parteien standen. Bei den örtlichen Wahlen in der Westukraine siegten meist die Kandidaten der „Ruch". Im Obersten Sowjet der Ukraine bildeten „Ruch"-Mitglieder eine wichtige Komponente.

Auf ihrem Kongreß vom 4. bis 6. Dezember 1992 in Kiew beschloß „Ruch", eine Partei zu werden, und wählte den Oppositionspolitiker Wjatscheslaw Tschornowil zu ihrem Vorsitzenden. Er nahm eine Position zwischen Konservativen und Liberalen ein, stand jedoch dem Zentrum des politischen Parteienspektrums näher. Tschornowil kandidierte am 1. Dezember 1991 bei den ersten ukrainischen Präsidentschaftswahlen vergeblich gegen Krawtschuk.

12.3 Parteienlandschaft 2003

12.3.1 Rechtliche Grundlagen

Grundlage für die Tätigkeit politischer Parteien ist Verfassungsartikel 15, der die „ideologische Vielfalt" grantiert, die staatliche Anerkennung einer verbindlichen Ideologie verbietet und die Freiheit der durch die Verfassung und die Gesetze der Ukraine nicht verbotenen politischen Tätigkeit gewährleistet. Das Recht auf Versammlungsfreiheit in politischen Parteien und gesellschaftlichen Organisationen ist in Artikel 36 verankert. Verboten sind Parteien, welche die verfassungsmäßige Ordnung auf gewaltsame Weise verändern wollen, die Souveränität und territoriale Integrität des Staates verletzen, seine Sicherheit untergraben, Gewalt und Krieg propagieren, Völker-, Rassen- und religiösen Hass entfachen sowie die Rechte und Freiheiten der Menschen und deren Gesundheit angreifen (Art. 37).

Untersagt sind den Parteien die Schaffung von paramilitärischen Einheiten und die Bildung von Organisationsstrukturen in den Organen der exekutiven und der judikativen Gewalt, in militärischen Einheiten sowie in staatlichen Unternehmen und Bildungseinrichtungen. Ein Parteienverbot ist an ein gerichtliches Verfahren geknüpft (Art. 37).

Das Pateiengesetz vom 26. April 2001[55] verfolgt das Ziel, die Zahl der Parteien zu verringern und das Parteiensystem zu stabilieren (Bos 2002: 473). Des-

---

[55] Gesetzestext abgedruckt in: Vidomosti Verchovnoji Rady [Mitteilungen des Obersten Rats der Ukraine], 2001. Nr. 23. S. 118.

halb werden an die politischen Parteien bestimmte Anforderungen gestellt: Sie müssen sich registrieren lassen und benötigen dafür 10.000 Unterschriften von Bürgern aus mindestens zwei Dritteln der Gebiete der Ukraine (Art. 10 und 11 des Parteiengesetzes).

Laut der am 27. November 2003 eingeführten Finanzierung von Parteien, die über ein Statut verfügen, werden den Parteien ab dem 1. Januar 2005 Teile ihrer Wahlkampfkosten erstattet, wenn sie den Sprung in das Parlament geschafft haben. Pro Wählerstimme erhält die Partei den 0.01. Anteil der Höhe des Mindestarbeitslohns, der ab 1. September 2004 237 Hrywnja beträgt. Pro Wählerstimme bekommt die Partei dann rund 0,4 Cent.

Ferner werden folgende Tätigkeiten der Parteien aus dem Staatshaushalt finanziert:

- wissenschaftliche Studien über die Politik des Staates,
- Erarbeitung von Gesetzesvorschlägen,
- Verbreitung von politischen Meinungen und Informationen durch die Partei über sich selbst auf einem Wege, der vom Gesetz nicht verboten ist;
- Unterstützung von Jugend- und Frauenverbänden, aber auch anderer Organisationen der Partei.

12.3.2 Parlamentsparteien und -Bewegungen[56]

Bei der Vorstellung der neuen Parteien geschränke ich mich auf diejenigen, die bei der Parlamentswahl im März 2002 den Sprung in das Parlament geschafft haben. Dabei gehe ich in der Reihenfolge des Wahlergebnisses vor.

Nach dem partei-soziologischen Cleavages-Modell von Seymour M. Lipset und Stein Rokkan (Lipset/Rokkan 1967) entstehen in einer Gesellschaft politische Parteien an institutionalsierten und in der Sozialstruktur verankerten politisch wirksamen Konfliklinien. Lipset und Rokkan fanden bei der Analyse des westeuropäischen Demokratisierungsprozesses folgende vier zentrale Konflikfelder: Zentrum vs. Peripherie und Staat vs. Kirche im Zuge der Herausbildung der modernen westeuropäischen Staaten sowie als Folge der industriellen Revolution ländlich-agrarische vs. städtisch-handwerkliche Interessen und Kapital vs. Arbeit. Zur Herausbildung von Cleavages, also dauerhaft institutionalsierter Konfliktlinien, kommt es, „wenn politische Eliten entsprechende gesellschaftliche oder soziale Konflikte aufgreifen und in Abhängigkeit von den Rahmenbedingungen des politischen Systems parteipolitisch umsetzen (Eith/Mielke 2001: 12)

---

[56] An der Darstellung der ukrainischen Parteien hat Alexander Reimer mitgearbeitet. Liste der in der Ukraine entstandenen Parteien in: Ziolkowski 1996: 109-143.

In der Ukraine wie in Rußland bestand ab 1989 die Hauptkonfliktline zwischen den Kommunisten und den Antikommunisten. Dieser Konflikt hat in der Ukraine inzwischen an politischer Bedeutung verloren. Interessenvertreter dieser Cleavage ist auf der einen Seite die „Kommunistische Partei der Ukraine" (KPU). Aber es fehlt heute das typische Gegenstück zu ihr, weil alle übrigen Parlamentsparteien den Kommunismus ablehnen. Die KPU deckt ein nicht unbedeutendes Wählerinteresse ab, sie steht jedoch nicht mehr im Zentrum der politischen Auseinandersetzung und wird langsam an politischer Bedeutung verlieren, wenn sie an dieser Konfliktlinie stehen bleibt.

Nach dem Wegfall der Konfliktlinie Kutschma vs. Anti-Kutschma wird die Interessenkonfliktline clanbeherrschte vs. einer clanfreien Politik wichtiger, parteipolitisch ausgedrückt „Vereinigte Sozialdemokratische Partei der Ukraine" (VSDPU) vs. „Sozialistische Partei der Ukraine" (SPU). So lange dieser Interessenkonflikt relevant ist, werden auch diese Parteien bedeutungsvoll sein.

Es können sich auch neue Interessenkonfliktlinien herausbilden, und bereits vorhandene, die von bisher wichtigeren überdeckt wurden, können deutlicher hervortreten. Eine solche Konfliktline könnte sein: marktwirtschaftliche Reformen vs. staatsdominierende Transformationsstrategie. Für mehr marktwirtschaftliche Reformen tritt UU ein, dagegen spricht sich die KPU aus. Diese neue Konfliklinie - wenn sie zur bestimmenden der ukrainischen Politik werden sollte - dürfte beiden Parteien Wähler sichern.

12.3.2.1 Wahlbündnis „Unsere Ukraine"

Das Wahlbündnis „Unsere Ukraine" (UU)[57] wurde im Januar 2002 gegründet. Es wird vom ehemaligen Direktor der Nationalbank und späteren Premierminister Wiktor Juschtschenko angeführt. Es gelang ihm, ein breites Bündnis aus zehn Parteien von Nationalisten bis zu linken Gruppierungen zusammenzubringen (Siemers 2002: 72). Den Kern des Bündnissses bilden vier Parteien, wobei drei den Rechtszentristen („Volksbewegung der Ukraine", „Ukrainische Volksbewegung", „Reformen und Ordnung") und eine den Linkszentristen („Solidarität") angehören.

Das Wahlbündnis „Unsere Ukraine" verfolgt folgende politische Ziele:

- In der *Verfassungs- und Innenpolitik*: Begrenzung der Kompetenzen des Präsidenten, Ausweitung der Vollmachten der Regierung, Ausweitung der

---

[57] Zerkalo nedeli [Wochenspiegel], 16.-22.2.2002.

Vollmachten der regionalen und örtlichen Selbstverwaltung, Direktwahlen der Gouverneure.
- In der *Wirtschaftspolitik*: Privateigentum an Grund und Boden, marktwirtschaftliche Reformen mit effizientem sozialem Schutz der Bevölkerung, Unterstützung des Mittelstands, eine wirtschaftlich effiziente und gemäßigte Privatisierung, Steuerreform, Rentenreform, Abschaffung der Sonderrechte für bestimmten Betriebe bzw. Branchen.
- In der *Außenpolitik*: Beitritt zur EU, Freihandelszone in der GUS; Integration in das euroatlantische Sicherheitssystem.

Bei der Parlamentswahl im März 2002 erzielte UU mit 23,57 % das beste Ergebnis, trotz Behinderung durch die Admistration, wie im Abschnitt über die Wahl der Werchowna Rada dargelegt wurde, und stellt mit 22,2 % die größte Fraktion. Im Parlament opponiert UU gegen Kutschma und Janukowytsch.

12.3.2.2 Kommunistische Partei der Ukraine

Die „Kommunistische Partei der Ukraine" (KPU)[58] organisierte sich im Juni 1993 neu und wurde am 5. Oktober desselben Jahres registriert. Ihre Vorgängerin, die „Kommunistische Partei der Ukrainischen Sowjetischen Sozialistischen Republik" (KPdUSSR) als Teil der KPdSU war nach dem Putsch im August 1991 verboten worden. Die KPU erklärte sich als Nachfolgerin der KPdUSSR und verlangt deren offizielle Rehabilitierung.

Die KPU mit 140.000 Mitgliedern in 27 Gebietsverbänden und 594 Grundorganisationen ist die KPU die zweitgrößte Partei der Ukraine und wird seit ihrer Gründung von Petro Symonenko, dem ehemaligen KPdSU-Vorsitzenden im Gebiet Donezk geleitet. Besonders einflußreich ist die KPU im Osten der Ukraine (Gebiete Donezk und Lugansk) sowie auf der Krim. Mit Leonid Gratsch hat die KPU auf der Krim einen Repräsentanten in der wichtigen Funktion des Parlamentsvorsitzenden der Autonomen Republik. In der KPU gibt es sowohl Orthodoxe, welche die Wiederherstellung der Sowjetunion wollen, als auch Pragmatiker, welche die ukrainische Unabhängigkeit nicht in Frage stellen. Die Partei gibt die Zeitung „Kommunist", die Zeitschrift „Kommunist der Ukraine" und 20 regionale Zeitungen heraus.

Die ideologische Grundlage der KPU ist der Marxismus-Leninismus. In der letzten Zeit versuchte die KPU jedoch ihr Programm der Gegenwart anzupassen:

---

[58] Zerkalo nedeli [Wochenspiegel], 2.-8.3.2002

- In der *Innenpolitik* strebt die KPU eine Ausweitung der Vollmachten sowohl des Parlaments als auch der regionalen Machtorgane und der örtlichen Selbstverwaltung an.
- Im Juli 2001 beschloß die Partei ein neues *Wirtschafts*programm mit folgenden Punkten: Anerkennung aller Eigentumsformen, die gesetzlich zugelassen sind (staatliches, kollektives und privates), Verkaufsverbot von Grund und Boden an Ausländer und Neureiche, Staatsmonopol in den strategischen Wirtschaftsbereichen, Überprüfung der Rechtmäßigkeit der bisherigen Privatisierung (Siemers 2002: 71)
- *Außenpolitisch* will die KPU eine enge Zusammenarbeit mit den GUS-Staaten an und den Beitritt zur Union Rußland-Belarus.

Bei der Parlamentswahl im März 2002 erreichte die KPU mit 19,98 % das zweitbeste Ergebnis (1998: 24,7 %[59]) und bildet die dritt
stärkste Fraktion mit 13,1 %: Zusammen mit Oligarchenparteien und im Sinne Kutschmas stimmte die KPU in der vorhergehenden Werchowna Rada 2001 für die Ablösung des Reformers Juschtschenko als Premier. In der neuen Werchowna Rada steht sie in Opposition zu Kutschma und Janukowytsch.

12.3.2.3 Wahlbündnis „Für eine einige Ukraine!"

Das Wahlbündnis „Für eine einige Ukraine!" (FeU)[60] wurde vom ehemaligen Leiter der Präsidialadministration, Wladimir Lytwyn, geführt. Dies sowie auch die Tatsache, daß an der Spitze der Mitgliedsparteien dieses Bündnisses ehemalige Regierungsmitglieder (Premiers Walerij Pustowojtenko und Anatolij Kinach, Vizepremiers Wladimir Seminoschenko und Serhij Tihipko) sowie der Gouverveur von Lwiw Michail Gladij stehen, läßt FeU als Machtpartei erscheinen. Der Vorsitzende der Bündnispartei „Werktätige Ukraine", Igor Scharow, drückte das so aus: „Wir sind die Machtpartei und haben deshalb einen Block der Machtpartei gegründet. Wir verheimlichen nicht, daß unsere Koalition de facto vom Präsidenten geführt wird."

Das Wahlbündnis ist eine Verbindung von Politikern und Oligarchen (Metallindustrie, Bergbau, Öllieferung und –verarbeitung, Gaslieferung, Dienstleistungen, Mobilfunk), die auch über Massenmedien verfügen (zwei landesweite Fernsehsender und eine Reihe regionaler Fernsehsender, populäre Zeitungen). Das Programm des Bündnisses enthält folgende Zielsetzungen:

---

[59] Bugajski 2002: 951.
[60] Zerkalo nedeli [Wochenspiegel], 23.-29.3.2002.

12.3 Parteienlandschaft 2003

- In der *Verfassungs- und Innenpolitik*: Ausweitung der Vollmachten des Präsidenten, Einführung eines Zweikammerparlaments, Verabschiedung eines neuen Arbeitsgesetzbuches und eines neuen Gesetzes für Gewerkschaften, Direktwahl der Gouverneure.
- In der *Wirtschaftspolitik*: Stabilität der nationalen Währung, jährliches Wachstum um 6-7%, Schaffung von 1,5 Mio. neuer Arbeitsplätze, Privateigentum an Grund und Boden, Verabschiedung des Steuergesetzbuches, Senkung der Steuern und Vereinfachung des Steuersystems, 40% der Steuerannahmen sollen in der Regionen bleiben, Unterbrechung der Beziehungen zum IWF.
- In der *Außenpolitik*: Beitritt zur Europäische Union sowie Ausweitung der Zusammenarbeit mit Rußland und anderen GUS-Staaten.

Bei der Parlamentswahl im März 2002 gewann diese „Partei der Macht" 11,77 % der Stimmen und die meisten Direktmandate. In der Werchowna Rada ist das Bündnis in seine einzelnen Fraktionen zerfallen, was zeigt, wie heterogen es ist. Sie bilden aber eine Abstimmungskoalition. Der FeU-Vorsitzende Lytwyn wurde zum Parlamentspräsidenten gewählt.

12.3.2.4 Wahlbündnis „Julija Tymoschenko"

Das Wahlbündnis „Julija Timoschenko" (BJuT)[61] wurde am 22. Dezember 2001 unter Führung der ehemaligen Vizepremierministerin und Energieministerin in der Regierung von Juschtschenko, Julija Tymoschenko, gegründet und besteht aus vier Parteien. Diese forderten 2002 den Rücktritt von Präsident Kutschma Das Programm des Bündnisses enthält folgende Zielsetzungen:

- In der *Verfassungs- und Innenpolitik*: Ausweitung der Kompetenzen der Regierung. Ausweitung der Vollmachten der regionalen Machtorgane und der örtlichen Selbstverwaltungen, Justizreform.
- In der *Wirtschaftspolitik* will das Bündnis das Privateigentum an Grund und Boden, aber nicht für Ausländer, marktwirtschaftliche Reformen mit sozialem Schutz der Bevölkerung; Staatseigentum an großen Monopolen, Unterstützung des Mittelstands, Steuersenkung.
- In der *Außenpolitik*: Die Ukraine soll weiterhin ein blockfreier Staat bleiben; gleichberechtigte Zusammenarbeit mit anderen Staaten auf der Grundlage der nationalen Interessen.

---

[61] Zerkalo nedeli [Wochenspiegel], 23.2.-1.3.2002.

Bei der Wahl zur Werchowna Rada im März 2002 errang BJuT 7,26 % der Stimmen. Im Parlament, in dem das Bündnis in Opposition zum Päsidenten und zur Regierung steht, bildet sie mit 4,2 % die zweitkleinste Fraktion.

12.3.2.5 Sozialistische Partei der Ukraine

Die „Sozialistische Partei der Ukraine" (SPU)[62] wurde am 26. Oktober 1991 aus Teilen der damals verbotenen „Kommunistische Partei der Ukrainischen Sowjetischen Sozialistischen Republik" (KPdUSSR) als deren Nachfolgerin gegründet und am 15. November 1991 registriert.

Die SPU hat 70.000 Mitglieder in 27 Gebietsverbänden und 563 Grundorganisationen. 20 % der Mitglieder sind ehemalige Kommunisten, und 20 % aller Parteiangehörigen sind jünger als 25 Jahre.[63]

Seit ihrer Gründung leitet der ehemalige Parlamentspräsident Oleksandr Moros die SPU, die inzwischen zwei Abspaltungen erlebte.

Das Programm enthält folgende Zielsetzungen, die gemäßigter sind als die kommunistischen:

- In der *Verfassungs- und Innenpolitik*: Begrenzung der Vollmachten des Präsidenten, Ausweitung der Vollmachten des Parlaments und der Regierung sowie der regionalen Staatsorgane und der örtlichen Selbstverwaltung, Direktwahl der Gouverneure.
- In der *Wirtschaftspolitik*: kein Privateigentum an Grund und Boden, Staatseigentum an großen Betrieben, Protektion der nationalen Produzenten und des Energiesektors (Siemers 2002: 71).
- In der *Außenpolitik*: Die Ukraine soll weiterhin ein blockfreier Staat bleiben. Gleichberechtigte Zusammenarbeit mit Rußland und der EU.

Die SPU erreichte bei der Parlamentswahl im März 2002 6,87 % der Stimmen. Im Parlament hat die oppositionelle SPU eine Fraktionsstärke von 4,4 %.

12.3.2.6 Vereinigte Sozialdemokratische Partei der Ukraine

Die „Vereinigte Sozialdemokratische Partei der Ukraine" (VSDPU)[64] wurde 1996 durch die Vereinigung der Basis der „Ukrainischen Partei der Gerechtig-

---

[62] Zerkalo nedeli [Wochenspiegel], 8.-15.3.2002.
[63] Oleksandr Moros in einem Vortrag in Berlin am 22. Mai 2003.
[64] Zerkalo nedeli [Wochenspiegel], 16.-22.3.2002.

keit", der „Partei der Menschenrechte" und eines Teiles der „Sozialdemokratische Partei der Ukraine" gegründet und am 28. Februar 1995 registriert. Sie ist mit 348.000 Mitgliedern in 761 Grundorganisationen die größte Partei (Polityčni 1999: 436).

Die VSDPU stützt sich auf eine der größten ökonomisch-politischen Gruppierungen der Ukraine, weswegen sie von vielen Beobachtern als ein erfolgreiches Business-Projekt bezeichnet wird. Die Führungsgruppe besitzt acht regionalen Energiegesellschaften, die „Ukrainische Kreditbank", eine Reihe von Offshore Firmen, den Fußballclub „Dinamo-Kiew" und kontrolliert den beliebtesten ukrainischen Fernsehsender „Inter" sowie die Zeitungen „Kiewskie Wedomosti" und „Business". Der Parteiführer Wiktor Medwedtschuk (*siehe Biographie im Anhang*) ist Vorsitzender des Anwaltsverbands der Ukraine und leitet die internationale Anwaltsfirma „B-I-M".

Der VSDPU gehört der erste ukrainische Präsident Leonid Krawtschuk an. Bei der Wahlen 1998 stand an der Spitze der Parteiliste der ehemalige Premierminister und spätere Verteidigungsminister Jewhen Martschuk. Die Partei gibt die Zeitung „Nascha Gazeta +" („Unsere Zeitung + ") sowie 17 regionalen Zeitungen heraus. 2000 gründete die VSPDU in der Ukraine den ersten Parteiverlag „Osnownie Zennosti" („Grundwerte").

Die VSDPU bezeichnet sich als eine Volkspartei, die sich auf alle Schichten der Gesellschaft stützt. Das Programm enthält folgende Zielsetzungen:

- In der *Verfassungs- und Innenpolitik*: Begrenzung der Vollmachten des Präsidenten; Ausweitung der Vollmachten der Regierung und des Parlaments, kostenlose Medizin für breite Schichten der Bevölkerung; Verabschiedung eines neuen Arbeitsgesetzbuches und eines neuen Gewerkschaftsgesetzes, Direktwahlen der Gouverneure.
- In der *Wirtschaftspolitik*: Schutz des Binnenmarktes mit einem gemäßigten Protektionismus, Privateigentum an Grund und Boden, Verabschiedung des Steuergesetzbuches, Senkung der Steuern und Vereinfachung des Steuersystems; Unterstützung des Mittelstands.
- In der *Außenpolitik*: Die Ukraine soll weiterhin ein blockfreier Staat bleiben. Beitritt zu internationalen und europäischen Organisationen, gleichberechtigte Zusammenarbeit mit Rußland, Schaffung eines allgemeinen europäischen Sicherheitssystems.

Bei der Parlamentswahl im März 2002 erhielt VSDPU von allen in der Werchowna Rada vertretenen Parteien mit einer Fraktion das schlechteste Ergebnis von 6,27 %. Aufgrund einiger Direktmandate erreicht die VSDPU in der Werchowna Rada eine Fraktionsstärke von 7,6 %. Als Belohung dafür, daß er im

Parlament den Präsidenten und die Regierung unterstützt, ernannte Kutschma den Parteivorsitzenden Medwedtschuk zum Leiter der Präsidialadministration, so daß die VSDPU-Fraktion im Parlament der ehemalige Präsident Krawtschuk leitet.

13 Massenmedien

13.1 Rechtliche Regelungen

Die Verfassung garantiert in Artikel 34 jedem das Recht auf die Freiheit des Gedankens, des Wortes, auf die freie Bekundung seiner Ansichten und Überzeugungen. Jeder hat das Recht, frei Informationen zu sammeln, aufzubewahren, zu verwenden und mündlich, schriftlich oder auf andere Weise entsprechend seiner Wahl zu verbreiten. Die Wahrnehmung dieses Rechts kann durch ein Gesetz eingeschränkt werden im Interesse:

- der nationalen Sicherheit,
- der terrtorialen Integrität und/oder
- der öffentlichen Ordnung.

Ziel dieser einschränkenden gesetzlichen Regelungen ist:

- die Verhinderung von Unruhen und Straftaten,
- der Schutz der Gesundheit der Bevölkerung,
- Schutz des Ansehens oder der Rechte anderer Menschen,
- die Verhinderung der Verlautbarung vertraulich beschaffter Informationen und/oder
- Wahrung der Autorität und der Unvoreingenommenheit der Rechtsprechung.

Zudem garantiert Verfassungsartikel 32 jedem gerichtlichen Schutz, unwahre Informationen über sich und seine Familienangehörigen zu dementieren sowie das Recht auf Ersatz des ihm durch die Verbreitung unwahrer Informationen entstandenen materiellen und moralischen Schadens.
Klipp und klar stellt Verfassungsartikel 15 fest: „die Zensur ist verboten."
    Zudem hat die Ukraine, die Massenmedien betreffend, eine Reihe von Gesetzen verabschiedet:

- das Informationsgesetz vom 2. November 1992,
- das Pressegesetz vom 6. November 1992,

- das Fernseh- und Hörfunkgesetz vom 21. Dezember 1993,
- das Gesetz über intellektuelles Eigentum vom 23. Dezember 1993,
- das Gesetz über Nachrichtenagenturen vom 28. Februar 1995,
- das Gesetz über Werbung vom 3. Juli 1996,
- das Gesetz über den nationalen Fernseh- und Hörfunkrat vom 23. September 1997,
- das Gesetz zum Verfahren der Medienberichterstattung über die Tätigkeit der Regierung und der lokalen Behörden vom 23. September 1997,
- das Gesetz über die Unterstützung der Medien durch die Regierung und den sozialen Schutz der Journalisten vom 23.September 1997 und
- das Gesetz über Staatsgeheimnisse von 1999 (OSCE 2000: 251 f., Bos2002: 479).

13.2 Struktur

Der Staat verfügt über Zeitungen und elektronische Medien, aber nicht alle Medien sind in staatlichem Besitz. Die wichtigsten staatlichen Medien sind die Parlamentszeitung „Holos Ukrajiny" („Stimme der Ukraine") mit einer Auflage von 236.700, die Regierungszeitung „Urjadowyj kurjer" („Regierungskurier") mit einer Auflage von 128.200, den Fernsehkanal „UT-1" und die Nachrichtenagentur „DINAU-Ukrinform". Die staatlichen Sender sind dem Staatskomitee für Fernseh- und Hörfunkgesellschaften unterstellt. Zudem verfügen die regionalen Behörden über eigene Zeitungen.

Die Printmedien und Nachrichtenagenturen müssen sich beim Staatskomitee für Information registrieren lassen. Die elektronischen Medien erhalten ihre Lizenzen vom Nationalen Rat für Fragen des Fernsehens und Rundfunks. Er hat auch über die Einhaltung der gesetzlichen Bestimmungen zu wachen und zählt acht Mitglieder, die je zur Hälfte vom Präsidenten und vom Parlament ernannt werden.

Im Jahr 2000 gab es in der Ukraine 253 Fernsehgesellschaften, 211 Hörfunkgesellschaften sowie 52 Fernseh- und Hörfunkgesellschaften. 133 befanden sich im Eigentum des Staates oder der Kommunen, 282 waren in privatem Besitz (OSCE 2000: 260). Da die meisten privaten Sender, z.B. die landesweit zu sehenden Programme „Inter" und „1 + 1", in der Hand von Personen sind, die mit dem Präsidenten verbunden sind, kann er praktisch die gesamte landesweit zu empfangende elektronische Berichterstattung in seinem Sinne beeinflussen (Bos 2002: 479 f.).

2003 waren in der Ukraine 17.371 regelmäßig erscheinende Publikationen registriert, davon erscheinen 7.406 landesweit oder regional (in zwei und mehr

Gebieten) oder sind für das Ausland bestimmt, und 9.965 lokal, von denen 8.403 Zeitungen und 1.562 Zeitschriften und Magazine sind. 3.481 Publikationen erscheinen nur in Ukrainisch, 2.364 nur in Russisch. 2.084 erschienen in Ukrainisch und anderen Spachen und 2.773 in Russisch und anderen Sprachen.[65] Die größten privaten Nachrichtenagenturen sind „Interfax-Ukraina", „UNIAN" und „UNIAR".

13.3 Probleme

Das Hauptproblem der ukrainischen Medien ist die Selbstzensur, entweder aufgrund des staatlichen oder des ökonomischen Drucks. Eine formale staatliche Zensur ist nicht nötig. Die wirtschaftliche Lage der Printmedien ist schlecht, weil die Leute kein Geld haben, Zeitungen zu kaufen. Ausländische Investoren sind nicht erwünscht. Die Zeitungen werden unter dem Herstellungspreis verkauft. Zur Beeinflussung der Massen spielt deshalb das Fernsehen eine viel größere Rolle. Deshalb werden besonders die Fernsehanstalten von der staatlichen Macht beobachtet.

Weil alle privaten elektronischen Medien mit Verlust arbeiten, kann durch die Androhung des Einsatzes der Steuerpolizei erreicht werden, daß sie gefügig werden. Bei den privaten Zeitungen und Zeitschriften spielt der Umstand eine Rolle, daß sich ein großer Teil der Druckereien und des Vertriebssystems in staatlicher Hand befinden. Und schließlich können die Staatsorgane private Zeitungen, die kritische Berichte veröffentlichen, wegen Ehrverletzung verklagen. Da die Gerichte geneigt sind, diesen staatlichen Klagen stattzugeben, verurteilen sie dann diese Zeitungen zu riesigen Schadenersatzsummen, die das ökonomische Ende der Zeitung bedeuten.

In der Rangfolge der gefährlichen Themen rangieren Recherchen über die kriminellen Clans, an erster Stelle, gefolgt von der Kritik am Präsidenten, an den örtlichen Selbstverwaltungen und an der Präsidialadministration. Die Journalisten wissen um die Folgen kritischer Berichterstattung: Im Jahr 2000 wurden vier Journalisten ermordet, 2001 zwei und 2002 drei. Opfer von Attenaten wurden in der Ukraine 2002 18 Medienmacher (Oertel 2003: 24). 54 wurden verhaftet und 24 zu Opfern aggressiven Verhaltens oder Einschüchterung.

Unter dem Druck der internationalen Öffentlichkeit wird nach Möglichkeit die Ermordung von Journalisten vermieden. Statt dessen wird die Einschüchterungstaktik angewandt. Nach Angaben des Instituts für Masseninformation, das der Organisation „Ärzte ohne Grenzen" angeschlossen ist, wurden 2002 23 Fälle

---

[65] Korespondent.net, ukr., 31.7.2003.

von Journalisten bekannt, auf die politischer oder wirtschaftlicher Druck ausgeübt wurde. In 44 Fällen wurden Journalisten an ihrer Arbeit gehindert. Es gab 39 Klagen gegen Massenmedien und Journalisten. In den meisten Fällen war der Kläger die Exekutive, und nur in zwei Fällen stellten sich die Gerichte auf die Seite des Beklagten. Journalisten reichten 39 Klagen gegen das Vorgehen der Machtorgane ein, aber nur in einem Fall gelang es den Journalisten, sich gegen die Vertreter der Exekutive und in zwei Fällen gegen die örtlichen Behörden durchzusetzen.[66]

Der ukrainische Journalismus entwickelt sich inzwischen in Richtung eines Pro-Kontra-Journalismus, eine neutrale Berichterstattung ist kaum möglich. Hinzu kommt, daß die journalistische Ausbildung und das journalistische Niveau in der Ukraine schlechter sind als zu Sowjetzeiten. Diese Entwicklungen führen in Kombination mit den im Reformprozeß enttäuschten Hoffnungen zu einer Form der Apathie gegenüber ihrer gesellschaftlichen Verantwortung, was wiederum zu einem Vertrauensverlust der Bevölkerung ihnen gegenüber zur Folge hat.

Ein neues Mittel der indirekten Zensur sind die täglichen „Temnyky" („Themenlisten"), die seit der Präsidentenwahl 1999 von der Hauptverwaltung für Informationspolitik der Präsidialadministration herausgegeben und an die Redaktionen der landesweiten Fernsehanstalten versandt werden. Diese Themenlisten enthalten Presseerklärungen des Präsidenten und „Empfehlungen" über positiv zu bearbeitende und nicht zu bearbeitende Themen.[67] „Jetzt", so die ukrainische Oppositionspolitikerin Julija Tymoschenko, „werden Texte vorgelegt, von denen man um kein Wort abweichen darf. Ein Journalist liest den Text deutlich vor und darf nicht einmal dort eine Pause machen, wo kein Komma steht."[68]

Laut einer Umfrage des sehr angesehenen wissenschaftlichen Rasumkow-Zentrums in Kiew von Ende 2002 waren 86 % der Journalisten der Ansicht, daß in der Ukraine politische Zensur ausgeübt wird. 62 % erklärten, daß sie in ihrem Berufsalltag die Zensur bereits erfahren haben. Der Leiter der Hauptverwaltung Informationspolitik in der Präsidialadministration, Serhiy Wassiljew, räumt ein, daß der Journalismus in der Ukraine nicht dem europäischen Standard entspricht.[69]

---

[66] Jahrbuch „Presse und Machtorgane – Chronik der Konfrontation 2002" des Instituts für Masseninformation der Organisation „Ärzte ohne Grenzen", zitiert nach: DW-Radio, 7.5.2003.
[67] So die Chefredakteurin der regimekritischen Internetzeitung "Ukrainska Pravda" [Ukrainische Wahrheit], Olena Prytula, auf einem Symposium über die ukrainischen Massenmedien am 26. März 2003 in Berlin.
[68] Julija Tymoschenko in einem Interview mit der Deutschen Welle (Ukrainisches Programm) am 27.5.2003.
[69] Bericht über das vorhin erwähnte Symposium, in: Deutsch-ukrainische Rundschau, 2, 2003, S. 8.

13.3 Probleme

Im Dezember 2002 verabschiedete das Parlament eine Resolution, in der festgestellt wurde, daß es in der Ukraine eine politische Zensur gibt. Durch ein neues Gesetz, dessen erste Lesung Ende Februar 2003 stattfand, sollen die Arbeitsbedigungen für die Journalisten verbessert werden. Zudem wurde die Unabhängige Gewerkschaft der Journalisten gegründet, die jetzt eine Interessenvertretung haben. Doch notwendig wäre die Verbesserung der wirtschaftlichen Situation der Medien und die Veränderung der mentalen Haltung sowohl der Finanziers der privaten Medien als auch der Journalisten.[70]

Am 14. April 2004 faßte der Nationale Rundfunkrat den Beschluß „Über die Einhaltung der Gesetze der Ukraine über die Sprache in den Rundfunksendungen", in dem die landsweit zu empfangenden Kanäle aufgefordert werden, ihre Sendungen ausschließlich in der Staatssprache, also in Ukrainisch, auszustrahlen. Kutschma bezeichnete diesen Beschluß laut einer ihm vorliegenden rechtlichen Prüfung als verfassungswidrig. Darauf entgegnete der Vorsitzende des Nationalen Rats für Fragen des Fernsehens und Rundfunks, Witalij Schewtschenko, daß Kutschmas Erklärung unlogisch sei, denn der Beschluß des Nationalen Rundfunkrats ziele ja gerade auf die Umsetzung der geltenden Gesetze über die Sprache im Fernsehen und im Rundfunk. Ende April 2004 verlängerte der Nationale Rats für Fragen des Fernsehens und Rundfunks die Frist für die vollständige Umsetzung des Beschlusses vom 1. Oktober 2004 auf den 1. Januar 2005.

---

[70] So der außenpolitische Redakteur Serhij Rachmanin der angesehenen Wochenzeitung "Serkalo nedeli" [Wochenspiegel] auf dem vorhin erwähnten Symposium in einer Zusammenfassung von Barbara Schreiner im Rundbrief der Deutschen Gesellschaft für Osteuropakunde, Nr. 1/2003.

14 Formierung der neuen ukrainischen Elite

Für die Systemstabilisierung ist außer den Ebenen des Wahl- und Parteiensystems, der Verbände sowie der staatlichen Verwaltung die Ebene der Elitenrekrutierung und des „Elitenlernens" von Bedeutung (Merkel 1994: 474). Das Schicksal von Übergangsdemokratien, die auf die Ablösung autoritärer Systeme folgen, hängt vor allem - das ergab die Südamerika-Forschung - von der Qualität der eine große Rolle spielenden professionellen Politiker ab (O'Donnel 1992: 23), also von der politischen Elite. Und umgekehrt gilt: Im Prozeß der Demokratisierung ergeben sich die größten Probleme, wenn die Reformen gegen den Willen der nach wie vor ein autoritäres Regime bevorzugenden alten Eliten eingeleitet wurden (Valenzuela 1992: 23). Im Fall der Ukraine – wie auch der anderen GUS-Staaten - ist es also wichtig, daß die bisherige herrschende Elite nicht in ihren Positionen verbleibt, sondern möglichst weitgehend ausgewechselt wird. Dabei ist allerdings zu fragen, aus welchen Positionen die Mitglieder der neuen politischen Klasse kommen.

14.1 Beginnende Differenzierungen in der nachstalinschen UdSSR

Die Herausbildung der neuen Elite erfolgte nicht plötzlich, sondern prozessual. Nur von außen betrachtet war die nachstalinsche Sowjetunion ein monolithisches totalitäres Machtgebilde. Unter ihrer Oberfläche begannen Differenzierungsprozesse, die allerdings nicht zu einer Pluralisierung führten.

Bereits in den 60er und 70er Jahren kam es zu einer Auflockerung der Machtstrukturen, vor allem auf der horizontalen Ebene (vgl. Lapina 1996). Dies geschah dadurch, daß sich einzelne Behörden und Produktionseinheiten eine gewisse Autonomie gegenüber ihren jeweiligen Parteikomitees, von denen sie abhingen, sichern konnten. So entwickelten sich auf der horizontalen Ebene nichtsanktionierte Verbindungen in Form des Barterhandels und verschiedener Arten der gegenseitigen Hilfe, die zumeist privaten Charakter trugen. Auch wenn sich diese besonderen Beziehungen zuerst im wirtschaftlichen Bereich entwickelten, so hatten sie dennoch politischen Charakter, denn zum einen handelte es sich um die administrativ gelenkte Planwirtschaft, zum anderen stellten diese neuen Wirtschaftsbeziehungen einen gewissen Kompromiß innerhalb der herrschenden Klasse dar, die primär die politische Klasse war, auch wenn sie wirtschaftsleitende Funktionen wahrnahm.

In den 70er und 80er Jahren ging die KPdSU einen Schritt weiter und delegierte die gesamte Macht an der Basis an die administrative regionale Elite unter der Bedingung, daß sie die zentrale Parteiführung und die offizielle Linie der herrschenden Partei - also die Machtvertikale - unterstützte. Diese gewisse Ausdifferenzierung der Parteimacht auf der regionalen Ebene vollzog sich noch innerhalb der herrschenden Klasse und bedeutete nicht eine beginnende Herauslösung von bestimmten Bereichen aus der ideologisch vorgeschriebenen Identität von Partei/Staat mit der Gesellschaft.

Ende der 80er und Anfang der 90er Jahre bildeten sich in der Sowjetunion unabhängige Interessengruppen heraus. Sie trugen dazu bei, daß die Gesellschaft anfing, sich aus ihrer Identität mit dem Staat zu lösen und autonom zu werden, so daß in einem gewissen Sinn von einer Segmentierung (Lane 1992: 3) der herrschenden Elite gesprochen werden kann. Der sich daraus entwickelnde „wilde" Pluralismus löste das korporativ-bürokratische System allmählich auf (Lapina 1996: 4).

14.2 Allmähliche Formierung der neuen ukrainischen Elite

Die neue ukrainische Elite, die sich in den 13 Jahren Unabhängigkeit herausgebildet hat, besteht aus verschiedenen Teileliten. Da die Ukraine – wie auch in den anderen GUS-Staaten - infolge des immanenten Zerfalls des kommunistischen Systems entstanden ist und nicht als Ergebnis einer Massenbewegung oder einer demokratischen Überwindung des kommunistischen Systems, blieb die Elite in ihrer politischen, ökonomischen und kulturellen Dominanz fast unangetastet. Sie mußte sich in der Ukraine nur ein neues Legimationsinstrument suchen, den Ethno-Nationalismus. In der Ukraine veränderte die Nomenklatur oft nur ihre Farbe, die Kommunisten wurden neu verpackt, lediglich die regionale Herkunft der höchsten Funktionsträger änderte sich. So kam es 1994 bei der Wahl zum ukrainischen Parlament zu keiner nennenswerten personellen Erneuerung. Lediglich auf lokaler Ebene wurden 10-15 % der Kader ausgewechselt (Sekelj 2002).

Die Wirtschaftselite ist heterogen und setzt sich aus vier Gruppen zusammen (Ott 1999: 84 89): Die erste Gruppe bilden die *Generaldirektoren der ehemaligen Staatsbetriebe*, die inzwischen privatisiert wurden. Da sie ihre Betriebe gut kannten, konnten sie bereits vor der offiziellen Privatisierung diejenigen Teile für ihre private Nutzung ins Auge fassen, die einigermaßen in Schuß waren und mit denen sie Gewinn erwirtschaften konnten, um sie dann während der ersten Privatisierungswelle zu Schleuderpreisen direkt oder über den Kauf von Aktien zu erwerben. An dieser Privatisierung mußten sie einige Personen beteiligen, um sie reibungslos abwickeln zu können: den Parteisekretär des Betriebes und den Gewerkschaftssekretär. Nicht selten wurde zu dieser „Dreifaltigkeit" der Stellvertretende Generaldirektor und der Chefbuchhalter hinzugenommen.

Zur zweiten Gruppe gehören die *Chefs des Finanzkapitals*. Nach dem Zusammenbruch der Sowjetunion entstanden in der Ukraine – wie in Rußland – eine ganze Reihe von Banken mit wenig Eigenkapital, die mit den Spareinlagen der Bevölkerung und der Verwaltung von staatlichen Subventionen für die staatlichen Betriebe sowie die Kolchosen und Sowchosen gute Geschäfte machten. Diese Gewinne ermöglichten es den Banken, kurzfristige Kredite zu vergeben, an denen sie noch einmal verdienten.

Die dritte Gruppe besteht aus *korrupten Ministerialbeamten*, die in den Behörden Lizenzen, Subventionen und staatliche Kredite vergeben. Zu dieser Gruppe gehören auch die Direktoren von Instituten und Bildungseinrichtungen, in die man nur durch Zahlung hoher Summen aufgenommen und – nach erneuter späterer noch größerer Zahlung – das Examen bestehen kann. Angesichts der sehr niedrigen Gehälter der Staatsbediensteten und Wissenschaftler – wenn sie es überhaupt regelmäßig bekommen – ist diese Entwicklung nicht verwunderlich.

Zur vierten Gruppe gehören die Vertreter des *organisierten Verbrechens*, die nicht selten ganze Branchen und ganze Regionen kontrollieren wie den Bergbau im Donbasss, den Tourismus auf der Krim oder die Energie- und Rüstungsindustrie in Dnipropetrowsk.

Zwischen der politischen und der Wirtschaftselite besteht ein enges Wechselverhältnis, denn die politische Elite braucht die finanzielle Unterstützung durch die verschiedenen Unternehmerclans, um Politik machen zu können. Und letztere streben nach politischer Macht, um ihre Geschäfte abzusichern und um sich neue Unternehmensfelder zu sichern. Sie versuchen, staatliche Schlüsselpositionen in Kiew und/oder in den Regionen zu besetzen oder kaufen gleich ganze politische Parteien ein, wie die „Vereinigte Sozialdemokratische Partei der Ukraine".[71]

Die neue ökonomisch-politische Elite hat sich zu drei großen Clans formiert: dem Dnipropetrowsker, dem Donezker und dem Kiewer.

---

[71] Vgl. das Kapitel über die Parteien

14.2 Allmähliche Formierung der neuen ukrainischen Elite

14.2.1 Dnipropetrowsker Clan

Der Clan von Dnipropetrowsk – der historischen Heimat von KPdSU-Generalsekretär Leonid Breshnew - besteht hauptsächlich aus Rüstungsbetrieben. Den Dnipropetrowsker Clan bilden fünf Gruppen: die Gruppe Pintschuk, die Gruppe Derkatsch, die Gruppe „Prywatbank", die Kutschma-Gruppe und die Gruppe Tymoschenko, die politisch hererogen (Tymoschenko gegen Kutschma) sind und sich gelegentlich untereinander bekämpfen (Gruppe Derkatsch gegen die Gruppe Pintschuk).

Die *Gruppe Pintschuk* führt Wiktor Pintschuk an, der zweite Mann der Tochter Kutschmas Jelena Frantschuk. Pintschuk mit einem Vermögen von 1,3 Mrd. $ gehören 65 % der Aktien der Holding „Interpajp".[72] Zur Holding gehören ferner die Bank „Kredit-Dnipro", die mit ausländischem Kapital versehenen Firmen „Trubotrejd", „Belinterpajp" und „Logioimpeks" (auf Zypern registriert), der Fernsehkanal ICTW sowie eine Reihe von Metallurgiebetrieben. Die Holding versorgt ferner eine Reihe von Unternehmen in den Gebieten Dnipropetrowsk, Donezk, Sumy und Luhansk mit Elektroenergie und Erdgas. Zur Gruppe gehört ferner der Netzanbieter Kyivstar GSM, Miteigentümerin ist Jelena Frantschuk. Die Holding unterhält enge Beziehungen zur russischen Finanz-Industriegruppe „Alfa". Im Industriebereich stellt sie vor allem Röhren und Eisenbahnräder her, beides Exportschlager der Ukraine.

Die *Gruppe Derkatsch* wird von einem langjährigen Freund Kutschmas aus dessen Zeit in der Dnipropetrowsker Raketenfabrik „Juschnyj maschinostroitelnyj sawod", Leonid Derkatsch, und dessen Sohn, dem Parlamentsabgeordneten Andrej geführt. Leonid Derkatsch war früher Vorsitzender des Ukrainischen Sicherheitsdienstes und wurde im Februar 2001 im Zusammenhang mit der Ermordung des Journalisten Georgij Gongadse von Kutschma entlassen. Andrej Derkatsch leitet die Holding „Ukrainskaja press-gruppa", zu der drei Tageszeitungen („Komsomolskaja prawda w Ukraine", „Moskowskij komsomolez w Ukraine", „Kiewskij telegraf"), eine Wochenzeitung (Argumenty i fakty w Ukraine"), eine Fernsehzeitung („Telenedelja"), eine Wirtschaftszeitung („Delowaja nedelja") und die Web-Seite „Wersii" gehören. Andrej gehört zudem dem künstlerischen Beirat der Fernsehgesellschaft „Era" an, ist mit Wadim Rabinowitsch befreundet, der die Tageszeitung „Stolitschnye nowosti" und die Web-Seite „Mingnjus" führt, und ist Mitglied des obersten Führungsorgans der Partei „Werktätige Ukraine", die zur kutschmafreundlichen Gruppe „Für eine einige Ukraine!" gehört.

---

[72] Bei der Darstellung der einzelnen Clangruppen folge ich der Ausarbeitung über den Dnipropetrowsker Clan von Nacional'naja informacionnaja služba [Nationaler Informationsdienst].

Derkatsch und Rabinowitsch sind zugleich die größten Lobbyisten russischer Firmen in der Ukraine. Beide sind über die Charkiwer Bank „Ukrsibbank" mit dem Nikolajewsker Tonerdewerk verbunden, das zum russischen Konzern „Sibirskij aljumij" gehört. Andrej Derkatsch unterhält zudem gute Beziehungen zu Anatolij Tschubajs, dem Vorstandsvorsitzenden des russischen Strommonopolisten „JeES Rossii"

Die *Gruppe „Prywatbank"* wird von G. Bogoljubow, I. Kolomojskij und A. Martynow geführt, die auch die größte ukrainische private Bank „Prywatbank" leiten. Diese Troika kontrolliert ferner die größte ukrainische Ölhandelsfirma „Sentosa", die über Tochterstrukturen große Aktienpakete am Chemiewerk „Neftechimik prikarpatja" sowie an der größten ukrainischen Ölfirma „Ukrnafta" hält, und den ukrainischen Manganhandelsmonopolisten „Priwat-intertrejding".

Vorstandsvorsitzender der „Prywatbank" war von 1992 bis 1997 Serhij Tihipko, der dann von Kutschma zum Stellvertretenden Premier, zuständig für Wirtschaftsfragen, ernannt wurde. Von 1999 bis 2000 war er Wirtschaftsminister. Anschließend gewann er einen Sitz im Parlament, den er 2002 verteidigen konnte. Tihipko ist zugleich Vorsitzender der Partei „Werktätige Ukraine", die von Pintschuk und Derkatsch gegründet worden war. Am 17. Dezember 2002 wurde er vom Parlament zum neuen Notenbankchef gewählt.

Prominentestes Mitglied der *Kutschmagruppe* ist Präsident Leonid Kutschma, der in Dnipropetrowsk die Staatliche Universität absolvierte und bis 1992 Generaldirektor der Produktionsvereinigung „Jushnyj maschinostroitelnyj sawod" („Jushmasach") war, die strategische Raketen herstellt. Weitere Mitglieder der Gruppe sind der Stellvertretende Regierungschef Iwan Kyrylenko – zuständig für den landwirtschaftlich-industriellen Komplex -, der bis 2000 Stellvertretender Vorsitzender des Gebietsparlaments und dann Erster Stellvertretender Vorsitzender der Administration des Gebiets Dnipropetrowsk war.

Mitglieder der Kutschmagruppe sind ferner der ehemalige Regierungschef Walerij Pustowojtenko (Juli 1997-Dezember 1999), der ehemalige Innenminister Milizgeneraloberst Jurij Smirnow, der ehemalige Arbeitsminister Iwan Sachan, der ehemalige Wirtschaftsminister Aleksandr Schlapak, der frühere Erste Vizepremier Oleg Dubina, der frühere Sekretär des Rats der nationalen Sicherheit und Verteidigung der Ukraine und jetzige Vorsitzende der Staatlichen Kommission für Fragen des Verteidigungskomplexes, Wladimir Gorbulkin, sowie der frühere Vorsitzende des Obersten Gerichts Witalij Bojko.

Hauptaufgabe der Kutschmagruppe ist die Vertretung der Interessen der Rüstungsfirmen „Jushmasch", „Motor-sitsch" (in Saporoshe), das Charkiwer Malyschew-Werk und weiterer Rüstungsbetriebe im Osten und Süden der Ukraine. Zudem kontrolliert die Kutschmagruppe die Raumfahrtindustrie. Die ukrainische Rüstungsindustrie hat auf der einen Seite enge Beziehungen zum russischen

14.2 Allmähliche Formierung der neuen ukrainischen Elite

militär-industriellen Komplex, konkurriert aber auf der anderen Seite mit ihm auf dem Weltmarkt.

Die *Gruppe Tymoschenko* wurde einmal vom ehemaligen Gouverneur des Gebietes Dnipropetrowsk und späteren Regierungschef Pawlo Lasarenko (von Mai 1996 bis Juli 1997) angeführt. Er hatte die „Vereinigten Ukrainischen Energiesysteme" (JeESU) gegründet, die weitgehend den ukrainischen Gasmarkt kontrollieren. Seiner späteren Verhaftung entzog er sich durch Flucht in die USA. Er wurde am 3. Juni 2004 vom Gericht des südlichen Bezirks Kaliforniens in allen von der US-Staatsanwaltschaft vorgetragenen 29 Anklagepunkten (Erpressung, Geldwäsche und Betrug bei der Überweisung von veruntreuten Geldern in die USA)für schuldig gesprochen.

Nach Lasarenko leitete von 1995 bis 1997 Julija Tymoschenko die JeESU, die damals einen Jahresumsatz von 10 Mrd. $ hatte. Zu ihrem Einflußbereich gehörten damals 35 Zeitungen, einige Radiostationen und Informationsagenturen. JeESU, die inzwischen zusammengebrochen sind, arbeiteten eng mit den russischen Gasfirmen GASPROM und Itera zusammen.

Mit der Entlassung der Regierung Juschtschenko Anfang 2001 verlor Tymoschenko auch ihr Amt des für den Brennstoff-Enegie-Komplex zuständigen Vizepremiers. Im Kampf gegen Kutschma gründete sie den nach ihr benannten politischen Block, mit dem sie auch zur Parlamentswahl im März 2002 antrat. In der neuen Werchowna Rada führt sie die Fraktion ihres Blocks an. Am 4. februar 2005 wurde sie zur regierungschefin gewählt.

14.2.2 Donezker Clan

Mit „Donezker Clan" wird eine Gruppe von Firmen der metallurgischen, kokschemischen und Maschinenbauindustrie sowie von Kohlebergwerken bezeichnet. Dieser Clan entstand Ende der 80er Jahre. Gestützt auf ihre starke ökonomische Basis versuchte dieser Clan 1993, auf die politischen Entscheidungen in Kiew Einfluß zu nehmen. Der Clan übte durch die Organisierung von Bergarbeiterstreiks Druck auf den damaligen Premier Leonid Kutschma aus, den Direktor des größten Donbasser Bergwerks „Kujbyschewskoje", Juchim Swjahilskyj, zum Stellvertretenden Premier zu ernennen. Als kurz darauf Kutschma im September 1993 sein Amt als Regierungschef aufgab, um sich auf seine Präsidentenwahlkampagne vorzubereiten, wurde Swjahilskyj amtierender Regierungschef (bis Juni 1994). Nachdem Kutschma zum Präsidenten gewählt worden war, wurde Swjahilskyj der Unterschlagung von 20 Mio. $ angeklagt, der daraufhin im Oktober 1994 nach Israel floh. Nach Wiedererlangung seiner Immunität als Abgeordneter des Parlaments (seit 1994) kehrte er in die Ukraine zurück und wurde

Direktor der Sasjadko-Kohlengrube im Donbass, der größten der Welt,. Ein Partner ist der ehemalige Bürgermeister von Donezk Wolodymyr Rybak. Die Swjahilskyj-Gruppe als Teil des Donezker Clans kontrolliert die First Ukrainian International Bank, deren Vorstand der Bruder Juschtschenkos angehört.[73]

Während seines Israelexils übernehmen die beiden Geschäftsleute Achat Bragin – der Gründer des Donezker Clans – und Jewhen Schtscherban die Leitung des Donezker Clans. Jewhen Schtscherban wurde von dem nicht mit ihm verwandten Wolodymyr Schtscherban unterstützt, den Kutschma 1994 zum Leiter der Administration von Donezk ernannte. Im Herbst 1995 überlegte Wolodymyr Schtscherban, für das Präsidentenamt in Kiew zu kandidieren. Ende 1995 wurde Bragin ermordet sowie eine Reihe von Geschäftsleuten. Im Juli 1996 wurde Jewhen Schtscherban, der inzwischen in die Werchowna Rada gewählt worden war, mit seiner Familie erschossen.

Im Dezember 1995 wurde in Donezk – der größte Industrieregion des Landes – von einer Reihe großer Firmen und den regionalen Abteilungen der Akademie der Technischen Wissenschaften, der Ukrainischen Akademie der Wirtschaftswissenschaften und der Donezker Industrie- und Handelskammer die „Industrieunion des Donbass" gegründet, die von Bragin und Jewhen Schtscherban geleitet wurde. Diese Industrieunion verdiente sehr viel Geld durch die Versorgung der Betriebe mit Gas und sorgte dafür, daß ihre Mitgliedsfirmen bei der Privatisierung von Staatsbetrieben gut abschnitten. Nach der Ermordung von Bragin übernahm die Leitung der Industrieunion der damalige Erdöl- und Energieminister Witaliy Hayduk, der später zum Stellvertretenden Premier mit der Zuständigkeit für den Brennstoff-und Energiekomplex aufgestiegen ist.

1998 traf Kutschma mit dem Donezker Clan die Vereinbarung: Wenn sie sich aus der Politik heraushalten, ihn aber in der Kampagne für seine Wiederwahl als Präsidenten unterstützen, werden weder er noch die Regierung danach fragen, wo sie ihr vieles Geld herbekommen haben und was sie damit machen. Das Gebiet Donezk votierte nicht nur 1998 für Kutschma als neuem Präsidenten, sondern 2002 auch – als einzige Region in der Ukraine - mehrheitlich für die kutschmafreundliche Vereinigung „Für eine einige Ukraine!".

Im Streit zwischen der für den Brennstoff- und Energiekomplex zuständigen Stellvertretenden Premierministerin in der Regierung Juschtschenko, Julija Tymoschenko, und ihrem Gegner, dem damaligen Kohleminister Serhiy Tulub, der gegen die Reform des Energiesektors war, entschied sich Kutschma im November 2000 für das prominente Mitglied des Donezker Clans Tulub. Tymoschenko wurde von Kutschma im Januar 2001 entlassen und von der General-

---

[73] Im Abschnitt über den Donezker Clan folge ich Kupchinsky 2002. Vgl. dazu auch: Zimmer 2002.

14.2 Allmähliche Formierung der neuen ukrainischen Elite 131

staatsanwaltschaft der Unregelmäßigkeiten während ihrer vorherigen Zeit als Chefin der „Vereinigten Ukrainischen Energiesysteme" (JeESU) beschuldigt.

In der Werchowna Rada steuert der Donezker Clan die Fraktionen „Regionen der Ukraine", die zur kutschmafreundlichen Abstimmungsgemeinschaft „Für eine einige Ukraine!" gehört.[74]

Im November 2002 ernannte Kutschma den Leiter der Administration des Gebietes Donezk, der vorher 20 Jahre lang leitende Stellungen in den größten Produktionsvereinigungen im Gebiet wie „Donbastransremont" und „Ukrwuhlepromtrans" bekleidete, Wiktor Janukowytsch, zum neuen Regierungschef. Janukowytsch ist eng mit Rynat Achmetow verbunden, der eng mit Bragin zusammengearbeitet hatte. Der 36jährige Achmetow gilt gegenwärtig als Führer des Donezker Clans. Er ist tatarischer Herkunft und gründete die Muslimpartei der Ukraine, die er auch hauptsächlich finanziert. Er gründete die Donezker City Bank (DonGorBan) und hat großen Einfluß auf die Geschäfte der meisten großen Mitgliedsfirmen der Industrieunion. Das Vermögen von Achmetow wird auf 1 Mrd. $ geschätzt. Im Herbst 2004 kandidierte als Vertreter des Donezker Clans Janukowytsch vergeblich für das Präsidentenamt.

Der neue Generalstaatsanwalt Henadij Wassiljew *(siehe Biographie im Anhang)* stammt aus dem Gebiet Donezk. Er und sein Bruder sind mit dem Donezker Konzern „Energo" verbunden, zu dem folgenden Branchen gehören: Koks- und Metallverkauf, Bergwerke (auch in Rußland), Kokschemie, Kreditprombank (Aktienkontrollpaket), Mischfutterbetriebe, Nahrungsmittelbetriebe. Zu „Energo" gehören zudem Firmen, die auf Zypern, im Libanon, in den Niederlanden und in Irland registriert sind.

14.2.3 Kiewer Clan

Der „Kiewer Clan", der sich lieber „Kiewer Kommando" nennt, wird von Wiktor Medwedtschuk und Hrihorij Surkis angeführt. Medwedtschuk war bis Ende 2004 Leiter der Präsidialadministration und ist Vorsitzender der „Vereinigten Sozialdemokratischen Partei der Ukraine". Er unterhält seit Anfang der 90er Jahre nicht formalisierte Beziehungen zu einer Reihe kommerzieller Strukturen. Er hatte sehr großen Einfluß auf Kutschma und besitzt 800 Mio. $.

Surkis ist Präsident des Kiewer Fußballclubs „Dynamo" und erhielt in dieser Funktion Zollvergünstigungen beim Import von Tabak und Alkohol. Die Gewinne, aus denen der ukrainische Sport finanziert werden sollte, flossen in sein Wirtschaftsimperium. 1998 übergab der damalige ukrainische Premier und

---

[74] Varfolomeyev, Oleg, The Donetsk Team in Kyiv: Success Story or Struggle for Survival?, in: Russian and Eurasian Review, Vol. 2, Issue 9, April 29, 2003. The Jamestown Foundation Publictions.

Dynamo-Fan Pustowojtenko Surkis' Hausbank, der Ukrainischen Kreditbank, staatliche Aktienpakete mehrerer Stromgesellschaften. Zur Surkis-Gruppe gehört auch die Multi-Holding Slawutsch, die in mehreren Branchen tätig ist wie Lebensmittelverarbeitung, Holzindustrie, Ölhandel und Stahlproduktion. Die Gruppe besitzt Anteile an Raffinerien und Werften, kontrolliert Häfen sowie Freihandelszonen und steht hinter der Ukrainischen Börsen-Assoziation. Surkis finanzierte mit seinem Geschäftspartner Medwedtschuk, der damals Stellvertretender Parlamentspräsident war, die Wiederwahlkampagne Kutschmas und führte bei der Absetzung des Reformpremiers Juschtschenko im April 2001 Regie.[75]

Matrix der oligarchischen Firmenstruktur

Branche	Donezker Clan-Gruppe Achmetow	Donezker Clan-Gruppe „Industrieunion Donbass"	Donezker Clan-Gruppe „Energo"	Dnipropetrowsker Clan-Gruppe Pintschuk	Dnipropetrowsker Clan-Gruppe „Prywat"	Dnipropetrowsker Clan „Ukrsib"	Kiewer Clan Medwedtschuk	Gruppe Poroschenko
Agrar		x	x	x	x		x	
Andere	x	x	x	x	x		x	x
Autoindustrie								x
Banken	x		x	x	x	x	x	x
Bauwesen						x		
Chemie				x	x			
Energie	x		x	x			x	
Kohle	x	x	x					
Maschinenbau	x	x		x				
Massenmedien	x		x	x	x		x	x
Metallurgie	x	x	x	x	x	x		
Nahrungsmittel	x						x	x
Off-shore				x			x	
Öl				x			x	x

Quelle: Vom Autor zusammengestellt auf der Grundlage der Firmentruktur der Oligarchen, in: Kievskij kapitalist, 2004, 10, S. 19-21.

---

[75] Financial Times Deutschland, 22.5.2001.

14.2 Allmähliche Formierung der neuen ukrainischen Elite 133

Die Auswertung obiger Matrix ergibt, daß die drei Clans in fast allen Wirtschaftszweigen tätig sind. Der Donezker Clan entfaltet allerdings keine Wirtschaftsaktivitäten in den Bereichen Öl, Bauwesen, Chemie und im Off-shore-Bereich und der Kiewer Clan nicht in den Branchen Bauwesen, Chemie, Kohle, Maschinenbau, Metallurgie und Nahrungsmittel. Poroschenko, der als Oligarch mit seinem Fünften Fernsehkanal Juschtschenko unterstützte, indem er die gesamte Protestbewegung Life übertrug und der nun die Bezeichnung „Erster Kanal" erhalten hat, ist vor allem in den Wirtschaftszweigen Auto (Verkauf), Nahrungsmittel (Schokolade), Textilien und Banken aktiv.

15 Aussenpolitik

15.1 Innenpolitische Bestimmungsfaktoren

Die Außenpolitik der Ukraine bewegt sich in einem Rahmen, der von der „ambivalenten psychologischen, kulturellen und geopolitischen Einstellung der ukrainischen Eliten" bestimmt wird, was mit den „unterschiedlichen Orientierungen innerhalb des ukrainischen Ethnos (je nach Region) im Zusammenhang" steht (Haran 2002b: 267). Diese regionalen unterschiedlichen außenpolitischen Orientierungen sind vor dem Hintergrund der gesamtukrainischen Vorstellungen über den Entwicklungsweg des Landes zu sehen. Ein fünfjähriges Monitoring der öffentlichen Meinung durch das Institut für Soziologie der Nationalen Akademie der Wissenschaften der Ukraine ergab folgendes Bild:

Tabelle 9: Außenpolitische Orientierung der ukrainischen Bevölkerung 1994-1999 (in %)

	1994	1995	1996	1997	1998	1999
Ausbau der GUS-Beziehungen	40,5	38,8	31,8	23,7	23,8	18,4
Ausbau der Beziehungen zu Rußland	17,5	14,8	14,4	4,5	5,0	4,8
Ausbau der Beziehungen zu den slawischen Staaten (Rußland, Weißrußland)	-	-	-	24,3	23,7	23,9
Schaffung der Ostsee-Schwarzmeer-Union	1,7	0,8	0,9	0,8	0,9	1,0
Ausbau der Beziehungen zum Westen	13,3	13,9	15,9	13,8	12,8	16,4
Sich auf die eigenen Ressourcen stützen und die Unabhängigkeit stärken	13,3	14,4	18,5	16,1	17,7	19,7
Die Regionen der Ukraine sollen ihre eigenen außenpolitischen Wege gehen	4,2	4,4	4,5	4,1	5,0	4,0
Sonstiges	2,3	1,9	1,7	1,4	1,6	1,7
Schwer zu sagen	9,5	10,8	12,2	11,3	9,3	9,7
Keine Antwort	0,2	0,1	0,0	0,0	0,2	0,0

Quelle: Natalja Panina/Jevhen Holovacha, Tendenciji rozvytku ukrajins'koho suspil'stva (1994-1998): Sociolohični pokaznyky. Kiew 1999, S. 68, zitiert nach: Haran 2002b: 269.

15.1 Innenpolitische Bestimmungsfaktoren 135

An erster Stelle gaben die Befragten 1999 mit 23,9 % einer slawischen Union Ukraine-Rußland-Weißrußland den Vorzug in der ukrainischen Außenpolitik. Es folgten dann mit 19,7 % diejenigen, die dafür waren, daß sich die Ukraine vorrangig auf ihre eigenen Ressourcen stützt und ihre Unabhängigkeit stärkt. An dritter Stelle rangierten mit 18,4 % die GUS-Beziehungen und erst an vierter Stelle mit 16,4 % die Beziehungen zu den westlichen Industrieländern.

Wenn der zeitliche Verlauf der außenpolitischen Interessenlage der Befragten analysiert wird, fällt auf, daß sich von 1994 bis 1999 die Zahl derjenigen, die den Beziehungen der Ukraine zu den GUS-Staaten den Vorzug geben, mehr als halbiert hat (von 40,5 % 1994 auf 18,4 % 1999). Ebenso sank das Interesse an den ukrainisch-russischen Beziehungen um das Dreieinhalbfache (von 17,5 % 1994 auf 4,8 % 1999). Dagegen nahm die Zahl der Befürworter eines außenpolitischen Unabhängigkeitskurses um die Hälfte zu (von 13,3 % 1994 auf 19,7 % 1999).

Diese Verschiebung der außenpolitischen Interessenlage nach 1994 drückt sich auch im Erfolg oder Mißerfolg außenpolitischer Parolen bei den Präsidenschaftswahlen aus: So siegte Leonid Krawtschuk 1991 mit der Devise der Rußlandausrichtung der Ukraine, während sein Gegner Wjatscheslaw Tschornowil für eine Westorientierung des Landes war. 1994 gewann Kutschma, der sich ebenfalls für die politische Orientierung Kiews in Richtung Moskau einsetzte, gegen Krawtschuk, der dieses Mal für eine Ausrichtung der ukrainischen Politik nach Westen eintrat. 1999 siegte Kutschma bei der Präsidentenwahl mit dem Programm der Westausrichtung der Ukraine, während sein Gegner, der KPU-Chef Petro Symonenko, mit seinem Plädoyer für eine rußlandfreundliche Politik der Ukraine die Präsidentschaftswahl verlor.[76] 2004 gewann Juschtschnko die Präsidentenwahl mit einer klaren Orientierung in Richtung Europa. Das bedeutet, daß 1991 und 1994 die Rußlandorientierung die meiste Zustimmung bei den Wählern fand, 1999 aber schon nicht mehr.

Die außenpolitische Interessenlage regional aufgeschlüsselt, ergibt aus nach einer Umfrage von Mitte 2000 folgendes Bild:

Tabelle 10: Regionale Aufschlüsselung der außenpolitischen Ausrichtung 2000 (in %)

	Westliche Ausrichtung	Östliche Ausrichtung	Mehrgleisigkeit
KIEW	15	2	77
Norden	10	2	63
Zentrum	7	8	66

---

[76] Diesen Hinweis verdanke ich Marija Mironjuk.

Nord-Osten	15	15	48
Nord-Westen	25	1	64
Süd-Osten	7	8	82
Westen	22	3	47
Süd-Westen	6	1	67
Süden	17	6	54
Osten	9	8	66
Krim	7	7	56
Ukraine insgesamt	13	6	63

Quelle: Center for Peace, Conversion and Foreign Policy of Ukraine. Monitoring Foreign and Security Policy of Ukraine, April-June 2000. Kiew 2000, S. 112, zitiert nach: Haran 2002b: 274.

Knapp zwei Drittel der Ukrainer sind alut obiger Umfrage für eine Mehrgleisigkeit der ukrainischen Außenpolitik, 13 % für vorrangig für gute Beziehungen zum Westen und nur 6 % für gute Beziehungen zu Rußland. Nach einer Umfragen des sehr angesehenen Kiewer Razumkow-Zentrums zwischen dem 27. Januar und dem 3. Februar 2004 sprachen sich 41,3 % der Befragten dafür aus, daß sich die ukrainische Außenpolitik in Richtung Rußland orientieren soll und 30,9 % in Richtung Europäische Union.

Die meisten Anhänger einer westorientierten Außenpolitik sind im Nordwesten des Landes (25 %), im Westen (22 %) und im Süden (17 %) festzustellen. Die Anhänger einer stärkeren Rußlandorientierung sind im Nordosten (15 %), im Zentrum, im Südosten sowie im Osten des Landes (je 8 %) zu finden. Diese regionale Verteilung der außenpolitischen Interessenlage verwundert nicht, denn der westliche Teil der Ukraine ist – wie sich bereits aus der Geschichte der Regionen ergibt - stärker westlich ausgerichtet und der an Rußland angrenzende Teil stärker östlich orientiert. Das Interesse an einer mehrgleisigen Außenpolitik, die gute Beziehungen sowohl zu Rußland als auch zum Westen unterhält, ist in allen Regionen relativ stark vertreten.

Eine besondere Rolle spielen bezüglich der außenpolitischen Orientierung die Oligarchen. Sie sind fast alle in Branchen aktiv, die von Rußland abhängig sind oder in denen Sie auf Zusammenarbeit mit Rußland angewiesen sind wie Ernergie, Metallurgie, Rüstung, Transport, Kommunikation und Medien. Sie haben zudem mit ihren russischen Kollegen viel Gemeinsames (gleiche Wurzeln, ähnliche Geschäftsmethoden, übereinstimmende Werte, identische Mentalität). Allerdings sind sie viel schwächer als die russischen Oligarchen mit Kapitl ausgestattet und müssen darauf achten, von den russischen Konkurrenten nicht geschluckt zu werden (Ott 2003: 226). Sie müssen gegenüber Rußland eine dialektische Politik betreiben: Kooperation mit der nötigen Distanz.

15.2 Wer macht die ukrainische Außenpolitik?

Die ukainische Außenpolitik wird in ihren Grundlagen vom ukrainischen Parlament bestimmt (Art. 85.5). Diese Grundlagen werden ausschließlich durch Gesetze festgelegt (Art. 92.9). Die Führung der ukrainischen außenpolitischen Tätigkeit liegt allerdings in der Hand des Präsidenten, der den ukrainischen Staat in den internationalen Beziehungen vertritt, Verhandlungen führt und die internationalen Verträge der Ukraine schließt (Art. 106.3). Zugleich nimmt er die Führung in den Bereichen der nationalen Sicherheit und der Verteidigung der Ukraine wahr (Art. 106.17).

Die Umsetzung der vom Parlament beschlossenen außenpolitischen Linie durch den Präsidenten wird von der Präsidialadministration vorbereitet, worauf in dem entsprechenden Abschnitt bereits eingegangen wurde. Der Präsident faßt Beschlüsse zur Anerkennung ausländischer Staaten, ernennt und entläßt die Leiter der diplomatischen Missionen der Ukraine in anderen Staaten sowie bei internationalen Organisationen und nimmt die Beglaubigungs- bzw. Abberufungsschreiben der diplomatischen Vertreter anderer Staaten entgegen (Art. 106.4 5). Die Ukraine unterhält diplomatische Beziehungen zu 153 Staaten.

Das Parlament erteilt die Zustimmung zur Verbindlichkeit internationaler Verträge der Ukraine und zu deren Kündigung (Art. 85.32), bestätigt Beschlüsse über die Gewährung von Krediten und Wirtschaftshilfen an andere Staaten und internationale Organisationen sowie die Annahme solcher Kredite und kontrolliert deren Verwendung (Art 85.14), billigt die Gewährung militärischer Hilfe für andere Staaten über die Entsendung von Einheiten der Streitkräfte der Ukraine in einen anderen Staat oder über den Zutritt von Einheiten der Streitkräfte anderer Staaten auf das Territorium der Ukraine (Art. 85.23), erklärt auf Vorschlag des Präsidenten den Kriegszustand sowie den Friedensschluß und billigt die Beschlüsse des Präsidenten über den Einsatz der ukrainischen Streitkräfte und anderer militärischer Einheiten im Falle einer bewaffneten Aggression (Art. 85.9). Für die Behandlung internationaler Angelegenheiten spielt das gleichnamige Komitee des Parlaments eine besondere Rolle, denn in ihm werden die entsprechenden Gesetzesvorlagen geprüft, und das Ergebnis wird in einer Empfehlung für die Annahme- oder Ablehnung des Vertrags ausgesprochen.

Trotz häufiger Kritik an der Werchowna Rada trat das ukrainische Parlament mehrmals für den Schutz der ukrainischen territorialen Integrität ein. Als der erste ukrainische Präsident Krawtschuk 1993 faktisch die Schwarzmeerflotte für ukrainische Schulden an Rußland abtrat, rief das eine derartige Entrüstung hervor, daß er sich gewzwungen sah, sich von dieser Vereinbarung wieder zu distanzieren. Ferner legte die Werchowna Rada gegen den Beschluß von Präsident Kutschma 1994/96 über die Bildung von Finanz-Industrie-Gruppen mit

Rußland ihr Veto ein und blockierte die Übergabe von Gasleitungen und Gasbehälter an die russische GASPROM für ukrainische Schulden. Die Werchowna Rada war es auch, die während des Präsidentschaftswahlkampfes 1999 den Westen (OSZE, Europarat, Europäisches Parlament) auf die zunehmenden autoritären Tendenzen in der Politik von Präsident Kutschma (andauernde Diskreditierung des Parlaments durch präsidiale Strukturen, Druck auf Gerichte, Offensive gegen die Massenmedien) aufmerksam machte (Haran 2002b: 287).

Das Ministerkabinett gewährleistet die Durchführung der ukrainischen Außenpolitik (Art. 116.1). Für die operative Umsetzung der außenpolitischen Linie, die das Parlament festgelegt hat und die vom Präsident führend vertreten wird, ist das Außenministerium zuständig. Der Außenminister wird – wie die übrigen Minister – auf Vorschlag des Premierministers vom Präsidenten ernannt (Art. 114, Abs. 3) und untersteht ihm direkt. Nach dem Inkrafttreten der Verfassungsreform vom 8. Dezember 2004 ernennt das Parlament den Außenminister auf Vorschlag des Präsidenten.

Eine gewisse Rolle im außen- und sicherheitspolitischen Entscheidungsprozeß spielt der Rat der nationalen Sicherheit und Verteidigung, der die bewaffneten Strukturen koordiniert und dessen Vorsitz der Präsident innehat (Art. 106.18). Dieser Rat hat aber nicht die Bedeutung wie in Rußland. Nicht von der Hand zu weisen ist der außenpolitische Einfluß des ukrainischen Auslandsnachrichtendienstes (Glavnoe upravlenie razvedki), der – wie früher beim KGB – Teil des ukrainischen Sicherheitsdienstes ist und nicht – wie in Rußland – ein eigener Dienst.

15.3 Balanceakt der ukrainischen Außenpolitik

Die ukrainische Außenpolitik wird bestimmt durch die geographische Lage des Landes und seine unterschiedlichen politisch-kulturellen Traditionen, wie sie oben im Kapitel über die Regionen aufgezeigt wurden. „Aufgrund einer gespaltenen Vergangenheit unter russischer, österreichisch-ungarischer sowie polnischer Herrschaft und unterschiedlicher historischer Erfahrungswelten bilden sich die ukrainischen außen- und sicherheitspolitischen Vorstellungen aus unterschiedlichen Perzeptionen. Deren Wurzeln reichen in die Zeit vor und während des Ersten Weltkrieges, in die traumatischen Erfahrungen des Zweiten Weltkrieges sowie in die Zeit des Kalten Krieges zurück. Die grundsätzliche Frage, die sich die Ukrainer noch immer zu stellen haben, ist die Frage, ob die Ukraine eher dem Osten – dem ‚eurasischen Raum' – oder dem Westen – dem ‚klassischen' Europa – zugehört?" (Alexandrova 2001: 247). In seiner Inaugurationsrede 1994 als neuer ukrainischer Präsident machte Kutschma einen großen politischen

15.3 Balanceakt der ukrainischen Außenpolitik

Fehler, wie er den scharfen Reaktionen entnehmen konnte, als er die Ukraine als historischen Teil des eurasischen wirtschaftlichen und kulturellen Raums bezeichnete.[77]

Die ukrainische Außenpolitik kann in zwei Phasen eingeteilt werden: unter Präsident Krawtschuk von 1991 bis 1994 und unter Präsident Kutschma von 1994 bis 2004. Die erste Phase war bestimmt durch das vorrangige Bestreben der Ukraine, ihre Unabhängigkeit von Rußland abzusichern. Deshalb orientierte sie sich stärker in Richtung Washington. Zugleich begann im Lande ein schwieriger Prozeß der Transformation des politischen und ökonomischen Systems. Unter Kutschma wurde die ukrainische Außenpolitik pragmatischer. Er versuchte eine Balance der ukrainischen Interessen zwischen Ost und West. In seiner Inaugurationsrede zu Beginn seiner zweiten Amtszeit am 30. November 1999 betonte Kutschma die Multivektoralität der ukrainischen Außenpolitik und nannte in diesem Zusammenhang die USA, Europa und Rußland (Boyko 2002: 619-621).

15.3.1 Ostorientierung

RUSSLAND: In den Beziehungen der Ukraine zu Rußland ist Moskau der agierende Teil und Kiew der reagierende (Alexandrova 2001: 254). Hauptstreitpunkte zwischen beiden Ländern war die Aufteilung der Schwarzmeer-Flotte, der Status der Krim, die russischen territorialen Ansprüche auf Sewastopol und die ukrainischen Gasschulden. Diese Probleme wurden zwischenzeitlich alle geregelt durch den Abschluß des „Vertrages über Freundschaft, Zusammenarbeit und Partnerschaft" und das Akommen über die Schwarzmeerflotte 1997 und durch den Vertrag über die wirtschaftliche Zusammenarbeit 1998. Im Freundschaftsvertrag erkennt Rußland die Ukraine als Staat an und erhebt keinerlei territoriale Ansprüche an das Land. Die Schwarzmeerflotte wurde nach einem bestimmten Schlüssel und mit Ausgleichszahlungen entsprechend dem ukrainischen Vorschlag aufgeteilt und Rußland darf drei der vier Buchten Sewastopols auf Pachtgrundlage für 20 Jahre nutzen (Lüdemann 2001: 117). Kutschma rechnet die Unterschrift Moskaus unter den Freundschaftsvertrag dem persönlichen Engagement Jelzin zu (Kutschma 2003: 445).

Der russische Präsident verfolgt gegenüber der Ukraine eine Art „Umarmungsstrategie". 2001 trafen sich Kutschma und Putin zwölfmal und 2002 elfmal. Putin will die Ukraine stärker an Rußland binden und verhindern, daß die Ukraine in ihrer Westpolitik weiter geht als Rußland. Ausdruck der enger werdenden Beziehungen zwischen beiden Ländern ist die Ernennung des ehemaligen

---

[77] Holos Ukrainy [Stimme der Ukraine], 21.7.1994 (zitiert nach: Alexandrova 2001: 247).

russischen Premiers Wiktor Tschernomyrdin zum Botschafter in Kiew und Beauftragten des Präsidenten für Wirtschaftsbeziehungen mit der Ukraine durch Putin im Mai 2001. Im Herbst 2000 hatte Kutschma bereits Außenminister Borys Tarasjuk durch den Rußland gegenüber vorsichtiger und freundlicher agierenden Anatloij Slenko ersetzt. In zahlreichen Kooperationsbereichen wie z.B. in der in der Ukraine gut entwickelten Rüstungsindustrie (Flugzeug Antonow-70) und im Bereich der Reaktorsicherheit sowie des Atomkraftwerkbaus (in Chmelnizki und Riwne) wurde die Zusammenarbeit intensiviert.

Im Februar 2001 unterzeichneten beide Länder ein Abkommen über vertiefte wirtschaftliche Zusammenarbeit sowie ein Programm für regionale und grenznahe Kooperation bis 2007. Die ebenfalls vereinbarte Parallelschaltung der Energiesysteme beider Länder erfolgte am 20. August 2001 (Ott 2003: 233). Am 8. Juni 2002 unterzeichneten Kutschma und Putin in St. Petersburg eine Erklärung über die strategische Zusammenarbeit beider Länder in der Gasbranche, welche die Schaffung eines Konsortiums für das Management und die Entwicklung des Gastransportsystems der Ukraine vorsieht. Am nächsten Tag schloß sich Bundeskanzler Gerhard Schröder dieser Erklärung an, befürwortete die Beteiligung deutscher Gasgesellschaften am Konsortium und unterschrieb eine entsprechende dreiseitige Erklärung, wobei die deutsche Beteiligung bisher nur auf dem Papier steht.[78]

Nach zweijährigen Auseinandersetzungen über Erdgaslieferungen und Energietransit einigten sich Rußland und die Ukraine im Oktober 2001 dergestalt, daß Rußland den Wünschen der Ukraine entsprach und einem zwölfjährigen Liefervertrag sowie einem ebenso langfristigen Umschuldungsabkommen zustimmte. Rußland schraubte seine ursprünglichen Preisvorgaben zurück und verrechnet den Lieferpreis mit den Transitgebühren (Lüdemann 2002: 1053). Die verbleibenden Gasschulden soll die Ukraine im Verlauf von zwölf Jahren 2004 abzahlen (Ott 2003: 235). Zudem drängt Putin zur Bezahlung der Gasschulden auf die Übernahme strategischer Teile der ukrainischen Industrie und Pipelines. (Simon 2002: 26).

Am 28. Januar 2003 wurde in Kiew ein Grenzabkommen unterzeichnet, auf das sich beide Länder nach jahrelangen Verhandlungen – mehr als 200 Fragen waren strittig – und vielen Rückschlägen geeinigt hatten. Danach wurde der Verlauf der 2000 km langen gemeinsamen Grenze festgelegt ohne jegliche Gebietsansprüche. Dazu gehört auch, daß Rußland endgültig die Zugehörigkeit der Krim zur Ukraine anerkennt. Strittig ist lediglich noch die Aufteilung des Asowschen Meeres. Kiew will die Aufteilung des Meeresbodens und die Demarkierung der Meeresoberfläche. Moskau ist mit der Aufteilung des Meeresbodens einverstan-

---

[78] Deutsch-Ukrainische Rundschau, 2002, Heft 3, S. 2.

15.3 Balanceakt der ukrainischen Außenpolitik

den, ist aber gegen die Demarkierung der Meeresoberfläche, weil der Kreml das ganze Meer als ukrainisches und russisches Binnengewässer nutzen will.[79]

Im Herbst 2003 spitzten sich die Beziehungen zwischen der Ukraine und Rußland für kurze Zeit zu. Grund war der Bau eines Dammes vom russischen Festland zur ukrainischen Insel Tusla im Golf von Kertsch am Asowschen Meer. Für Kiew bedeutete der Dammbau, der hundert Meter vor der Insel dann von Rußland gestoppt wurde, den Versuch Moskaus, seine Seegrenze zu verschieben und die territoriale Integrität der Ukraine in Frage zu stellen. Die Ukraine zieht als Gegenleistung ihre Grenztruppen von der Insel zurück, die Kiew auf dem Höhpunkt der Krise auf der Insel stationiert hatte. Am 20. April 2004 ratifizierten das russische und das ukrainische Parlament die Dokumente, die eine gemeinsame Nutzung des Asowschen Meeres vorsehen.

Bei seinem Besuch bei Putin in Sotschi Mitte August 2004 stellte Kutschma fest, daß der bilaterale Handel zwischen beiden Ländern im ersten Halbjahr 2004 um 40 % zugenommen hat. Zum Abschluß des Treffens schlossen am 17. August 2004 die ukrainische und die russische Regierung ein Abkommen, in dem die Ukraine Rußland den jährlichen Transport von 85 Mio. t Öl über ihr Territorium garantiert. Das Abkommen hat eine Laufzeit von 15 Jahren und verlängert sich automatisch jeweils um fünf Jahre. Ukrainefreundlich ist die Regelung, wonach die Mehrwertsteuereinnahmen für russisches Öl, das durch die Ukraine transportiert wird, Kiew zufließen, was Moskau 800 Mio. $ jährlich kostet. Rußlandfreundlich ist die Entscheidung Kiews, die 674 km lange Pipeline von Odessa nach Brody nicht für den Transport von Öl, z.B. vom Kaspischen Meer, nach Westeuropa zu verwenden, was Kiew der EU zugesagt hatte, sondern für russisches Öl in umgekehrter Richtung.

Ferner schlossen die beiden Regierungen ein weiteres Erdgasabkommen. Dieses Abkommen wurde im Rahmen der Gründung eines internationalen Erdgas-Transportkonsortiums unterzeichnet. Es legt die Bedingungen für den Bau und den Betrieb der neuen Erdgaspipeline Bohorodtschany-Uschhorod fest. Die GmbH „Internationales Konsortium zum Betrieb und Ausbau des Erdgas-Transportsystems der Ukraine" ist Auftraggeber des Baus der Erdgasleitung. Sie wird nach Inbetriebnahme der Erdgasleitung deren Eigentümerin und auch für deren Betrieb zuständig sein. Gemäß diesem Abkommen stellt Rußland der Ukraine für den Transit zusätzliches Erdgas bereit, von fünf Milliarden Kubikmetern im Jahr 2005 bis zu 19 Milliarden Kubikmetern im Jahr 2010 und in der Folgezeit, abhängig von den Bedürfnissen des europäischen Erdgasmarktes. Die Ukraine gewährleistet die notwendigen Bedingungen für ungehinderte Baumaßnahmen und die dafür erforderlichen Genehmigungen, wie beispielsweise für die

---

[79] UNIAN, 28.1.2003.

Nutzung von Grund und Boden. Die Kosten der Baumaßnahmen werden zu gleichen Teilen von den Gesellschaften „Naftogas Ukrajiny" und „Gasprom" getragen. Finanziert werden sollen sie mit eigenen Mitteln, aber auch mit Krediten. Das Abkommen gilt bis Ende des Jahres 2030 und wird automatisch um jeweils fünf weitere Jahre verlängert, wenn keine der Seiten unter Einhaltung einer Kündigungsfrist von einem Jahr den Wunsch äußert, das Abkommen aufzuheben.

Moskau versuchte, auf die Parlamentswahlen im März 2002 und die Präsidentschaftswahlen im Herbst 2004 Einfluß zu nehmen. So führte Putin im März 2002 ein einstündiges Gespräch mit dem KPU-Vorsitzenden Petro Symonenko, an dem auch der russische Kommunistenchef Gennadij Sjuganow teilnahm. Der Leiter der Administration des russischen Präsidenten, Aleksandr Woloschin, bezeichnete das Wahlbündnis „Für eine einige Ukraine!" als freundschaftlich und das Wahlbündnis „Unsere Ukraine" als nicht freundschaftlich, weil es nicht mit Rußland zusammenarbeiten wolle. Ferner lobte Woloschin die „Vereinigte Sozialdemokratische Partei der Ukraine" und die „Kommunistische Partei der Ukraine". Der russische Botschafter in der Ukraine, Wiktor Tschernomyrdin, äußerte nach einem Treffen mit Wiktor Juschtschenko seine Besorgnis über die Zusammensetzung des zu Kutschma oppositionellen Wahlbündnisses „Unsere Ukraine".

Massiv mischte sich Putin im Herbst 2004 in die ukrainische Präsidentenwahl ein. Zunächst lud er seine »Freunde« Kutschma und Janukowytsch anläßlich seines Geburtstages am 7. Oktober und vor versammelter Presse in seine Residenz unweit von Moskau ein. Am 12. November – etwas mehr als eine Woche vor der Stichwahl – eröffnete Putin mit Kutschma eine Fährverbindung zwischen der Krim und der russischen Stadt Tusla.

Dann reiste Putin selbst am 17. November – nur vier Tage vor dem zweiten Wahlgang – nach Kiew. Während des dreitägigen Aufenthalts in Kiew wich Janukowytsch selten von Putins Seite, ob bei dem Besuch eines Konzerts oder bei der Abnahme einer (aus leicht einsehbaren Gründen um einige Tage vorverlegten) Militärparade zur Befreiung Kiews von deutscher Besatzung im Jahre 1943. Der Höhepunkt dieses Besuchs Putins war ein mehrstündiges Live-Interview, das auf drei ukrainischen Fernsehkanälen ausgestrahlt wurde und in dem Putin die Leistungen der ukrainischen Regierung und die hervorragenden bilateralen Beziehungen lobte. Selbst die russische Staatsduma wurde für Wahlkampfzwecke eingespannt: Noch vor der Stichwahl wurden Einreise- und Aufenthaltsbestimmungen für ukrainische Staatsbürger erleichtert und die Grundlage für ein bilaterales Übereinkommen zur doppelten Staatsbürgerschaft gelegt.

Die Ukraine weigert sich hartnäckig, dem Wunsch Moskaus nachzugeben und der Union Rußland-Weißrußland beizutreten sowie der Eurasischen Wirt-

15.3 Balanceakt der ukrainischen Außenpolitik

schaftsgemeinschaft (EAWG), zu der sich im Oktober 2000 Rußland, Weißrußland, Kasachstan, Kyrgystan und Tadschikistan zusammengeschlossen haben (Lüdemann 2002: 1051). Allerdings entschied Kutschma im Mai 2002, daß die Ukraine der EAWG als Beobachter beitritt mit der Perspektive einer Vollmitgliedschaft (Malek 2002: 31). Experten in Kiew halten den Beobachterstatus und die aktive Beteiligung an einzelnen ausgewählten EAWG-Projekten für besser als die volle Mitgliedschaft (Razumkov Centre 2002: 34).

Am 20. April 2004 ratifizierte das ukrainische Parlament das Abkommen über die Schaffung des Einheitlichen Wirtschaftsraums (EWR) zwischen Rußland, der Ukraine, Weißrußland und Kasachstan, das am 19. September 2003 von den Staatschefs dieser vier Länder in Jalta auf der Krim unterzeichnet worden war. Als erster Schritt soll zwischen diesen vier Ländern eine Freihandelszone eingerichtet werden. Kiew sprach sich allerdings gegen die Bildung von supranationalen EWR-Organen und die Schaffung einer einheitlichen Währung aus.

Die Einrichtung des EWR wurde sowohl von ukrainischer als auch von Brüsseler Seite kritisiert. Gegen den Beitritt zum EWR sprachen sich sowohl der Stellvertretende Außenminister Oleksandr Tschalnyj aus, der von Kutschma im Mai 2004 entlassen wurde, als auch der ehemalige Außenminister Anatolij Slenko, der von Kustschma bereits Anfang September 2003 durch den ukrainischen Botschafter in den USA, Kostjantyn Hryschtschenko, ersetzt worden war. Den Beitritt der Ukraine zum EWR kritisierte zudem der ukrainische Wirtschafts- und Europaminister Walerij Choroschkowskij, der am 3. Januar 2004 zurücktrat, weil er keine weitere Entwicklung in Richtung der europäischen Integration für die Ukraine sah.

Brüssel interpretierte den Beitritt der Ukraine zum EWR als eine Absage des Landes an seine EU-Ambitionen. Kiew antwortete, daß es für die Schaffung des EWR-Raumes die EU-Standards anwenden wolle. Zudem könne die Bildung des EWR eine Stufe auf dem Weg zur Schaffung eines einheitlichen europäischen Wirtschaftsraums sein, den die EU anstrebe.

GUS: Die Ukraine hat zwar am 8. Dezember 1991 die GUS mit gegründet, ist aber kein formales GUS-Mitglied, sondern nur Teilnehmerstaat. Das ist ein mittlerer Weg zwischen den Forderungen der national-politischen Kreise, vor allem in der Westukraine, nach einem völligen GUS-Austritt der Ukraine und den linkskonservativen sowie kommunistischen Stimmen, hauptsächlich aus der Ostukraine nach einer vollen GUS-Mitgliedschaft des Landes (Alexandrova 2001: 259). Obwohl die Ukraine bis heute das GUS-Statut nicht ratifiziert hat, ließ sich Kutschma Ende Januar 2003 zum GUS-Vorsitzenden wählen.

Die Ukraine ist auch kein volles Mitglied der Zwischenparlamentarischen Versammlung der GUS, sondern hat lediglich den Status eines assoziierten Mitglieds. Ebenso ist die Ukraine nur assoziiertes Mitglied der Wirtschaftsunion der GUS. Sie lehnt es auch ab, dem kollektiven Verteidigungssystem der GUS, dem Taschkenter Vertrag, beizutreten (Alexandrova 2001: 258 f.). Lediglich 1995 unterzeichnete die Ukraine zusammen mit den meisten GUS-Staaten eine Vereinbarung über die Schaffung eines „Vereinigten Luftabwehrsystems der GUS". Tatsächlich hat die Ukraine sich bisher real an diesem Luftabwehrsystem nicht beteiligt, trotz wiederholter russischer Anregung, doch eine gemeinsame GUS-Abwehr mit aufzubauen. Dafür ist die Ukraine am Anti-Terror-Zentrum der GUS in Moskau beteiligt, dessen Gründung Mitte 2000 beschlossen worden war und das von einem russischen Geheimdienstgeneral geleitet wird. „Es soll vor allem in Mittelasien tätig werden, und es ist nicht klar, worin das unmittelbare sicherheitspolitische Interesse der Ukraine an dieser Region bestehen soll." (Malek 2002: 26)

GUUAM: Am 10. Oktober 1997 gründeten die Präsidenten Aserbajdshans, Georgiens, Moldawiens und der Ukraine in Straßburg das politisch-konsultative Forum GUAM, benannt nach den Anfangsbuchstaben der Gründerländer. Der Zweck dieses Zusammenschlusses war die Stärkung der Position der beteiligte Länder gegenüber Rußland, dessen Vorherrschaft in der GUS sie ablehnen sowie dessen Wunsch, in der GUS supranationale Organe einzurichten. Ferner verfolgte man das Ziel, gemeinsame außenpolitische Positionen gegenüber der UN und der OSZE auszuarbeiten. Am Rande des NATO-Jubiläumsgipfels trat am 24. April 1999 in Washington Usbekistan der GUAM bei, deren Abkürzung sich daraufhin um ein U in GUUAM erweiterte. Im Juni 2002 legte allerdings Usbekistan seine Mitgliedschaft in GUUAM still (Malek 2002: 28).

Der nächste Schritt auf dem Weg der Vertiefung der Zusammenarbeit der GUUAM-Staaten wurde am 6. und 7. Juni 2001 in Jalta unternommen. Auf diesem Gipfel wurde eine Charta über die Ziele, die Prinzipien, die Richtungen der Zusammenarbeit und die Organisationsstruktur der GUUAM unterzeichnet sowie eine Konvention über gegenseitigen Beistand in Konsularfragen. Festgelegt wurde, daß die jährlichen Treffen der Staatsoberhäupter das höchste Organ der GUUAM ist. Die Präsidentschaft der GUUAM übernehmen in alphabetischer Reihenfolge die Teilnehmerstaaten jeweils für die Zeit zwischen den Gipfeltreffen der Staatsoberhäupter. Das Exekutivorgan der GUUAM ist die Sitzung der Außenminister, die in der Regel zweimal im Jahr stattfinden sollen: Arbeitsorgan der GUUAM ist das Komitee der Nationalen Koordinatoren, dem die von den Außenministern ernannten Koordinatoren – jeweils einer von jedem Staat – angehören. GUUAM-Beschlüsse müssen einstimmig verabschiedet werden.

Das Interesse der Ukraine an der GUUAM als deren Motor besteht darin, daß die GUUAM ein „wichtiges politisches Mittel zur Selbstversicherung als regionale Führungsmacht" ist. Diese Führungsrolle wird von den GUUAM-

15.3 Balanceakt der ukrainischen Außenpolitik

Staaten anerkannt, „da Kiew als Garant eigener Souveränität und aufgrund der besonderen ukrainischen Beziehungen zur NATO als Bindeglied und Multiplikator eigener Integrationsanstrengungen mit dem euroatlantischen Raum betrachtet wird". Das zweite ukrainische Hauptinteresse an GUUAM liegt im „Potential zur vertieften Wirtschafts-, Energie- und Transportzusammenarbeit durch den Zugang zum kaspischen Öl und Gas" (Schmidt 2002: 363).

Die Analyse der außenpolitischen Zusammenarbeit der GUUAM ergibt folgendes Bild: Die multilaterale Zusammenarbeit der GUUAM erstreckte sich niemals auf die außenpolitischen Prioritäten ihrer Mitgliedsländer. Die GUUAM-Staaten konnten zwar gemeinsame politische Positionen zu internationalen Fragen entwickeln, doch es gelang ihnen nicht, diese in konkrete außenpolitische Ergebnisse umzusetzen. Für die Realisierung der GUUAM-Initiativen in den internationalen Finanzinstitutionen, der EU und der NATO fehlten den GUUAM-Staaten der entsprechende Einfluß, um die Entscheidungen dieser internationalen Organisationen zu beeinflussen.

Auch die wirtschaftliche Zusammenarbeit verläuft keineswegs zufriedenstellend. Im Handel hat der Intra-GUUAM-Warenaustausch keineswegs Priorität bei den Mitgliedsländern. So hatte der Intra-GUUAM-Handel bei den Mitgliedsländern nur ein Volumen von 4 % ihres gesamten Außenhandels, bei der Ukraine nur 2 %. Im Jahr 2000 erreichte er lediglich 74 % des Außenhandelsumfangs der GUUAM-Länder von 1995. Der Handel entwickelte sich bloß nach der aktuellen Nachfrage und umfaßte vor allem Rohstoffe, Halbfabrikate und Lebensmittel. Die Ursache für den geringen Intra-GUUAM-Handel sind das niedrige Wirtschaftsniveau der GUUAM-Staaten im allgemeinen und das unterschiedliche technologische Niveau sowie die fehlenden finanziellen Ressourcen im besonderen.

In der Jalta-Charta von 2001 vereinbarten die Mitglieder die ökonomische Zusammenrbeit in den Bereichen Wirtschaft, Wissenschaft, Technologie, Umwelt, Transport, Energie und Telekommunikationsinfrastruktur. Die Schaffung einer Freihandelszone wurde jedoch entgegen den Wünschen der Ukraine und Georgiens nicht als gemeinsames Ziel vereinbart. Es wird auch weder eine Zollunion noch ein gemeinsamer Wirtschaftsraum angestrebt (Troschke 2003: 383-387).

Die GUUAM-Mitgliedsländer hatten sich 1992 geweigert, in Taschkent den GUS-Vertrag über kollektive Sicherheit zu unterzeichnen. In Jalta wollten sie ihrer Gemeinschaft keine militärisch-politische Struktur geben. Es bestehen nur freiwillige bilaterale militärische Kontakte. Der Grund dafür ist das Fehlen einer gemeinsamen militärischen Bedrohung und die schlechten Erfahrungen, welche die GUUAM-Mitgliedsländer mit der militärischen Zusammenarbeit mit Rußland gemacht haben. Die GUUAM legt den Schwerpunkt ihrer Zusammenarbeit auf die Durchführung ihrer zivilen Projekte. Wenn diese realisiert sind und wenn sich dann eine militärische Bedrohung ergeben sollte, will die Gemeinschaft über eine militärische Zusammenarbeit nachdenken. Die Bedrohungen, die sich in der Jalta-Charta widerspiegeln, haben einen nicht-militärischen Charakter: Terrorismus, Drogenhandel, internationale Kriminalität, Separatismus, technische und humanitäre Katastrophen.

GUUAM ist ein Konsultativorgan für die Koordinierung der außen- und sicherheitspolitischen Aktivitäten. Die Wichtigkeit dieser Zusammenarbeit dürfte im Lauf der Zeit für die Mitgliedsländer an Bedeutung verlieren, wenn es nicht gelingt, die politische Zusammenarbeit durch die wirtschaftliche Kooperation, vor allem im Energiesektor, zu ergänzen (Pavliuk 2000: 51).

15.3.2 Westorientierung

In den ersten Jahren nach ihrer Unabhängigkeit verfolgte die Ukraine – ähnlich wie Rußland – einen stark auf die USA ausgerichtete außenpolitischen Kurs. Unter Kutschma vollzog die Ukraine eine stärkere Orientierung nach Europa. In diesem Zusammenhang stellt sich für die Ukraine inzwischen das Problem der Neutralität. In ihrer Unabhängigkeitsdeklaration bekannte sich die Ukraine am 16. Juli 1990 zur Neutralität. Doch wenn sich das Land in die westlichen Strukturen integrieren will, bekommt Kiew mit den Grundsätzen der Blockfreiheit Schwierigkeiten. Bereits im außenpolitischen Konzept „Hauptrichtungen der Außenpolitik der Ukraine" vom Juli 1993 wurde die Notwendigkeit einer Anpassung des Blockfreienstatus des Landes festgehalten (Alexandrova 2001: 251).

EU: Die Integration der Ukraine in die EU gilt als strategisches Ziel der Außenpolitik des Landes. Über Parteigrenzen hinweg teilen die ukrainischen Eliten mehrheitlich dieses Ziel. „Europa" findet sich in den Parteiprogrammen und Wahlaussagen zwischen 1998 und 2002 von der gemäßigten Linken über die Parteien der Mitte bis zur gemäßigten Rechten. Gemeint sind dabei oft „nicht nur die EU-Mitgliedschaft als Fernziel und die damit angestrebte Anhebung des Lebensstandards auf europäisches Niveau", sondern es werden nicht selten die gemeinsamen Werte hervorgehoben und die „Zugehörigkeit der ukrainischen Kultur zur europäischen Zivilisation" (Lüdemann 2002: 1042 f.).

Als erster GUS-Staat unterzeichnete die Ukraine am 16. Juni 1994 ein Partnerschafts- und Kooperationsabkommen mit der EU, das am 1. März 1998 in Kraft trat.[80] Diese Vereinbarung steckt ein breites Feld für die Zusammenarbeit in den Bereichen Politik, Handel, Wirtschaft, Finanzen, Verkehr, Umwelt und

---

[80] Deutsche Übersetzung in: Ponomarenko 1999: 18-42.

15.3 Balanceakt der ukrainischen Außenpolitik

Kultur ab. Um die Durchführung des Abkommens zu überwachen, wurde aus den Mitgliedern des Rats der Europäischen Union, der EU-Kommission und den Mitgliedern der ukrainischen Regierung ein Kooperationsrat gebildet, der mindestens einmal jährlich auf Ministerebene tagt. Ferner wurde aus Abgeordneten des Europäischen und des ukrainischen Parlaments ein Parlamentarischer Koopertionsausschuß geschaffen, er in regelmäßigen Abständen tagt, die er selbst festlegt.

Am 11. Juni 1998 bestätigte der ukrainische Präsident Kutschma durch ein Dekret die Strategie der Integration der Ukraine in die EU[81] und am 14. September 2000 das Programm für diese Integration. In jährlichen Plänen sollen der Staat, die Volkswirtschaft und die Bevölkerung auf die Integration der Ukraine in die EU vorbereitet werden. Einen ersten derartigen Plan verabschiedete die ukrainische Regierung am 14. April 2001. Am 30. August 2000 war bereits beim Präsidenten ein Nationaler Rat für die Anpassung der ukrainischen Gesetzgebung an die europäische Gesetzgebung gebildet worden. Im August 2001 wurde zum Bevollmächtigten der Ukraine für Fragen der europäischen Integration der damalige Vizepremier Wassyl Rohowyj ernannt.

Am 11. Dezember 1999 verabschiedete die EU – analog zur gemeinsamen Rußland-Strategie der EU – eine Gemeinsame Ukraine-Strategie. Infolge des EU-Ukraine-Gipfels am 15. September 2000 intensivierte sich der politische Dialog zwischen der Ukraine und der EU sowie die praktische Zusammenarbeit auf den Gebieten Handel, Wirtschaft, Außenpolitik, Sicherheit, Justiz und Inneres. Begrüßt wurde in Kiew die Resolution des Europäischen Parlaments vom 15. März 2001, in der keine Gründe genannt wurden, die einen zukünftigen EU-Beitritt der Ukraine ausschließen. Am 27. Dezember 2001 stellte die Europäische Kommission ihr Strategiepapier für die Gestaltung ihrer Beziehungen zur Ukraine für die Jahre 2002 bis 2006 vor. Darin ist die Unterstützung bei der institutionellen, adminsitrativen und Rechtsreform, bei der Reform des Privatsektors und der wirtschaftlichen Entwicklung und bei der Abfederung der sozialen Folgen der Transformation vorgesehen.

Ende August 2002 schuf Kutschma den „Staatlichen Rat für europäische und euroatlantische Integration", der direkt vom Präsidenten geleitet wird. Er soll die Tätigkeit der Staatsorgane bei der Integration der Ukraine in den europäischen Wirtschafts-, Sicherheits – und Rechtraum verbessern. Ihm gehören der Parlamentspräsident, der Premierminister, ein Vizepremier, der Außen- und der Verteidigungsminister an. Kutschma strebt für die Ukraine die assoziierte EU-Mitgliedschaft bis zum Jahr 2007 an. Nach seinen Vorstellungen möchte er mit der EU in den Jahren 2003 oder 2004 ein Abkommen über das Assoziierungsziel

---

[81] Text in englischer Übersetzung in: Ponomarenko 1999: 13-17.

unterzeichnen und Verhandlungen über die Errichtung einer Freihandelszone führen. In den Jahren 2004 bis 2007 will die Ukraine alle für die Unterzeichnung der assoziierten Mitgliedschaft notwendigen Verfahren abschließen. Anschließend soll die Ukraine bis 2007 mit der EU eine Zollunion bilden und in den Jahren 2007 bis 2011 die Bedigungen erfüllen, die für einen Beitritt zur EU notwendig sind.[82]

Bei seinem Besuch in Kiew Anfang Februar 2003 ließ der Hohe Vertreter der EU für Außenpolitik, Javier Solana, keinen Zweifel daran, was er von der Ukraine auf ihrem Weg in Richtung EU erwarte: Sicherung der Pressefreiheit, Verbesserung der Beziehungen zwischen der Regierung und der Opposition und Reform des Justizwesen.[83] Der Präsident der Europäischen Kommission, Romano Prodi, schloß in einem Gespräch mit dem ukrainischen Premier Janukowytsch am 17. März 2003 in Brüssel die EU-Mitgliedschaft des Landes langfristig nicht aus.[84] Die Ukraine ist nach der Erweiterung der EU am 1. Mai 2004 Teil der neuen Nachbarschaftspolitik der Gemeinschaft, die in einem bilateralen Arbeitsprogramm umgesetzt wird.

Der ehemalige ukrainische Botschafter in Deutschland, Anatolij Ponomarenko, betonte, daß die Dominanz der europäischen Idee in der heutigen außenpolitischen Doktrin der Ukraine nicht bedeutet, „daß wir Rußland den Rücken kehren", denn die Ukaine war schon immer durch die „Schwerkraft eines Großnachbarn beeinflußt". Das Ziel der Ukraine liegt darin, „in Europa zu sein, aber nicht gegen Rußland" (Ponomarenko 1999: 11 f.).

Am 13. Dezember 2004 vereinbarten die EU und die Ukraine einen 29seitigen Aktionsplan, der 14 Aufgabenstellungen von der Stärkung der Stabilität und Effektivität der demokratischen und rechtlichen Institutionen über Respektierung der Medien- und Meinungsfreiheit, Zusammenarbeit in Abrüstungsfragen und nachbarschaftlicher Sicherheitspolitik, Beitritt zur WTO, Bekämpfung der Korruption, Steuerreform und Verbesserung des Investitionsklimas bis hin zu Visafragen reicht. Die Angebote der EU werden in dem Maße ausgeweitet, wie die Ukraine Fortschritte bei der Erfüllung der Vereinbarungen machen.

In einem Interview mit russischen Journalisten erklärte der designierte neue Präsident Juschtschenko am 22. Dezember 2004, daß bisher die Beziehungen zu Rußland in der Ukraine von einer Clan-Brigade gestaltet worden seinen, was Rußland entgegengekommen sei. Das habe die Beziehungen der Ukraine zu Rußland verzerrt. Rußland sei laut Juschtschenko für die Ukraine immer ein strategischer Partner gewesen und werde es auch in Zukunft sein.

---

[82] Korespondent, 30.8.2002.
[83] Deutsch-Ukrainische Rundschau, 2003, Heft 1, S. 6.
[84] Eastern Economist Daily Nr. 2078 vom 19.3.2003.

15.3 Balanceakt der ukrainischen Außenpolitik

NATO: Weniger populär als das Streben der Ukraine nach einer EU-Mitgliedschaft ist der Versuch des Landes, der NATO beizutreten. Dessen ungeachtet unterzeichnete die Ukraine – ebenfalls als erstes GUS-Land - am 8. Februar 1994 das Rahmendokument der „Partnerschaft für den Frieden" (PfF). Im September 1995 folgte ein individuelles Partnerschaftsprogramm, und im gleichen Jahr sandte Kiew seinen ersten Verbindungsoffizier zur Partnerschafts-Koordinationszelle der NATO nach Mons in Belgien. Die gemeinsamen Aktivitäten der Ukraine mit der NATO übertrafen die Rußlands: So nahm die Ukraine von 1994 bis 2000 an über 80 Truppenübungen im Rahmen von PfF teil. Das größte Manöver der NATO in einer ehemaligen Sowjetrepublik fand 2000 in der Ukraine statt (Malek 2002: 32).

Die Ukraine ist Mitglied des Euro-atlantischen Partnerschaftsrats (EAPC), der das politische Dach der PfF darstellt. Am 9. Juni 1997 unterzeichneten auf dem NATO-Gipfel in Madrid, auf dem auch die erste Runde der NATO-Erweiterung entschieden wurde, die NATO und die Ukraine die „Charta über eine besondere Partnerschaft". Sie legt die Grundsätze für die Entwicklung der Beziehungen sowie Bereiche für Konsultationen und Zusammenarbeit zwischen der NATO und der Ukraine fest. Das Dokument ist politisch weniger bedeutend als die „Grundungsakte über gegenseitige Beziehungen, Kooperation und Sicherheit zwischen der NATO und der Russischen Föderation" vom 27. Mai 1997. Es enthält weder Sicherheitsgarantien noch eröffnet es eine Beitrittsperspektive. Für den Fall einer Bedrohung des Landes enthält das Dokument nur einen Hinweis auf auszuarbeitende Konsultationsmechanismen (Malek 2002: 33). Doch während sich in der Grundakte die NATO und Rußland lediglich nicht mehr als Gegner betrachten, wird in der Charta die positive Rolle der NATO bei der Förderung von Frieden und Stabilität in Europa sowie bei ihrer Öffnung in Richtung Osten Europas hervorgehoben (Alexandrova 2001: 261).

1997 eröffnete die NATO in Kiew ein Informations- und Dokumentationszentrum. Im März 2000 tagte der Nordatlantikrat erstmals in einer ehemaligen Sowjetrepublik, in Kiew. Ende Januar 2001 bestätigte Kutschma in Fortsetzung des ersten Programms von 1998-2000 das neue „Staatliche Programm der Zusammenarbeit der Ukraine mit der NATO für 2001-2004". Es sieht eine Stärkung der Zusammenarbeit mit der NATO in den Bereichen Militärreform, Rüstungstechnik, Planung für zivile Krisensituationen und Vorbereitung auf Naturkatastrophen, Wissenschaft und Technologie, Rüstungswirtschaft und Konversion, Standardisierung und Kompatibilität von Waffensystemen sowie Nutzung des Luftraums vor (Malek 2002: 33).

Die laufende Zusammenarbeit der Ukraine mit der NATO umfaßt außer der von PfF vorgesehenen u.a. Peacekeeping an den von der NATO geführten Friedensoperationen auf dem Balkan (SFOR in Bosnien-Herzegowina und KFOR im

Kosovo), Militärreform, „Planning and Review Process" zur Verbesserung der Interoperabilität der Ukraine mit der NATO im Hinblick auf gemeinsame Operationen), Rüstungstechnik, Beseitigung der Folgen von zivilen Notsituationen, Wirtschaft (u.a. ökonomische Sicherheit), Wissenschaft, Information, Raumfahrttechnik, Standardisierung und Meteorologie, Luftverkehr sowie Parlamentszusammenarbeit (Malek 2002: 33).

Kiew strebt bezüglich der NATO vererst den Status eines Aspiranten an. Der Rat der nationalen Sicherheit und Verteidigung billigte im Herst 2002 – im Mai 2002 war der „NATO-Rußland-Rat" gebildet worden - ein Programm, das die Ukraine in die NATO führen soll (Malek 2002: 34) Im Parlament bildete sich im September 2002 die fraktionsübergreifende Vereinigung „Ukraine-NATO" mit 33 Abgeordneten, die vom Ständigen Vertreter des Präsidenten in der Werchowna Rada, Oleh Sarubinskyj, geleitet wird.

Am 12. April 2004 räumte das Parlament der NATO das Recht auf schnellen Zugang zum Territorium der Ukraine ein, wenn dieser zur Erfüllung der gemeinsamen Politik der Allianz nötig sei. Eine Analyse der Streitkräftezusammenarbeit zeigt zudem, daß die Militärbeziehungen zur NATO kontinuierlicher und intensiver sind als zur GUS, woraus die grundlegende Westausrichtung der ukrainischen Außenpolitik abgelesen werden kann (von Wedel-Parlow 2004). Der ukrainische Premier Wiktor Janukowytsch formulierte es so: „Die Ukraine hat ihre Wahl getroffen. Wir wollen Mitglied in der Europäischen Union (EU) und in der NATO werden."[85]

Am 15. Juni 2004 trat die neue Militärdoktrin der Ukraine in Kraft. Darin wird als Ziel die Mitgliedschaft des Landes in der EU und in der NATO formuliert.[86] Weil die EU und auch die NATO keinen Zeitpunkt für einen Beitritt des Landes zu ihren Strukturen nennen konnten, strich Kutschma einen Monat später am 15. Juli 2004 durch einen Erlaß aus der ukrainischen Militärdoktrin die Bestimmung über den Beitritt des Landes zur NATO und zur EU und formulierte statt dessen als Ziel der ukrainischen Politik die euro-atlantische Integration. Dazu wählte Kutschma als Zeitpunkt für die Veröffentlichung des Dekrets den Tag vor dem routinemäßigen Ukraine-Rußland-Gipfel mit Putin.

Laut Wassyl Basiw, Stellvertretender Leiter der ukrainischen Präsidialadministration, war Kutschma darüber verärgert, daß die Parlamentarische Versammlung der NATO-Staaten auf ihrer Konferenz am 1. Juni 2004 in Bratislawa von Kutschma den Verzicht auf eine dritte Kandidatur forderte. Zudem erfüllte der NATO-Gipfel in Istanbul am 28./30. Juni 2004 nicht die Erwartungen der Ukraine, als Kandidatenland bezeichnet zu werden. Ebenfalls war Kutschma über den Verlauf des EU-Ukraine-Gipfels in Den Haag am 8. Juli 2004 ent-

---

[85] Frankfurter Allgemeine Zeitung, 9.4.2003.
[86] Ukrinform, 2.4.2003.

15.3 Balanceakt der ukrainischen Außenpolitik

täuscht, weil auf ihm deutliche Kritik an den wenig demokratischen Zuständen in der Ukraine geübt worden war.

Der Stellvertretende ukrainische Außenminister Oleh Schamschur versuchte zu beschwichtigen, indem er am 27. Juli 2004 betonte, daß die Streichung der EU- und NATO-Passage nicht bedeute, daß die Ukraine eine Integration in diese Strukturen ablehne. Kutschma erklärte Mitte August in einem Zeitungsgespräch, daß die Ukraine ihre langfristigen Pläne nicht geändert habe, doch sie habe sich wohl zu blauäugig die Lösung aller politischen und sozio-ökonomischen Probleme von der engen Zusammenarbeit mit der EU und der NATO versprochen.

16 Fazit

1991 ergriff die Ukraine die Chance, die sich ihr zum zweiten Mal im 20. Jahrhundert nach einem kurzen Zwischenspiel von 1918 bis 1921 bot, einen unabhängigen Staat zu schaffen, der nun schon 13 Jahre besteht. Dieser Staat will ein „souveräner und unabhängiger, demokratischer, sozialer und Rechtsstaat" sein (Verfassungsartikel 1). Er übt die Staatsgewalt auf der Grundlage der Gewaltenteilung aus (Art. 6). Das öffentliche Leben begründet sich auf den Grundsätzen des Pluralismus (Art. 15).

In welchem Maße hat die Ukraine die Transformation in einen demokratischen, pluralistischen Rechtsstaat mit Gewaltenteilung erreicht? Auf der zentralen Ebene wurde die institutionelle Transformation formal durch die Herausbildung der staatlichen Institutionen wie Präsident, Parlament, Regierung und Judiaktive sowie die Entwicklung eines Wahlsystems abgeschlossen. Ihre rechtliche Verankerung erfolgte im Rahmen einer Verfassung.

Auf der mittleren Eben läßt die repräsentative Transformation noch viel zu wünschen übrig, denn vom Bestehen eines wirklichen Parteiensystems kann in der Ukraine noch keine Rede sein. Ferner fehlt die Verhaltenstransformation, denn mächtige Akteure wie die Clans setzen ihre Interessen zwar formal im Rahmen der Verfassungsinstitutionen durch, nachdem sie sich diese vorher gefügig gemacht haben.

Und von der Herausbildung einer Zivilgesellschaft an der Basis ist die Ukraine noch weit entfernt. Das Beispiel der Massenmedien zeigt, wie unter formaler Einhaltung der Verfassung die Grundsätze der Pressefreiheit verletzt werden. Die „orange" Revolution im Herbst 2004 in Kiew und anderen ukrainischen Städten deuten auf die Herausbildung einer selbstbewußten Zivilgesellschaft hin, die in einem parlamentarischen System mit ausgeprägten *checks and balances* einen viel stärkeren Einfluss auf Politikgestaltung nehmen könnte als bisher.

Daß die Verfassung den Präsidenten mit exekutiven Befugnissen ausstattet, widerspricht nicht automatisch den Grundsätzen der Demokratie. Träfe das zu, wären die USA oder Frankreich keine demokratischen Länder. Zudem fehlen dem ukrainischen Präsidenten einige wichtige Kompetenzen, über die sein russischer Kollege verfügt.

Bei der Ukraine handelt es sich nicht um einen föderalen, sondern um einen zentralistischen Staat, deshalb gibt es bloß eine Parlamentskammer. Aufgrund

15.3 Balanceakt der ukrainischen Außenpolitik

der Zersplitterung des Parteiensystems ist es nur durch die Bildung von Wahlblöcken, die verschiedene Parteien und Wählervereinigungen umfassen, möglich, Mehrheiten zustandezubringen. Doch die Wahlblöcke zerfallen teilweise in der Werchowna Rada wieder in ihre Bestandteile, so daß es dann schwierig wird, stabile Abstimmungverhältnisse zu erreichen.

Die Unabhängigkeit der Richter läßt oft zu wünschen übrig, weil sie sich nicht selten in wichtigen Urteilen den Wünschen staatlicher Instanzen oder starker Interessengruppen beugen. Und bei einem weiteren Element der institutionellen Transformation sieht die Realität ebenfalls anders aus: Wahlfälschungen in der Größenordnung von bis zu 10 % sind nicht selten. Die Massenproteste vom Herbst 2004 zeigten, daß sich die Wähler dies nicht mehr länger bieten lassen.

Die gegenwärtige Ukraine ist eine defekte Demokratie illiberaler Form, weil nicht legitimierte Machtgruppen fungieren, wichtige Politikbereiche aus dem politischen Prozeß ausgeklammert sind und die Gewaltenteilung durch Übergriffe der einen staatlichen Gewalt auf die andere eingeschränkt ist. Es hat sich ein Geflecht von formalen demokratischen Institutionen und informal erzeugten demokratischen Defekten in einen reproduzierenden Gleichgewichtszustand eingependelt. Dieser ist so lange stabil, wie die spezifischen Defekte der Demokratie zur Herrschaftssicherung der systemtragenden Elite sowie zur Befriedigung der systemunterstützenden Bevölkerung beitragen. Gerät allerdings die illiberale Form der defekten Demokratie in eine akute wirtschaftliche, politische und soziale Krise und sind die demokratischen Widerstandskräfte schwach, droht das Abgleiten in eine offene Autokratie.

Am Schluß stellt sich die Frage nach der Realisierung der Verfassung. Karl Loewenstein unterscheidet zwischen einer normativen, einer nominalistischen und einer semantischen Verfassung (Loewenstein 1959: 152-157). Eine normative Verfassung besteht darin, daß deren Organisations-, Kompetenz- und Verfahrensregelungen tatsächlich das Handeln der staatlichen Organe bestimmen. Bei einer normativen Verfassung sind Verfassung und Gemeinschaft eine Symbiose eingegangen. Loewenstein vergleicht die Verfassung mit einem Anzug, der paßt und tatsächlich getragen wird.

Von einer nominalistischen Verfassung ist dann zu sprechen, wenn die politische Praxis sich nicht nach ihr richtet, ihr die „existentielle Wirklichkeit" fehlt. Im Falle einer nominalistischen Verfassung stehen zum gegenwärtigen Zeitpunkt die gegebenen sozialen und wirtschaftlichen Voraussetzungen, z.B. das Fehlen von politischer Kultur und Tradition sowie das Nichtvorhandensein einer unabhängigen Mittelklasse, einer vollständigen Übereinstimmung der Verfassungsnormen mit den Erfordernissen des Machtprozesses entgegen. Der Verfassungsanzug hängt zur Zeit noch im Schrank, soll aber getragen werden, wenn die Figur der Nation in ihn hineingewachsen ist. „Die primäre Funktion der nominalistischen Verfassung ist eine erzieherische; ihr Ziel ist, in der näheren oder ferneren Zukunft in vollem Umfang normativ zu werden und die Dynamik des Machtprozesse wirklich zu bestimmen, anstatt sich dieser Dynamik zu beugen."

Eine semantische Verfassung liegt vor, wenn ihre „ontologische Realität nichts anderes als die Formalisierung der augenblicklich bestehenden politischen Machtsituation zum ausschließlichen Nutzen der faktischen Machthaber" darstellt, die über den staatlichen Zwangsapparat verfügen. „Gäbe es überhaupt keine Verfassung, so würde der tatsächliche Ablauf des Machtprozesses kein merklich anderer sein... Der Anzug ist überhaupt kein ehrliches Kleidungsstück; er ist nur eine Maskerade."

Loewenstein nennt einige untrügliche Anzeichen für das Bestehen einer semantischen Verfassung: „Wenn der Staatspräsident ohne zeitliche Begrenzung in seinem Amt bleiben kann; wenn er befugt ist, den Beschlüssen der gesetzgebenden Körperschaften mit seinem Veto zu begegnen, ohne daß dabei letztlich die Wählerschaft aufgerufen werden kann; wenn die Bestätigung von politischen Grundentscheidungen den manipulierten Volksabstimmungen vorbehalten und nicht einem frei gewählten Parlament übertragen ist; wenn bei den Wahlen nur eine einzige Partei zugelassen ist."

Für Steffani ist in Osteuropa das rein semantische Verfassungsverständnis überwunden (Steffani 2002: 39). Das trifft auch auf die Ukraine zu. Aber wir können auch nicht von einer normativen Verfassung sprechen, denn der Verfassungsanzug wird nicht getragen, sondern hängt im Schrank. Eher haben wir es mit einer nominalistischen Verfassung zu tun, denn die politische Praxis richtet sich oft nicht nach ihr. Die Opposition kämpft dafür, daß in der näheren oder fernen Zukunft die Verfassung in vollem Umfang normativ wird und die Dynamik des Machtprozesses wirklich bestimmt, statt sich ihr zu beugen. Die „orange" Revolution mit Änderung der Verfassung vom 8. Dezember 2004 schafft der Ukraine die Chance für eine zweite Transformation und daß aus der nominalistischen Verfassung eine normative wird.

17 Anhang

17.1 Funktionsinhaber

PRÄSIDENT	Wiktor JUSCHTSCHENKO
Leiter des Sekretariats des Präsidenten	Oleksandr SINTSCHENKO
Sekretär des Rats der nationalen	
Sicherheit und Verteidigung	Petro POROSCHENKO

PARLAMENT
    Vorsitzender   Wolodymyr LYTWYN
        (Fraktionsvorsitzende siehe Tabelle 2,
        Komiteevorsitzende siehe Tabelle 3)

REGIERUNG
    Vorsitzender   Julija TYMOSCHENKO
        (weitere Regierungsmitglieder siehe Tabelle 5)

VERFASSUNGSGERICHT
    Vorsitzendener   Wiktor SKOMOROCHA

OBERSTES GERICHT
    Vorsitzender   Wasyl MALJARENKO

OBERSTES WIRTSCHAFTSGERICHT
    Vorsitzender   Dmytro PRITIKA

GENERALSTAATSANWALT   Hannadij WASSYLJEW

VORSITZENDE DER PARTEIEN/BLÖCKE, DIE IM PARLAMENT VERTRETEN SIND:
    „Für eine einige Ukraine!"   Wolodymyr LYTWYN
    „Unsere Ukraine"   Wiktor JUSCHTSCHENKO
    „Sozialistische Partei d. Ukraine"   Oleksandr MOROS
    „Kommunistische Partei d. Ukraine"   Petro SYMONENKO
    „Block Julija Tymoschenko"   Julija TYMOSCHENKO

„Vereinigte Sozialdemokratische
Partei der Ukraine"   Wiktor MEDWEDTSCHUK

17.2 Biographien aktiver Politiker[87]

JUSCHTSCHENKO, Wiktor Andrijowitsch, *Präsident der Ukraine (seit 26.12.2004) und Vorsitzender des Wahlblocks „Unsere Ukraine" (seit 2002)*, wurde 1954 im Gebiet Sumy als Sohn eines Englischlehrers und einer Mathematiklehrerein geboren. 1975 absolvierter er das Finanzwirtschaftliche Institut in Ternopil. 1984 promovierte er am Ukrainischen Wissenschaftlichen Forschungsinstitut für Wirtschaft und die Organisation der Landwirtschaft in Kiew. 1976 begann er seine Bankkarriere, in der er es 1991 bis zum Leiter der Ukrainischen Filiale der Staatsbank der UdSSR brachte. Von 1991 bis 1993 war er Stellvertretender Vorstandsvorsitzender der Agrompombank „Ukraina" und dann der Ukrainischen Nationalbank. Anschließend war bis zu seiner Ernennung als Regierungschef 1999 Vorstandsvorsitzender der Nationalbank. Nachdem das Parlament im April 2001 mit den Stimmen der Kommunisten und der oligarchennahen Parteien, die gegen das Wirtschaftsreformprogramm des Premiers waren, Juschtschenko das Mißtrauen ausgesprochen hatten, was ganz im Sinne Kutschmas war, entließ Präsident Leonid Kutschma die Regierung.

LYTWYN, Wolodymyr Mychajlowytsch, *Vorsitzender der Werchowna Rada sowie Vorsitzender des Blocks „Für eine einige Ukraine!" (seit 2002)*, wurde 1956 im Gebiet Schytomyr geboren. 1978 absolvierte er die Historische Fakultät der Staatlichen T. Schewtschenko-Universität in Kiew und promovierte 1978 über die Kommunistische Partei der Ukraine. 1995 habilitierte er sich über ein politikwissenschaftliches Thema. 1978 begann er seine wissenschaftliche Karriere an der Staatlichen T. Schewtschenko-Universität in Kiew, wechselte aber dann 1986 als Leiter einer Verwaltung in das Ministerium für Hochschul- und mittlere Fachschulbildung. 1989 wurde er Referent eines Sekretärs des ZK der KPU. Nach deren Auflösung kehrte er als Dozent an die Universität zurück. 1994 wurde er Referent von Präsident Kutschma, 1995 Stellvertretender und 1999 Leiter der Präsidialverwaltung.

MALJARENKO, Wasyl Timoflyowitsch, *Vorsitzender des Obersten Gerichts (seit 2002)*, wurde 1941 im Gebiet Tscherkassy geboren. 1973 absolvierte er das Juristische Institut in Charkiw und begann anschließend seinen richterlichen Dienst in Kadjewka. 1980 wurde er Richter am Obersten Gericht der Ukraine.

---

[87] Quelle: Chto je chto 2002. Datenbank "Labirint". Moskau. Fortlaufend.

17.2 Biographien aktiver Politiker

1983 bis 1993 war er Sekretär des Plenums des Obersten Gerichts der Ukraine. 1993 wurde er Vorsitzender der Strafkammer des Obersten Gerichts der Ukraine. 1994 leitete er die Arbeitsgruppe zur Ausarbeitung des Strafgesetzbuches. Zwischen 1995 und 1998 leitete er mehrmals die ukrainische Regierungsdelegation zu den Vereinten Nationen im Rahmen der Schaffung des internationalen Strafgerichtshofs. 1998 nahm er an der diplomatischen Konferenz in Rom zur Bestätigung des Statuts dieses Gerichtshofs teil.

MEDWEDTSCHUK, Wiktor Wolodymyrowytsch, *Vorsitzender der VSDPU (seit 1998)*, wurde 1954 in Rußland im Kraj Krasnojarks in Sibirien geboren. 1978 absolvierte er die Juristische Fakultät der Staatlichen T. Schewtschenko-Universität in Kiew. 1996 promovierte und 1997 habilitierte er sich. 1978 begann er seine berufliche Laufbahn als Rechtsanwalt. 1990 organisierte er die Vereinigung der Rechtsanwälte der Ukraine. Zugleich begann er mit seiner unternehmerischen Tätigkeit (Geldpyramide, Konzerne mit vielen Branchen). 1997 wurde er Abgeordneter und 2000 Stellvertretenden Vorsitzenden des Parlaments. Von 2002 bis Januar 2005 leitete er die Präsidialadministration.

MOROS, Oleksandr Oleksandrowytsch, *Vorsitzender der Sozialistischen Partei der Ukraine (seit 1991)*, wurde 1944 im Gebiet Kiew geboren. 1965 absolvierte er die Ukrainische Landwirtschaftsakademie und später die Hochschule des ZK der KPU. Von 1965 bis 1983 war er als Technologe in verschiedenen landwirtschaftlichen Einrichtungen der Ukraine tätig. 1983 begann er seine Tätigkeit als Gewerkschafts- und Parteisekretär. 1990 wurde der zum Parlamentesabgeordneten gewählt und organisierte in der Werchowna Rada die Abgeordnentengruppe „Für eine sowjetische souveräne Ukraine". Nach dem Verbot der KPU war er 1991 Mitbegründer der SPU. Von 1994 bis 1998 war er Parlamentspräsident.

POROSCHENKO, Petro Oleksiyowytsch, *Sekretär des Rats der nationalen Sicherheit und Verteidigung (seit 24.1.2005)*, wurde 1965 im Gebiet Odessa geboren und absolvierte 1989 die Fakultät für internationale Beziehungen und Völkerrecht der Staatlichen T.Schewtschenko-Universität in Kiew. Nach einem Jahr als Universitätsassistent ging er 1990 in Wirtschaft und stieg dort 1993 zum Generaldirektor des „Ukrainischen Industrie- und Investitionskonzerns" (Ukrprominwest) auf, der hautpsächlich aus Nahrungsmittelfabriken besteht. Die ebenfalls von ihm geleitete Firma Ukrprominwest-AWTO wickelt 30 % der Autoimporte ab. Schlielich führt er die MRIJa-Bank und besitzt den „Fünften Fernsehkanal". 1998 wurde er in das Parlament gewählt und gehörte zuerst der Fraktion von Medwedtschuks „Vereinigter Sozialdemokratischer Partei" an. Im jahr 2000 gründete er eine eigene Partei namens „Solidarität", die sich zuerst mit kutschmafreundlichen „Partei der Regionen" von Wiktor Janukowytsch verband. Ein Jahr später wechselte er zu Juschschenkos Wahlbündnis „Unsere Ukraine". 2002 wurde er zum Vorsitzenden des Haushaltsausschusses des Parlaments gewählt. 2004 war er Stellvertretender Leiter von Juschtschenkos Wahlkampfstab.

PRYTYKA, Dmytro Mykytowytsch, *Vorsitzender des Obersten Wirtschaftsgerichts der Ukraine (seit 1991)*, wurde 1942 im Gebiet Kiew geboren. Er absolvierte 1969 die Staatliche T. Schewtschenko-Universität in Kiew. 1981 trat er in das Arbitragegericht ein, wie bis 2001 das Wirtschaftsgericht hieß, wo er 1987 dessen Erster Stellvertretender Vorsitzender wurde.

SINTSCHENKO; Oleksandr Oleksiyowytsch, *Staatssekretär und Leiter des Sekretariats des Präsidenten (seit 24.1.2005)*, wurde 1957 im Gebiet Chmelnyzkyj geboren und absolvierte 1979 die Physikalische Fakultät der Staatlichen Tscherniwzer Universität, in der er bis 1985 als wissenschaftlicher Mitarbeiter am Lehrstuhl für Theoretische Physik tätig war. Dann übernahm er Leitungsfunktionen in der kommunistischen Jugendarbeit des Komsomol und wechselte 1993 in die Wirtschaft, wo er 1998 zum Generaldirektor des „Ukrainischen Unabhängigen Fernsehgesellschaft" aufstieg, die den Fernsehkanal Inter bedient. 1996 übernahm er Führungsfunktionen in Medwedtschuks „Vereinigter Sozialdemokratischer Partei", 1998 als Stellvertretender Parteivorsitzender. 1998 wurde er Abgeordneter, 2000 Vorsitzender des Parlamentsausschusses für Presse und Information und 2002 Sellvertretender Parlamentsvorsitzender. 2004 leitete er die Wahlkampfstab Juschtschenkos.

SKOMOROCHA, Wiktor Jehorowytsch, *Vorsitzender des Verfassungsgerichts der Ukraine (seit 1999)*, wurde 1941 im Gebiet Dnipropetrowsk geboren. 1967 absolvierte er das Juristische Institut in Charkiw. Seine juristische Karriere begann er 1967 als Konsultant des Gebietsgerichts Luhansk. 1969 wurde er dort Richter. 1976 trat er in den Strafsenat des Obersten Gerichts der Ukraine ein. 1996 wurde er Sekretär des Senats für Verfassungsfragen.

SYMONENKO, Petro Mikolajowytsch, *Vorsitzender der Kommunistischen Partei der Ukraine (seit 1993)*, wurde 1952 im Gebiet Donezk geboren. Er absolvierte 1974 das Polytechnische Institut in Donezk. 1976 begann er seine politische Karriere im kommunistischen Jugendverband Komsomol. Ihren Höhepunkt erreichte sie 1990, als er Zweiter KPdSU-Sekretär des Gebietes Donezk wurde. Seit 1994 ist er Parlamentsabgeordneter und Vorsitzender der Fraktion der KPU.

TYMOSCHENKO, Julija Wolodymyriwna, *Premierministerin (seit 4.2.2005)* und *Vorsitzende des Wahlbündnisses „Block Julija Tymoschenko"(seit 1999)*, wurde 1960 im Gebiet Dnipropetrowsk geboren. 1984 absolvierte sie die Staatliche Universität in Dnipropetrowsk als Wirtschaftskybernetikerin. Von 1984 bis 1989 war sie Wirtschaftsingenieurin des Dnipropetrowsker Lenin-Maschinenbauwerks, anschließend Direktorin des Jugendzentrums „Terminal" in Dnipropetrowsk. 1991 wurde sie Generaldirektorin der Kooperative „Ukrainskij bensin" in Dnipropetrowsk. 1995 stieg sie zur Präsidentin des Strommonopolisten „Jedini energetitschni systemy Ukrajiny" [„Einheitliche Energiesysteme der Ukraine"] auf. Von 1999 bis 2001 war sie unter Premier Juschtschenko Vizepremierin und Vorsitzende des Industriekomitees für die Reformierung des Brennstoff-Energiekomplexes.

WASSILJEW, Hennadij Andrijowytsch, *Generalstaatsanwalt (seit 18.11.2003).* wurde 1953 in Donezk geboren. 1976 absolvierte er das Juristische Institut in Charkow und ist Kandidat (= Doktor) der Rechtswissenschaft. Er begann seine Staatsanwaltskarriere 1981 in Donezk, wo er 1984 zum Leiter der Ermittlungsabteilung aufstieg. Nach einem einjährigen Zwischenspiel in Kiew 1987 als Stellvertretender Leiter der Ermittlungsabteilung der ukrainischen Staatsanwaltschaft wurde er 1991 Staatsanwalt des Gebietes Donezk (von 1998-91 in Stellvertreterfunktion). Seit 1994 ist er Miglied des ukrainischen Parlaments. 2002 wurde er zum Stellvertretenden Generalstaatsanwalt ernannt.

17.3 Wichige Internetadressen

Homepage des Parlaments: http://www.rada.kiev.ua

Homepage des Präsidenten: http://www.president.gov.ua

Homepage der Regierung: http://www.kmu.gov.ua

Homepage des Außenministeriums: http://www.mfa.gov.ua

17.4 Literatur

Agh, Attila, (1995), The Role of the First Parliament in Democratic Transition, in: Agh, Attila/Kurtán, Sándor (ed.), The First Parliament (1990-1994). Budapest, S. 249-261.
Alexandrova, Olga, (2001), Grundlinien ukrainischer Außenpolitik, in: Lindner, Rainer/Meissner, Boris (Hrsg.), Die Ukraine und Belarus' in der Transformation. Eine Zwischenbilanz. Köln 2001, S. 247-263.

Alexandrova, Olga/Götz, Roland/Halbach, Uwe (Hrsg.), (2003), Rußland und der postsowjetische Raum. Baden-Baden.
Beyme, Klaus von, (1994), Systemwechsel in Osteuropa. Frankfurt am Main.
Bos, Ellen, (2002), Das politische System der Ukraine, in: Ismayr, Wolfgang (Hrsg.), Die politischen Systeme Osteuropas. Opladen, S. 447-488.
Boyko, O.D., (2002), Istorija Ukrainy. Posibnyk. Vydannja 2-he, dopovnene [Geschichte der Ukraine. Handbuch. 2. ergänzte Auflage]. Kiew.
Brunner, Georg, (2002), Präsident, Regierung und Parlament: Machtverteilung zwischen Exekutive und Legislative, in: Luchterhand, Otto (Hrsg.), Neue Regierungssysteme in Osteuropa und der GUS. Probleme der Ausbildung stabiler Machtinstitutionen. 2., aktualisierte Auflage. Berlin, 2002. S. 67-122.
Bugajski, Janusz, (2002), Political Parties of Eastern Europe. Armonk, N.Y./London.
Chto je chto v Ukrajini [Wer ist wer in der Ukraine], (2001). Kiew.
Dahl, Robert A., (1989), Democracy and its Critics. New Haven/London.
Durkot, Juri, (2002a), Wahl in der Ukraine – Demokratie unter Vorbehalten, in: Wostok. Berlin, Heft 2, S. 16-20.
Durkot, Juri, (2002b), Die Postenschlacht – Kutschma setzt sich wieder durch, in: Wostok. Berlin, Heft 3, S. 8-11.
Durkot, Juri, (2002c), Ukrainische Parlamentswahl als Demokratie-Test. Sieg des Reformbündnisses – eine Initialzündung für Reformen? in: Osteuropa, Heft 5, S. 564-575.
Duverger, Maurice, (1980), A New Political System Model: Semi-Presidential Government, in: European Journal of Political Research, Heft 8, S. 165-187.
Eith, Ulrich/Mielke, Gerd (Hrsg.), (2001), Gesellschaftliche Konflikte und Parteisysteme. Wiesbaden.
Götz, Roland /Halbach, Uwe, (1996), Politisches Lexikon GUS. 3., neubearb. Aufl., München.
Gorbatschow, Michail, (1991), Der Staatsstreich. München.
Gorbatschow, Michail, (1995), Erinnerungen. Berlin.
Gruschewskij, Michajlo, (1994), Istorija Ukrajiny [Geschichte der Ukraine]. Kiew.
Haran, Oleksij, (2002a), Der regionale Faktor in der ukrainischen Politik, in: Simon, Gerhard (Hrsg.), Die neue Ukraine. Gesellschaft – Wirtschaft – Politik (1991 – 2001). Köln/Weimar/Wien, S. 99-125.
Haran, Oleksij, (2002b), Innenpolitische Bestimmungsfaktoren der Außenpolitik, in: Simon, Gerhard (Hrsg.), Die neue Ukraine. Gesellschaft – Wirtschaft – Politik (1991 – 2001). Köln/Weimar/Wien, S. 268-295.
Helmerich, Martina, (2003), Die Ukraine zwischen Autokratie und Demokratie. Institutionen und Akteure. Berlin.
Instytut zakonodatelstva Verchovnojl Rady Ukrainy (Hrsg.), (1998), Komentar do Konstitucii Ukrainy. Druhe vydannja, vypravlene j dopovnene. Kyiv. [Institut für Gesetzgebung des Obersten Rats der Ukraine (Hrsg.), Kommentar zur Verfassung der Ukraine. 2., aktualisierte und ergänzte Auflage. Kiew].
Jelzin, Boris, (1991), Aufzeichnungen eines Unbequemen. München.
Kappeler, Andreas, (2000), Kleine Geschichte der Ukraine. 2. aktualisierte Auflage. München.

17.4 Literatur

Kupchinsky, Roman, (2002), The Clan from Donetsk, in: RFE/RL Poland, Belarus, and Ukraine Report. Vol. 4, No. 45 vom 26.11.2002 und No. 47 vom 10.12.2002.

Kutschma, Leonid, (2003), Ukraina – ne Rossija [Die Ukraine ist nicht Rußland]. Kiew.

Lane, David, (1992), Soviet Elites, Monolithic or Polyarchic?, in: Lane, David (ed.), Russia in Flux. London, S. 3-23.

Lapina, Natalia, (1996), Die Formierung der neuen rußländischen Elite. Probleme der Übergangsperiode. Köln (= Berichte des Bundesinstituts für ostwissenschaftliche und internationale Studien, Heft 7-1996)

Lauth, H.-J./Merkel, Wolfgang, (1997), Zivilgesellschaft und Transformation. Ein Diskussionsbeitrag in revisionistischer Absicht, in: Forschungsjournal, Heft 1, S. 12-34.

Lipset, Seymour Martin, (1960), Political Man. London.

Lipset, Seymour Martin, (1962), Soziologie der Demokratie. Neuwied.

Lipset, Seymour Martin/Rokkan, Stein, (1967), Party Systems and Voter Alignments: Cross-National Perspectives. New York.

Loewenstein, Karl, (1959), Verfassungslehre. Tübingen (Übersetzung von Political Power and the Governmental Process. Chicago 1957).

Lohmann, Manfred/Durkot, Juri, (2002), Parlamentswahl in der Ukraine. Die Parteien im Koordinatensystem des Präsidemten, in: KAS-Auslandsinformationen, Heft 2, S. 46-60.

Luchterhand, Otto, (2002), Präsidentialismus in den GUS-Staaten, in: Luchterhand, Otto (Hrsg.), Neue Regierungssysteme in Osteuropa und der GUS. Probleme der Ausbildung stabiler Machtinstitutionen. 2., aktualisierte Auflage. Berlin, S. 255-371.

Lüdemann, Ernst, (2001), Ukraine. München.

Lüdemann, Ernst, (2002), Abschied von der „Multivektoralität". Die Außenpolitik der Ukraine in unruhigen Zeiten, in: Osteuropa, Heft 8, S. 1040-1055.

Luhmann. Niklas, (1978), Legitimation durch Verfahren.3. Aufl. Darmstadt/Neuwied.

Malek, Martin, (2002), Sicherheitspolitische Probleme der Ukraine. Berlin (=SWP-Studie S 25).

Merkel, Wolfgang, (1994), Restriktionen und Chancen demokratischer Konsolidierung in postkommunistischen Gesellschaften: Ostmitteleuropa im Vergleich, in: Berliner Journal für Soziologie, Heft 4, S. 463-484.

Merkel, Wolfgang, (1995a), Transformationsstrategien: Probleme, Erfahrungen und Grenzen, in: Internationale Politik, Heft 6, S. 3-8.

Merkel, Wolfgang, (1995b), Theorien der Transformation. Die demokratische Konsolidierung postautoritärer Gesellschaften, in: Beyme, Klaus von/Offe, Claus (Hrsg.), Politische Theorien in der Ära der Transformation. Opladen, S. 30-58 (= Politische Vierteljahresschrift. Sonderheft 26/1995).

Merkel, Wolfgang, (1999), Systemtransformation. Opladen.

Merkel, Wolfgang/Croissant, Aurel, (2000), Formale und informale Institutionen in defekten Demokratien, in: Politische Vierteljahresschrift, Heft 1, S. 3-30.

Merkel, Wolfgang/Puhle, Hans-Jürgen/Croissant, Aurel/Eicher, Claudia/Thiery, Peter, (2003), Defekte Demokratie. Band 1: Theorie. Opladen.

O'Donnel, Guillermo/Schmitter, Philippe C./Whitehead, Lawrence (eds.), (1986), Transitions from Authorian Rule: Tentative Conclusions about Uncertain Democracies. Baltimore.

O'Donnel, Guillermo, (1992), Transitions, Continuities, and Paradoxes, in: Mainwaring, Scott/O'Donnel, Guillermo/Valenzuela, J. Samuel (eds.), Issues in Democratic Consolidation. The South American Democracies in Comparative Perspective. Notre Dame/Indiana, S. 17-56.

Oertel, Barbara, (2003), Viel Presse – wenig Freiheit. Medien und Macht in Rußland, der Ukraine und Belarus, in: Osteuropa, 1, S. 19-32.

Offe, Claus, (1994), Der Tunnel am Ende des Lichts. Erkundungen der politischen Transformation im Neuen Osten. Frankfurt am Main/ New York.

Ott, Alexander, (1999), Parteien und Machtstrukturen in der Ukraine von 1991 bis 1998. Köln.

Ott, Alexander, (2001), Die Transformation des politischen Systems in der Ukraine von 1994 bis 1998, in: Lindner, Rainer/Meissner, Boris (Hrsg.), Die Ukraine und Belarus' in der Transformation. Köln, S. 161-187.

Ott, Alexander, (2002), Präsident, Parlament, Regierung – Wie konsolidiert ist das System der obersten Machtorgane? in: Simon, Gerhard (Hrsg.), Die neue Ukraine. Gesellschaft – Wirtschaft – Politik (1991 – 2001). Köln/Weimar/Wien, S. 75-98.

Ott, Alexander, (2003), Die ukrainische Politik gegenüber Rußland, in: Alexandrova, Olga/Götz, Roland/Halbach, Uwe (Hrsg.), Rußland und der postsowjetische Raum. Baden-Baden, S. 223-239.

Pavliuk, Oleksandr, (2000), GUUAM: The Maturing of a Political Grupping into Economic Cooperation, in: Dwan, Renata/Pavliuk, Oleksandr (eds.), Building Security in the New Staates of Eurasia. Armonk, N.Y., London, S. 33-56.

Polityčni partiji Ukrajini [Politische Parteien der Ukraine], (1999). Kiew.

Polonska-Vasylenko, Natalija, (1988), Geschichte der Ukraine. Von den Anfängen bis 1923. München.

Ponomarenko, Anatolij, (1999), Die europäische Orientierung der Ukraine. Bonn.

Protsyk, Oleh, (2004), Ruling with Decrees: Presidential Decree Making in Russia and Ukraine, in: Europa-Asia Studies, No.5, S. 637-660.

Rae, Douglas, (1968), A Note on the Fractionalization of Some European Party Systems, in: Comparative Political Studies, No. 1, S. 413-418.

Razumkov Centre, (2002), Ukraine and the Eurasian Economic Community: Integration or Co-operation? in: National Security & Defence, No. 12, S. 2-37.

Rüb, Friedbert W., (1994b), Schach dem Parlament! – Über semipräsidentielle Regierungssysteme in einigen postkommunistischen Gesellschaften, in: Leviathan, Heft 2, S. 260-292.

Sasse, Gwendolyn, (2002), Die Autonome Republik Krim, in: Simon, Gerhard (Hrsg.), Die neue Ukraine. Gesellschaft – Wirtschaft – Politik (1991-2001). Köln/Weimar/Wien, S. 127-147.

Šemsučenko, Jurij (2001), Verfassungsentwicklung und Verfassungskontrolle in der Ukraine, in: Lindner, Rainer/Meissner, Boris (Hrsg.), Die Ukraine und Belarus' in der Transformation. Köln, S. 191-197.

Schmidt, Jürgen, (2003), Von GUUAM, dem postsowjetischen Raum und einem Totelglöckchen, in: Alexandrova, Olga/Götz, Roland/Halbach, Uwe, (Hrsg.), Rußland und der postsowjetische Raum. Baden-Baden, S. 361-380.

17.4 Literatur

Schneider, Eberhard, (1978), Breshnews neue Sowjet-Verfassung. Kommentar mit den Texten der UdSSR-Grundgesetze von Lenin über Stalin bis heute. Stuttgart.

Schneider, Eberhard, (2001), Das politische System der Russischen Föderation. Eine Einführung. 2., aktualisierte und erweiterte Auflage. Wiesbaden.

Schubert, G./Tetzlaff, R./Vennewald, W., (1994), Demokratisierung und politischer Wandel. Hamburg.

Sekelj, Laszlo, (2002), Drei Modelle der Elitentransformation in Osteuropa in der ersten Phase des Transformationsprozesses, in: Südosteuropa. Nr. 7-9, S. 440-459.

Siemers, Wilhelm Johann, (2002), Im Schatten des Präsidenten: Ukrainische Parlamentswahl am 31. März 2002, in: Rissener Einblicke, Hamburg, Nr. 8-9, S. 63-79.

Simon, Gerhard, (2002), Die Ukraine auf dem Weg – wohin?, in: Simon, Gerhard (Hrsg.), Die neue Ukraine. Gesellschaft – Wirtschaft – Politik (1991-2001). Köln/Weimar/Wien, S. 5-27.

Steffani, Winfried, (2002), Parlamentarisch-präsidentielle „Mischsysteme"? Bemerkungen zum Stand der Forschung in der Politikwissenschaft, in: Luchterhand, Otto (Hrsg.), Neue Regierungssysteme in Osteuropa und der GUS. Probleme der Ausbildung stabiler Machtinstitutionen. 2., aktualisierte Auflage. Berlin, S. 17-66.

Susko, Oleksandr, (2002), The 2002 Parliamentary Elections as an Indicator of the Sociopolitical Development of the Ukraine, in: Demokratizatsiya. Washington, D.C., Vol. 10, No. 4, S. 568-576.

Troschke, Manuela, (2003), Neue Wirtschaftsunionen oder doch nur Theater? Die GUUAM, die Eurasische und die Zentralasiatische Wirtschaftsgemeinschaft, in: Alexandrova, Olga/Götz, Roland/Halbach, Uwe (Hrsg.), Rußland und der postsowjetische Raum. Baden-Baden, S. 381-401.

Tscherkassowa, Jekaterina, (1999), Sewastopol – ein Bestandteil der Ukraine. Zur administrativ-politischen Zuordnung der Stadt nach 1954. Köln (= Aktuelle Analysen des Bundesinstituts für ostwissenschaftliche und internationale Studien, Heft 13/1999).

Valenzuela, J. Samuel, (1992), Democratic Consolidation in Post-Transitional Settings: Notion, Process, and Facilitating Conditions, in: Mainwaring, Scott/O'Donnel, Guillermo/Valenzuela, J. Samuel (eds.), Issues in Democratic Consolidation. The South American Democracies in Comparative Perspective. Notre Dame, Indiana, S. 57-104.

Von Wedel-Parlow, Joachim, (2004), Militärische Zusammenarbeit in Ostmitteleurop. Ein Beitrag zur Erforschung der ukrainischen Außenpolitik. Dissertation Universität Siegen.

Zimmer, Kerstin, (2002), „Einheit, Eintracht und Wiedergeburt". Zur Rolle und Relevanz des „Donecker Clans", in: Kowall, Tina/Zimmer, Kerstin, Der politische Einfluß von Wirtschaftseliten in der Ukraine. Bremen, S. 22-45.

Ziolkowski, Andrzej, (1996), Konversion: Polen, Ukraine. Geschichte Ökonomie – Politik. Frankfurt/Main.

17.5 Abkürzungen

BJuT	Wahlbündnis „Block Julija Tymoschenko"
EU	Europäische Union
FeU	Block „Für eine einige Ukraine!"
GUUAM	Gemeinschaft von Georgien, Ukraine, Usbekistan, Aserbajdshan und Moldowa
KGB	Komitee für Staatssicherheit der UdSSR
KPU	Kommunistische Partei der Ukraine
KPdSU	Kommunistische Partei der Sowjetunion
KPdUSSR	Kommunistische Partei der USSR
NATO	Nord-Atlantik-Pakt
RSFSR	Russische Sozialistische Föderative Sowjetrepublik
SBU	Sicherheitsdienst der Ukraine (ukrainisches KGB-Nachfolgeorgan)
SPU	Sozialistische Partei der Ukraine
UdSSR	Union der Sozialistischen Sowjetrepubliken
USSR	Ukrainische Sozialistische Sowjetrepublik
UU	Wahlblock „Unsere Ukraine"
VSDPU	Vereinigte Sozialdemokratische Partei der Ukraine
ZK	Zentralkomitee

VERFASSUNG DER UKRAINE von 1996

(Übersetzt von der Ukrainische Freie Universität in München, die dankenswerterweise auch den Abdruck genehmigte)

INHALTSUBERSICHT

Abschnitt 1
Allgemeine Grundlagen

Abschnitt II
Rechte, Freiheiten und Pflichten des Menschen
und des Staatsbürgers

Abschnitt III
Wahlen, Volksentscheid

Abschnitt IV
Werchowna Rada der Ukraine

Abschnitt V
Der Präsident der Ukraine

Abschnitt VI
Das Ministerkabinett der Ukraine, andere Organe der Vollziehenden
Gewalt

Abschnitt VII
Die Staatsanwaltschaft

Abschnitt VIII
Das Gerichtswesen

Abschnitt IX
Die Staatsgebietsordnung der Ukraine

Abschnitt X•
Die autonome Republik Krym

Abschnitt XI
Die lokale Selbstverwaltung

Abschnitt XII
Das Verfassungsgericht der Ukraine

Abschnitt XIII
Änderungen der Verfassung der Ukraine

Abschnitt XIV
Schlußbestimmungen.

Abschnitt XV
Übergangsbestimmungen.

VERFASSUNG DER UKRAINE

Die Werchowna Rada der Ukraine beschließt im Namen des Ukrainischen Volkes - der Staatsbürger der Ukraine aller Nationalitäten -
den souveränen Willen des Volkes zum Ausdruck bringend,
sich auf die jahrhundertealte Geschichte der ukrainischen Staatsbildung sowie auf die Grundlage des durch die ukrainische Nation, das gesamte ukrainische Volk, verwirklichten Rechts auf Selbstbestimmung stützend,
um die Sicherung der Rechte und Freiheiten des Menschen sowie seine würdigen Lebensbedingungen Sorge tragend,
für die gesellschaftliche Eintracht auf dem Boden der Ukraine eintretend,
im Bestreben, einen demokratischen, sozialen Rechtsstaat zu entwickeln und zu festigen,
im Bewußtsein der Verantwortung vor Gott, dem eigenen Gewissen, vergangenen, jetzigen und zukünftigen Generationen,
von dem Akt der Unabhängigkeitserklärung vom 24. August 1991 geleitet, der am 1. Dezember 1991 durch Abstimmung des gesamten Volkes bestätigt wurde,
diese Verfassung - das Grundgesetz der Ukraine.

ABSCHNITT I

ALLGEMEINE GRUNDLAGEN

Artikel 1. Die Ukraine ist ein souveräner und unabhängiger, demokratischer, sozialer Rechtsstaat.

Artikel 2. Die Souveränität der Ukraine erstreckt sich auf ihr gesamtes Territorium.
Die Ukraine ist ein unitärer Staat.
Das Territorium der Ukraine ist in den bestehenden Grenzen unteilbar und unantastbar.

Artikel 3. Das Leben und die Gesundheit des Menschen, seine Ehre Unantastbarkeit und Sicherheit gelten in der Ukraine als das soziale Gut.
Menschen- und Freiheitsrechte sowie deren Garantien bestimmen den Inhalt und die Zielsetzung der Staatstätigkeit. Der Staat ist für seine Tätigkeit dem Menschen gegenüber verantwortlich. Die Festigung und die Sicherung der Menschen- und Freiheitsrechte ist die wichtigste Pflicht des Staates.

Artikel 4. In der Ukraine gilt eine einheitliche Staatsangehörigkeit. Die Grundvoraussetzung für den Erwerb und die Beendigung der Staatsbürgerschaft der Ukraine regelt das Gesetz.

Artikel 5. Die Ukraine ist eine Republik.
Der Träger der Souveränität und die einzige Quelle der Staatsgewalt ist das Volk. Das Volk übt die Staatsgewalt unmittelbar und über die Organe der Staatsgewalt sowie über die Organe der lokalen Selbstverwaltung aus.
Das Recht, die Verfassungsordnung in der Ukraine zu bestimmen und zu ändern, gehört ausschließlich dem Volk und kann weder vom Staat, noch von dessen Organen oder Amtspersonen usurpiert werden. Niemand darf die Staatsgewalt usurpieren.

Artikel 6. Die Staatsgewalt in der Ukraine wird nach dem Prinzip der Gewaltenteilung in die gesetzgebende, vollziehende und rechtsprechende Gewalt ausgeübt.
Die Organe der gesetzgebenden, vollziehenden und rechtsprechenden Gewalt üben ihre Vollmachten im Rahmen dieser Verfassung und gemäß den Gesetzen der Ukraine aus.

Artikel 7. In der Ukraine wird die lokale Selbstverwaltung anerkannt und garantiert.

Artikel 8. In der Ukraine wird das Prinzip des Vorrangs des Rechts anerkannt und angewandt.
Die Verfassung der Ukraine hat die höchste Rechtskraft. Die Gesetze und sonstige normative Rechtsakte werden auf der Basis der Verfassung der Ukraine verabschiedet und haben derselben zu entsprechen.
Die Normen dieser Verfassung wirken unmittelbar. Unter unmittelbarer Berufung auf die Verfassung der Ukraine wird der Rechtsweg zum Schutze der verfassungsmäßigen Rechte und Freiheiten des Menschen und Bürgers garantiert.

Artikel 9. Die geltenden internationalen Verträge, deren Verbindlichkeit von der Werchowna Rada der Ukraine bestätigt wird, sind ein Teil der nationalen Gesetzgebung der Ukraine.
Der Abschluß von internationalen Verträgen, die der Verfassung der Ukraine widersprechen, ist erst nach Annahme von entsprechenden Änderungen in der Verfassung der Ukraine möglich.

Artikel 10. Die Staatssprache in der Ukraine ist die ukrainische Sprache. Der Staat sichert die allseitige Entwicklung und die Anwendung der ukrainischen Sprache in allen Bereichen des gesellschaftlichen Lebens auf dem gesamten Territorium der Ukraine.
In der Ukraine wird die freie Entwicklung, der Gebrauch und der Schutz der russischen Sprache sowie anderer Sprachen der nationalen Minderheiten der Ukraine garantiert.
Der Staat begünstigt das Erlernen von Sprachen zur internationalen Kommunikation.
Der Gebrauch der Sprachen in der Ukraine wird durch die Verfassung der Ukraine garantiert und durch das Gesetz bestimmt.

Artikel 11. Der Staat fördert die Konsolidierung und Entwicklung der ukrainischen Nation, ihr historisches Bewußtsein, ihre Traditionen und Kultur sowie die Entwicklung der ethnischen, kulturellen, sprachlichen und religiösen Eigenständigkeit aller Volksstämme und nationalen Minderheiten der Ukraine.

Artikel 12. Die Ukraine sorgt für die Befriedigung der nationalkulturellen und sprachlichen Bedürfnisse der Ukrainer, die außerhalb der Staatsgrenzen leben.

Artikel 13. Grund und Boden, Bodenschätze, Luftraum, Wasser und sonstige Naturressourcen, die sich innerhalb des Territoriums der Ukraine befinden, Naturressourcen ihres Kontinentalschelfs sowie der ausschließlichen Seewirtschaftszone sind Objekte des Eigentumsrechts des ukrainischen Volkes. Die Eigentümerrechte werden von den Organen der Staatsgewalt und der lokalen Selbstverwaltung im Namen des ukrainischen Volkes im Rahmen dieser Verfassung wahrgenommen.
Jeder Staatsbürger hat das Recht zur Nutzung der Naturobjekte des Volkseigentumsrechts im Rahmen der Gesetze.
Das Eigentum verpflichtet. Das Eigentum darf nicht zum Schaden des Menschen und der Gesellschaft ausgenutzt werden.
Der Staat gewährleistet den Rechtsschutz aller Subjekte des Eigentumsrechts und der Wirtschaftstätigkeit, die soziale Ausrichtung der Wirtschaft. Alle Subjekte des Eigentumsrechts sind vor dem Gesetz gleich.

Artikel 14. Grund und Boden bilden den nationalen Reichtum, der unter einem besonderen Schutz des Staates steht.
Das Eigentumsrecht auf Grund und Boden wird garantiert. Dieses Recht wird durch Bürger, juristische Personen und durch den Staat ausschließlich dem Gesetz entsprechend erworben und realisiert.

Artikel 15. Das gesellschaftliche Leben in der Ukraine beruht auf der Grundlage der politischen, wirtschaftlichen und ideologischen Vielfalt.
Keine Ideologie darf vom Staat als verbindlich anerkannt werden.
Die Zensur ist verboten.
Der Staat garantiert die Freiheit der politischen Betätigung, soweit sie durch die Verfassung und durch Gesetze der Ukraine nicht verboten ist.

Artikel 16. Die Gewährleistung der ökologischen Sicherheit und die Aufrechterhaltung des ökologischen Gleichgewichts auf dem Territorium der Ukraine, die Überwindung der Folgen der Tschernobyl-Katastrophe - einer Katastrophe planetaren Ausmaßes - sowie die Erhaltung des Erbgutes des ukrainischen Volkes ist Pflicht des Staates.

Artikel 17. Der Schutz der Souveränität und der territorialen Integrität der Ukraine, die Gewährleistung der Sicherheit ihrer Wirtschaft und der Information sind die wichtigsten Funktionen des Staates, die Aufgabe des gesamten ukrainischen Volkes.

Die Verteidigung der Ukraine, ihrer Souveränität, ihrer territorialen Integrität und Unantastbarkeit wird den Streitkräften der Ukraine auferlegt.

Die Gewährleistung der Staatssicherheit und der Schutz der Staatsgrenze der Ukraine wird entsprechenden militärischen Formationen und Rechtsschutzorganen auferlegt, deren Organisation und Aufgaben durch Gesetz bestimmt werden.

Die Streitkräfte der Ukraine und sonstige militärische Formationen dürfen von niemandem zur Einschränkung der Bürgerrechte und ihrer Freiheiten öder zum Sturz der verfassungsmäßigen Ordnung, der Beseitigung von Organen der Staatsgewalt oder zur Behinderung ihrer Tätigkeit eingesetzt werden.

Der Staat gewährleistet den Staatsbürgern der Ukraine, die ihren Dienst in den Streitkräften und in sonstigen militärischen Formationen leisten, sowie deren Familienmitgliedern sozialen Schutz. Auf dem Territorium der Ukraine ist die Bildung und die Tätigkeit von paramilitärischen Formationen jeglicher Art, die durch Gesetz nicht vorgesehen sind, verboten.

Die Unterbringung von ausländischen Militärstützpunkten auf dem Territorium der Ukraine ist nicht zulässig.

Artikel 18. Die außenpolitische Tätigkeit der Ukraine ist auf die Sicherung ihrer nationalen Interessen und ihrer Sicherheit durch die Unterstützung einer friedlichen und gegenseitig vorteilhaften Zusammenarbeit mit den Mitgliedern der internationalen Gemeinschaft auf der Basis von allgemeingültigen Grundsätzen und Normen des internationalen Rechts gerichtet.

Artikel 19. Die Rechtsordnung in der Ukraine beruht auf dem Grundsatz, daß niemand zu Handlungen gezwungen werden darf, die durch die Gesetze nicht gedeckt sind.

Die Organe der Staatsgewalt und die der lokalen Selbstverwaltung sowie deren Amtspersonen sind verpflichtet, nur im Rahmen der Vollmachten und in der Weise tätig zu sein, die durch die Verfassung und durch Gesetze der Ukraine vorgesehen sind.

Artikel 20. Staatssymbole der Ukraine sind die Staatsflagge der Ukraine, das Staatswappen der Ukraine und die Staatshymne der Ukraine.

Die Staatsflagge der Ukraine ist ein blau-gelbes Banner, bestehend aus zwei gleichgroßen waagerechten Streifen.

Das große Staatswappen der Ukraine wird unter Berücksichtigung des kleinen Staatswappens der Ukraine und des Wappens des Saporoher Heeres durch Gesetz bestimmt, das mit einer Mehrheit von mindestens zwei Dritteln der verfassungsmäßigen Mitglieder der Werchowna Rada angenommen wird.

Das Hauptelement des großen Staatswappens der Ukraine ist das Staatszeichen des Großfürsten Wolodymyr des Großen (das kleine Staatswappen der Ukraine).
Die Staatshymne der Ukraine ist die Nationalhymne nach der Musik von M. Werbytz'kyj. Ihr Text wird durch Gesetz bestimmt, wofür mindestens zwei Drittel der Stimmen der verfassungsmäßigen Mitglieder der Werchowna Rada erforderlich sind.
Die Beschreibung der Staatssymbole der Ukraine und ihre Anwendung werden vom Gesetz festgelegt, das mit nicht weniger als zwei Dritteln der Stimmen der verfassungsmäßigen Mitglieder der Werchowna Rada der Ukraine gebilligt wird.
Die Hauptstadt der Ukraine ist die Stadt Kyjiw.

ABSCHNITT II

RECHTE, FREIHEITEN UND PFLICHTEN DES MENSCHEN UND DES STAATSBÜRGERS

Artikel 21. Alle Menschen sind frei und gleich in ihrer Würde und ihren Rechten.
Die Menschenrechte und -freiheiten sind unveräußerlich und unantastbar.

Artikel 22. Die in dieser Verfassung festgeschriebenen Menschen- und Bürgerrechte sind nicht erschöpfend.
Die verfassungsmäßigen Rechte und Freiheiten sind garantiert und können nicht aufgehoben werden.
Bei der Annahme neuer Gesetze sowie bei Änderungen und Ergänzungen der gültigen Gesetze ist eine Beschränkung des Inhalts und des Umfangs der existierenden Rechte und Freiheiten nicht zulässig.

Artikel 23. Jeder Mensch hat das Recht auf freie Entwicklung seiner Persönlichkeit, soweit dabei Rechte und Freiheiten anderer Menschen nicht verletzt werden. Er hat Verpflichtungen gegenüber der Gesellschaft, in der eine freie und allseitige Entwicklung seiner Persönlichkeit gewährleistet wird.

Artikel 24. Die Staatsbürger haben die gleichen verfassungsmäßigen Rechte und Freiheiten und sind vor dem Gesetz gleich.
Es darf keine Bevorzugung bzw. Benachteiligung auf Grund der Rasse, der Hautfarbe, der politischen, religiösen und sonstigen Anschauungen, des Geschlechts, der ethnischen und sozialen Abstammung, der Vermögenslage, des Wohnortes, der Sprache oder aus sonstigen Gründen geben.
Frauen und Männer sind gleichberechtigt. Dies wird durch Einräumung der Gleichstellung von Frauen und Männern
- in der gesellschafts-politischen und kulturellen Tätigkeit;
- im Erwerb von Bildung und Arbeit und deren Entlohnung;
- durch spezielle Maßnahmen zum Schutz der Arbeit und Gesundheit der Frauen und durch begünstigte Altersvorsorge;
- durch Maßnahmen für Frauen, Arbeit und Mutterschaft zu verbinden;

Verfassung der Ukraine 171

- durch den Rechtsschutz, materielle und moralische Unterstützung der Mutterschaft und Kindheit, einschließlich der Gewährung bezahlten Urlaubs und anderer Vergünstigungen für schwangere Frauen und Mütter gewährleistet.

Artikel 25. Einem Staatsbürger der Ukraine kann die Staatsbürgerschaft sowie das Recht, die Staatsbürgerschaft zu ändern, nicht entzogen werden.
Ein Staatsbürger der Ukraine kann nicht des Landes verwiesen bzw. an einen anderen Staat ausgeliefert werden.
Die Ukraine garantiert ihren Staatsbürgern, die sich außerhalb der Landesgrenzen aufhalten, Betreuung und Schutz.

Artikel 26. Ausländer und Staatenlose, die sich in der Ukraine unter Einhaltung der Gesetze aufhalten, genießen die gleichen Rechte und Freiheiten und haben auch die gleichen Pflichten wie die Staatsbürger der Ukraine, mit Ausnahme der durch die Verfassung der Ukraine, durch Gesetze bzw. internationale Abkommen der Ukraine festgelegten Fälle.
Ausländern und Staatenlosen kann gemäß den gesetzlichen Bestimmungen Asyl gewährt werden.

Artikel 27. Jeder Mensch hat ein unveräußerliches Recht auf Leben. Niemandem darf das Leben willkürlich genommen werden. Es ist die Pflicht des Staates, das Menschenleben zu schützen
Jeder hat das Recht, sein Leben und seine Gesundheit sowie das Leben und die Gesundheit anderer Menschen gegen rechtswidrige Eingriffe zu verteidigen.

Artikel 28. Jeder hat das Recht auf Achtung seiner Würde.
Niemand darf Folterungen, einer grausamen unmenschlichen bzw. erniedrigenden Behandlung oder Bestrafung ausgesetzt werden.
Kein Mensch darf ohne sein freies Einverständnis medizinischen wissenschaftlichen oder anderen Versuchen unterzogen werden.

Artikel 29. Jeder Mensch hat das Recht auf Freiheit und persönliche Unantastbarkeit.
Niemand darf in Haft genommen oder in Haft gehalten werden, außer wenn ein begründeter Gerichtsbeschluß vorliegt und die durch Gesetz festgelegte Grundlage eingehalten wird.
Falls die dringende Notwendigkeit besteht, einem Verbrechen vorzubeugen bzw. es zu verhindern, dürfen die dafür gesetzlich befugten Organe die Inhaftierung einer Person als vorübergehende Vorbeugungsmaßnahme anwenden, deren Begründung innerhalb von zweiundsiebzig Stunden durch ein Gericht geprüft werden muß. Die inhaftierte Person ist unverzüglich freizulassen, falls ihr innerhalb von zweiundsiebzig Stunden ab dem Zeitpunkt der Festnahme kein begründeter Gerichtsbeschluß über die Inhaftierung ausgehändigt wird.
Jeder Inhaftierte bzw. vorläufig Festgenommene ist über die Gründe der Verhaftung bzw. der vorläufigen Festnahme unverzüglich in Kenntnis zu setzen, seine Rechte sind ihm zu erläutern, und es muß ihm die Möglichkeit gegeben werden, ab dem Zeitpunkt der Fest-

nahme sich selbst zu verteidigen oder von der Rechtshilfe eines Verteidigers Gebrauch zu machen.

Jeder vorläufig Festgenommene hat das Recht, seine Festnahme zu jeder Zeit vor Gericht anzufechten.

Die Verwandten eines vorläufig Festgenommenen sind über die Verhaftung bzw. die vorläufige Festnahme unverzüglich in Kenntnis zu setzen.

Artikel 30. Jedem wird die Unverletzlichkeit der Wohnung garantiert.

Das Eindringen in die Wohnung oder in sonstige Besitztümer einer Person sowie eine Inaugenscheinnahme oder Hausdurchsuchung ist ohne einen begründeten Gerichtsbeschluß unzulässig.

In dringenden Fällen, die in Zusammenhang mit der Rettung von Menschenleben und Vermögen bzw. mit unmittelbarer Verfolgung von Personen, die in Verdacht stehen, ein Verbrechen begangen zu haben, ist eine andere durch Gesetz festgelegte Regelung des Zugangs zur Wohnung sowie zu einem anderen Besitz einer Person, zur Durchführung einer Besichtigung oder einer Hausdurchsuchung möglich.

Artikel 31. Jedem wird das Brief-, Telefongesprächs-, Telegrafen und sonstige Korrespondenzgeheimnis garantiert. Ausnahmen können nur durch Gerichtsbeschluß in den vom Gesetz vorgesehenen Fällen zur Vereitelung von Verbrechen bzw. zur Wahrheitsfindung während der Untersuchung einer Strafsache festgelegt werden, wenn mit anderen Mitteln Informationen nicht erhältlich sind.

Artikel 32. Niemand soll eine Einmischung in sein Privat- und Familienleben erfahren, ausgenommen in solchen Fällen, die von der Verfassung der Ukraine vorgesehen sind.

Das Sammeln, das Aufbewahren, die Nutzung sowie die Verbreitung von vertraulichen Informationen über eine Person ist ohne deren Einverständnis unzulässig, ausgenommen in den gesetzlich festgelegten Fällen, und das nur im Interesse der nationalen Sicherheit, des wirtschaftlichen Wohlstandes und der Menschenrechte.

Jeder Bürger hat das Recht, bei den Organen der Staatsgewalt, bei den Organen der lokalen Selbstverwaltung, bei Ämtern und Behörden, in die ihn betreffenden Daten Einsicht zu nehmen, sofern sie kein Staats- bzw. ein anderes gesetzlich geschütztes Geheimnis darstellen.

Jedem wird der Schutz seiner Rechte durch Gerichte garantiert, die ihn oder seine Familienangehörigen betreffenden unrichtigen Informationen zu dementieren und die Beschlagnahme von beliebigen, widerrechtlich gesammelten Informationen zu verlangen sowie das Recht auf Ersatz des materiellen und moralischen Schadens, der durch das Sammeln, das Aufbewahren, die Nutzung und die Verbreitung solcher Informationen entsteht.

Artikel 33. Jedem, der sich legal auf dem Territorium der Ukraine aufhält, wird Bewegungsfreiheit, freie Wahl des Wohnortes, das Recht, das Territorium der Ukraine frei zu verlassen, garantiert, mit Ausnahme der im Gesetz bestimmten Einschränkungen. Keinem Staatsbürger der Ukraine darf das Recht entzogen werden, jederzeit die Ukraine zurückzukehren.

Artikel 34. Jedem wird das Recht auf Meinungs- und Redefreiheit, Äußerung seiner Ansichten und Überzeugungen garantiert.
Jeder hat das Recht, Informationen mündlich, schriftlich oder auf eine andere Weise nach eigener Wahl zu sammeln, aufzubewahren, zu nutzen und zu verbreiten.
Die Verwirklichung dieser Rechte kann durch Gesetz eingeschränkt werden im Interesse der nationalen Sicherheit, der territorialen Integrität oder der öffentlichen Ordnung, deren Aufgabe es ist, Ausschreitungen bzw. Verbrechen vorzubeugen, zum Schutz der Gesundheit der Bevölkerung, zum Schutz des guten Rufs oder der Rechte anderer Menschen, zur Verhinderung der Preisgabe von vertraulich erhaltenen Informationen oder zur Unterstützung der Autorität und der Unvoreingenommenheit des Gerichtswesens.

Artikel 35. Jeder hat das Recht auf freie Weltanschauung und Religion. Dieses Recht beinhaltet die Freiheit, sich zu einer beliebigen bzw. zu keiner Religion zu bekennen, religiöse Kult- oder sonstige religiöse Tätigkeiten individuell bzw. kollektiv unbehindert auszuüben.
Die Realisierung dieses Rechts kann durch Gesetz nur zum Schutz der öffentlichen Ordnung, der Gesundheit und der Sittlichkeit der Bevölkerung oder zum Schutz der Rechte und der Freiheiten anderer Menschen eingeschränkt werden.
Die Kirche und religiöse Organisationen in der Ukraine sind vom Staat und die Schule von der Kirche getrennt. Keine Religion darf vom Staat als verpflichtend anerkannt werden.
Niemand darf wegen seiner religiösen Überzeugung von seinen Pflichten dem Staat gegenüber freigestellt werden oder die Erfüllung der Gesetze verweigern. Sollte die Ausübung der Wehrpflicht der religiösen Gesinnung eines Staatsbürgers entgegenstehen, ist diese Pflicht durch einen alternativen (nichtmilitärischen) Dienst zu ersetzen.

Artikel 36. Die Staatsbürger der Ukraine haben das Recht auf Freiheit zur Vereinigung in politische Parteien und gesellschaftliche Organisationen zur Realisierung und zum Schutz ihrer Rechte und Freiheiten sowie zur Befriedigung der politischen, wirtschaftlichen, sozialen, kulturellen und sonstigen Interessen mit Ausnahme der Einschränkungen, die im Interesse der nationalen und öffentlichen Sicherheit, der Volksgesundheit oder zum Schutz der Rechte und Freiheiten anderer Menschen gesetzlich festgelegt sind.
Politische Parteien in der Ukraine fördern die Bildung und die politische Willensäußerung der Staatsbürger, sie nehmen an den Wahlen teil. Nur Staatsbürger der Ukraine dürfen Mitglieder der politischen Parteien sein. Die Einschränkungen bezüglich der Mitgliedschaft in politischen Parteien werden ausschließlich durch diese Verfassung und durch Gesetze der Ukraine festgelegt.
Die Staatsbürger haben das Recht auf Mitgliedschaft in Gewerkschaften zum Schutz ihrer arbeits- und sozial-ökonomischen Rechte und Interessen. Die Gewerkschaften sind gesellschaftliche Organisationen, die Staatsbürger mit gemeinsamen Interessen und nach Art ihrer beruflichen Tätigkeit vereinigen. Die Gewerkschaften werden ohne Erfordernis einer vorherigen Erlaubnis auf Grund freier Wahl ihrer Mitglieder gegründet. Alle Gewerkschaften sind gleichberechtigt. Die Einschränkungen bezüglich der Mitgliedschaft in den Gewerkschaften werden nur durch diese Verfassung und durch die Gesetze der Ukraine bestimmt.

Niemand darf zum Beitritt zu jedweder Art Vereinigungen gezwungen oder in seinen Rechten wegen Zugehörigkeit oder Nichtzugehörigkeit zu einer politischen Partei oder Gesellschaftsorganisation eingeschränkt werden.
Alle Bürgervereinigungen sind vor dem Gesetz gleich.

Artikel 37. Die Errichtung und Tätigkeit von politischen Parteien sowie von gesellschaftlichen Organisationen, deren Programmziele bzw. Aktivitäten auf eine Auflösung der Unabhängigkeit der Ukraine, auf eine gewaltsame Änderung der verfassungsmäßigen Ordnung, auf eine Verletzung der Souveränität sowie der territorialen Integrität des Staates, auf Aufhebung seiner Sicherheit, auf gesetzwidrige Machtergreifung, auf Propagieren eines Krieges, auf Gewalt, auf Schürung der Völker-, Rassen- sowie Religionsfeindschaft, auf Verletzung der Menschenrechte und -freiheiten, sowie der Gesundheit der Bevölkerung gerichtet sind, ist verboten.
Politische Parteien und gesellschaftliche Organisationen dürfen keine militärähnlichen Formierungen haben.
Die Bildung und Tätigkeit von Organisationsstrukturen der politischen Parteien in den Organen der staatlichen vollziehenden und rechtsprechenden Gewalt, in den vollziehenden Organen der lokalen Selbstverwaltung, in den militärischen Formationen sowie in den staatlichen Betrieben, in den Bildungsanstalten und sonstigen staatlichen Ämtern und Organisationen ist unzulässig.
Ein Verbot von gesellschaftlichen Organisationen wird. ausschließlich Auf dem Gerichtswege durchgeführt.

Artikel 38. Die Staatsbürger haben das Recht, an der Verwaltung von Staatsangelegenheiten sowie an gesamtukrainischen und lokalen Volksabstimmungen teilzunehmen, Organe der Staatsgewalt und der lokalen Selbstverwaltung frei zu wählen und selbst gewählt zu werden.
Die Staatsbürger haben das gleiche Recht auf Zutritt zum öffentlichen Dienst sowie zum Dienst in den Organen der lokalen Selbstverwaltung.

Artikel 39. Die Staatsbürger haben das Recht, sich friedlich, unbewaffnet zu versammeln und Versammlungen, Kundgebungen, Umzüge sowie Demonstrationen durchzuführen, über deren Durchführung die Organe der vollziehenden Gewalt bzw. der lokalen Selbstverwaltung rechtzeitig in Kenntnis zu setzen sind.
Die Einschränkung der Ausübung dieses Rechts kann gerichtlich im Rahmen der Gesetze und nur im Interesse der nationalen Sicherheit und der öffentlichen Ordnung beschlossen werden, um Ausschreitungen und Verbrechen zu verhindern, sowie zum Schutz der Gesundheit der Bevölkerung, zum Schutz der Rechte und Freiheiten anderer Menschen.

Artikel 40. Jeder hat das Recht, individuelle oder gemeinsame Schriftliche Anfragen an Organe der Staatsgewalt, die Organe der lokalen Selbstverwaltung sowie an die Amtspersonen dieser Organe zu stellen oder sich persönlich an sie zu wenden. Diese sind verpflichtet, Anträge zu prüfen und innerhalb einer gesetzlichen Frist eine begründete Antwort zu geben.

Artikel 41. Jeder hat das Recht, über sein Eigentum sowie die Ergebnisse seiner geistig-schöpferischen Arbeit zu verfügen, sie zu besitzen und zu nutzen.
Das Recht auf Privateigentum wird gemäß den gesetzlichen Bestimmungen erworben.
Die Staatsbürger dürfen zur Befriedigung ihrer Bedürfnisse die Rechtsobjekte des staatlichen sowie des kommunalen Eigentums nach Maßgabe des Gesetzes nutzen.
Niemandem darf das Eigentumsrecht rechtswidrig entzogen werden. Das Recht auf Privateigentum ist unantastbar.
Eine Zwangsenteignung von Privateigentumsobjekten kann nur ausnahmsweise aus Gründen der öffentlichen Notwendigkeit aufgrund eines Gesetzes und gemäß der im Gesetz festgelegten Regelung sowie unter der Bedingung der vorherigen und vollständigen Entschädigung ihres Wertes angewandt werden. Die Zwangsenteignung solcher Objekte mit Einer nachfolgenden vollständigen Entschädigung ihres Wertes ist nur in Zeiten des Kriegs- oder Ausnahmezustands zulässig.
Eine Beschlagnahme des Vermögens kann ausschließlich nach Gerichtsbeschluß in Einzelfällen, im Umfang und in der Ordnung durchgeführt werden, die das Gesetz vorsieht.
Die Eigentumsnutzung darf den Rechten, den Freiheiten und der Würde der Staatsbürger, den Interessen der Gesellschaft keinen Schaden zufügen. Sie darf die ökologische Situation und die natürlichen Eigenschaften vom Grund und Boden nicht verschlechtern.

Artikel 42. Jeder hat das Recht auf unternehmerische Tätigkeit, soweit sie gesetzlich nicht verboten ist.
Die unternehmerische Tätigkeit von Abgeordneten, von Dienst- bzw. Amtspersonen der Organe der Staatsgewalt und der lokalen Selbstverwaltung wird durch Gesetz eingeschränkt.
Der Staat gewährleistet den Schutz des Wettbewerbs in der unternehmerischen Tätigkeit.
Der Mißbrauch der Monopolstellung auf dem Markt, die unrechtmäßige Einschränkung des Wettbewerbs sowie der unlautere Wettbewerb sind unzulässig. Die Monopolarten und ihre Grenzen werden durch Gesetz bestimmt.
Der Staat schützt die Rechte der Verbraucher, überwacht die Qualität und die Sicherheit der Produktion, sämtlicher Arten von Dienstleistungen und Arbeiten und fördert die Tätigkeit der gesellschaftlichen Verbraucherverbände.

Artikel 43. Jeder hat das Recht auf Arbeit, die er frei wählt bzw. für die er sein Einverständnis gibt, um damit seinen Lebensunterhalt zu bestreiten.
Der Staat schafft Bedingungen zur vollständigen Wahrnehmung des Rechts der Staatsbürger auf Arbeit, garantiert die gleichen Möglichkeiten bei der Berufswahl sowie bei der Art der beruflichen Tätigkeit, realisiert Programme der berufstechnischen Ausbildung und zur Aus- und Fortbildung von Fachkräften entsprechend den gesellschaftlichen Bedürfnissen.
Die Anwendung von Zwangsarbeit ist verboten. Als Zwangsarbeit gilt nicht der Wehr- bzw. Alternativdienst sowie die Arbeit oder der Dienst, die eine Person aufgrund eines Gerichtsurteils oder einer anderen Gerichtsentscheidung oder entsprechend den Gesetzen über das Kriegsrecht oder den Ausnahmezustand leistet.
Jeder hat das Recht auf angemessene, sichere und gesundheitlich unschädliche Arbeitsbedingungen sowie auf Arbeitslohn, der nicht geringer sein darf, als es das Gesetz bestimmt.

Der Arbeitseinsatz von Frauen und Minderjährigen bei gesundheitsgefährdenden Arbeiten ist verboten.
Den Staatsbürgern wird der Schutz vor widerrechtlicher Arbeitsentlassung garantiert.
Das Recht auf rechtzeitigen Erhalt des Arbeitslohns wird gesetzlich geschützt.

Artikel 44. Die Berufstätigen haben das Recht auf Streik zum Schutz ihrer ökonomischen und sozialen Interessen.
Die Bedingungen zur Wahrnehmung des Rechts auf Streik werden unter Berücksichtigung der Notwendigkeit der Gewährleistung der nationalen Sicherheit, des Gesundheitsschutzes sowie des Schutzes von Rechten und Freiheiten anderer Menschen gesetzlich festgelegt.
Niemand darf zur Teilnahme oder zur Nichtteilnahme am Streik gezwungen werden.
Ein Streikverbot ist nur auf gesetzlicher Grundlage möglich.

Artikel 45. Jeder Berufstätige hat das Recht auf Erholung.
Dieses Recht wird durch Gewährung von wöchentlichen arbeitsfreien Tagen sowie eines bezahlten Jahresurlaubs, durch Festlegung eines verkürzten Arbeitstages für einzelne Berufe und Produktionsarten sowie durch verkürzte Arbeitszeit bei Nachtarbeit gewährleistet.
Die maximale Dauer der Arbeitszeit, die Mindestdauer der Erholung und des bezahlten Jahresurlaubs, die arbeitsfreien Tage und Feiertage sowie sonstige Bedingungen der Wahrnehmung dieses Rechts werden durch Gesetz festgelegt.

Artikel 46. Die Staatsbürger haben das Recht auf sozialen Schutz, welcher das Recht auf Versorgung im Falle des vollständigen, teilweisen oder vorübergehenden Verlustes der Arbeitsfähigkeit, bei Verlust des Ernährers, bei Arbeitslosigkeit aus von ihnen nicht zu vertretende" Gründen sowie im hohen Alter und in sonstigen, vom Gesetz vorgesehenen Fällen, beinhaltet.
Dieses Recht wird garantiert durch die staatliche Sozialversicherung als allgemeine Pflichtversicherung, über die Anrechnung von Versicherungsbeiträgen der Bürger, Unternehmen, Institutionen und Organisationen sowie aus Haushalts- und anderen Quellen der Sozialfürsorge, durch Bildung eines Netzes von staatlichen, kommunalen und privaten Anstalten zur Betreuung von Arbeitsunfähigen.
Renten, andere Arten von Sozialleistungen und Beihilfen, die die Existenzgrundlage bilden, haben einen Lebensstandard zu sichern, der das durch Gesetz festgelegte Existenzminimum nicht unterschreiten soll.

Artikel 47. Jeder hat das Recht auf Wohnung. Der Staat schafft Bedingungen, unter denen jeder Bürger eine Wohnung bauen, als Eigentum erwerben oder mieten kann.
Den Staatsbürgern, die des sozialen Schutzes bedürfen, wird die Wohnung vom Staat sowie von Organen der lokalen 5elbstverwaltung unentgeltlich oder gegen eine für sie erschwingliche Bezahlung gemäß Gesetz zur Verfügung gestellt.
Niemandem darf die Wohnung zwangsweise weggenommen werden, außer nach einem Gerichtsbeschluß aufgrund des Gesetzes.

Artikel 48. Jeder hat das Recht auf einen angemessenen Lebensstandard für sich selbst und für seine Familie, ausreichende Ernährung, Kleidung und Wohnung inbegriffen.

Artikel 49. Jeder hat das Recht auf Gesundheitsschutz, medizinische Hilfe sowie auf Krankenversicherung.
Der Gesundheitsschutz wird mit Hilfe der staatlichen Finanzierung entsprechender sozialökonomischer, sanitätsmedizinischer sowie Vorbeugungs- und Rehabilitationsmaßnahmen sichergestellt.
Der Staat schafft Bedingungen für eine effektive und für alle Bürger zugängliche medizinische Betreuung. Die medizinische Hilfe wird in den staatlichen und kommunalen Einrichtungen des Gesundheitswesens unentgeltlich gewährt; das bestehende Netz solcher Einrichtungen darf nicht eingeschränkt werden. Der Staat begünstigt die Entwicklung von gesundheitsförderlichen Einrichtung aller Eigentumsformen.
Der Staat sorgt für die Entwicklung der Körperkultur und des Sports und sichert den Schutz vor Seuchen durch sanitäre Maßnahmen.

Artikel 50. Jeder hat das Recht auf eine für Leben und Gesundheit sichere Umwelt sowie auf eine .Entschädigung des durch die Verletzung dieses Rechts entstandenen Schadens.
Jedem wird das Recht auf freien Zugang zu Informationen über den Zustand der Umwelt, über die Qualität von Lebensmitteln und Gebrauchsgegenständen sowie das Recht auf Verbreitung solcher Informationen garantiert. Diese Informationen dürfen von niemandem geheimgehalten werden.

Artikel 51. Die Eheschließung beruht auf dem freien Einvernehmen von Frau und Mann. Jeder Ehepartner hat die gleichen Rechte und Pflichten in der Ehe und in der Familie.
Die Eltern sind verpflichtet, die Kinder bis zu ihrer Volljährigkeit zu unterhalten. Volljährige Kinder sind verpflichtet, für ihre arbeitsunfähigen Eltern zu sorgen.
Familie, Kindheit, Mutterschaft und Vaterschaft stehen unter dem Schutz des Staates.

Artikel 52. Die Kinder sind gleich in ihren Rechten, unabhängig von Ihrer Abstammung, Ehelichkeit oder Nichtehelichkeit.
Jegliche Gewalt einem Kind gegenüber sowie dessen Ausbeutung wird gemäß Gesetz verfolgt.
Der Unterhalt und die Erziehung von Waisenkindern und Kindern, die keiner elterlichen Fürsorge unterstehen, wird dem Staat auferlegt. Der Staat fördert und unterstützt die Wohltätigkeit zu Gunsten der Kinder.

Artikel 53. Jeder hat das Recht auf Bildung.
Die vollständige allgemeine Oberschulbildung ist obligatorisch.
Der Staat gewährleistet das Recht auf Zugang und Unentgeltlichkeit der Vorschul-, der vollständigen Oberschul-, sowie der Berufs- und Hochschulausbildung in den staatlichen und kommunalen Lehranstalten. Er fördert die Entwicklung der schulischen und außerschulischen Ausbildung, der Berufs-, Hochschul-, Postdiplomausbildung und erteilt Stipendien und sonstige Vergünstigungen für Schüler und Studenten.

Die Staatsbürger haben das Recht, unentgeltlich eine Hochschulausbildung an den staatlichen und kommunalen Bildungsanstalten auf Wettbewerbsbasis zu erhalten.

Den Staatsbürgern, die nationalen Minderheiten angehören, wird gemäß Gesetz das Recht auf Bildung in der Muttersprache oder auf Erlernen der Muttersprache in den staatlichen und kommunalen Bildungsanstalten bzw. über nationale Kulturvereine garantiert.

Artikel 54. Den Staatsbürgern wird die Freiheit des literarischen, künstlerischen, wissenschaftlichen und technischen Schaffens sowie der Schutz des intellektuellen Eigentums, ihrer Autorenrechte, moralischen und materiellen Interessen, die im Zusammenhang mit den verschiedenen Arten der intellektuellen Tätigkeit entstehen, garantiert.

Jeder Staatsbürger hat das Recht auf die Ergebnisse seines intellektuellen Schaffens; niemand darf sie ohne seine Zustimmung nutzen oder veröffentlichen, ausgenommen in den vom Gesetz festgelegten Fällen.

Der Staat fördert die Entwicklung der Wissenschaften sowie die Herstellung von wissenschaftlichen Beziehungen der Ukraine zur Weltgemeinschaft.

Das Kulturerbe wird gesetzlich geschützt.

Der Staat sichert die Erhaltung von historischen Denkmälern sowie anderen Objekten von kulturellem Wert, ergreift Maßnahmen zur Rückführung der Kulturschätze des Volkes, die sich außer Landes befinden, in die Ukraine.

Artikel 55. Die Menschen- und Bürgerrechte und -freiheiten werden gerichtlich geschützt.

Jedem wird das Recht garantiert, die Beschlüsse, Handlungen oder die Unterlassungen der Organe der Staatsgewalt, der Organe der lokalen Selbstverwaltung sowie der Dienst- und Amtspersonen vor Gericht einzuklagen.

Jeder hat das Recht, sich zum Schutz seiner Rechte an den Beauftragten der Werchowna Rada der Ukraine für Menschenrechte zu wenden.

Jeder hat das Recht, sich zum Schutz seiner Rechte und Freiheiten nach Ausnutzung aller nationalen Mittel des Rechtsschutzes an die entsprechenden internationalen Gerichte oder sonstige Organe der internationalen Organisationen zu wenden, deren Mitglied oder Teilnehmer die Ukraine ist.

Jeder hat das Recht, seine Rechte und Freiheiten mit allen durch Gesetz nicht verbotenen Mittel vor Verletzungen und widerrechtlichen Übergriffen zu schützen.

Artikel 56. Jeder hat das Recht auf Entschädigung zu Lasten des Staates oder der Organe der lokalen Selbstverwaltung für einen materiellen und moralischen Schaden, der durch gesetzwidrige Beschlüsse, Handlungen oder durch Untätigkeit der Organe der Staatsgewalt, der Organe der kommunalen Selbstverwaltung, deren Dienst- und Amtspersonen in Ausübung ihrer Vollmachten entsteht.

Artikel 57. Jedem wird das Recht garantiert, über seine Rechte und Pflichten Kenntnis zu erlangen.

Die Gesetze und andere normative Rechtsakte, die die Rechte und Pflichten der Staatsbürger bestimmen, sind der Bevölkerung gemäß den Gesetzesbestimmungen zur Kenntnis zu bringen.

Gesetze und andere normative Rechtsakte, die Rechte und Pflichten der Bürger bestimmen und die der Bevölkerung nicht nach den Gesetzesbestimmungen zur Kenntnis gebracht werden, sind ungültig.

Artikel 58. Gesetze und andere normative Rechtsakte haben keine zeitlich rückwirkende Rechtskraft, ausgenommen die Fälle, die die Verantwortlichkeit einer Person mildern oder aufheben.
Niemand darf für Handlungen haftbar gemacht werden, die im Zeitpunkt ihres Vollzugs vor dem Gesetz nicht als Rechtsverletzung galten.

Artikel 59. Jeder hat das Recht auf Rechtsbeistand. In den vom Gesetz vorgesehenen Fällen wird diese Hilfe unentgeltlich gewährt. Jeder ist bei der Auswahl des Verteidigers seiner Rechte frei.
Zur Gewährleistung des Rechts auf Verteidigung bei Anklagen sowie zur Gewährung der Rechtsbeihilfe bei Gerichtsbeschlüssen und Entscheidungen anderer staatlicher Organe wirkt in der Ukraine die Rechtsanwaltschaft.

Artikel 60. Niemand ist verpflichtet, offensichtlich gesetzeswidrige Anordnungen oder Befehle auszuführen.
Für die Erteilung und Ausführung von offensichtlich gesetzeswidrigen Anordnungen oder Befehlen tritt juristische Verantwortlichkeit ein.

Artikel 61. Niemand darf für eine und dieselbe Rechtsverletzung zweimal zur juristischen Verantwortung derselben Art herangezogen werden.
Die juristische Verantwortung einer Person ist von ihrem individuellem Charakter personenbezogen.

Artikel 62. Eine Person gilt bezüglich der Begehung einer Straftat als unschuldig und kann einer Strafe nicht unterzogen werden, solange nicht ihre Schuld auf dem Rechtsweg bewiesen und durch einen Schuldspruch des Gerichts festgestellt ist.
Niemand ist verpflichtet, seine Unschuld in einer Straftat zu beweisen.
Eine Anklage darf nicht auf rechtswidrig erlangten Beweisen oder auf Vermutungen gründen. Zweifel an der Schuld einer Person sind zu deren Gunsten auszulegen.
Im Falle der Aufhebung eines Gerichtsurteils wegen eines Rechtsfehlers ersetzt der Staat den materiellen und moralischen Schaden, der durch eine unbegründete Verurteilung entstanden ist.

Artikel 63. Eine Person trägt keine Verantwortung für die Verweigerung einer Aussage zur eigenen Person, zu Familienmitgliedern oder nächsten Verwandten, deren Kreis vom Gesetz bestimmt wird.
Der Tatverdächtige, Beschuldigte oder Angeklagte hat das Recht auf Verteidigung.
Der Verurteilte genießt alle Menschen- und Bürgerrechte, mit Ausnahme solcher Einschränkungen, die durch Gesetz bestimmt und durch Gerichtsurteil festgelegt sind.

Artikel 64. Die verfassungsmäßigen Rechte und Freiheiten des Staatsbürgers und Menschen dürfen nicht eingeschränkt werden, mit Ausnahme von Fällen, die durch die Verfassung der Ukraine vorgesehen sind.
Unter Bedingungen des Kriegs- oder Ausnahmezustandes dürfen einzelne Einschränkungen der Rechte sowie der Freiheiten mit Angabe der Dauer dieser Einschränkungen festgesetzt werden. Die Rechte und die Freiheiten, die durch die Artikel 24, 25, 27, 28, 29, 40, 47, *51,* 52, 55, 56, 57, 58, 59, 60, 61, 62, 63 dieser Verfassung vorgesehen sind, dürfen nicht eingeschränkt werden.

Artikel 65. Die Verteidigung des Vaterlandes, der Unabhängigkeit sowie der territorialen Integrität der Ukraine, die Achtung ihrer Staatssymbole ist Pflicht der Staatsbürger der Ukraine.
Die Staatsbürger leisten den Wehrdienst auf der Grundlage des Gesetzes ab.

Artikel 66. Jeder Staatsbürger ist verpflichtet, der Natur und dem Kulturerbe keinen Schaden zuzufügen sowie verursachte Kosten zu ersetzen.

Artikel 67. Jeder Staatsbürger ist verpflichtet, Steuern und Abgaben in der Weise und in dem Umfang zu entrichten, die durch Gesetz vorgeschrieben sind.
Alle Staatsbürger geben jährlich an ihrem Wohnsitz den Steuerinspektionen Steuererklärungen über ihren Vermögensstand und ihre Einkünfte im vergangenen Jahr nach Maßgabe des Gesetzes ab.

Artikel 68. Jeder ist verpflichtet, die Verfassung der Ukraine und die Gesetze der Ukraine strikt einzuhalten, die Rechte und Freiheiten, die Ehre und Würde anderer Menschen nicht zu verletzen. Die Unkenntnis der Gesetze befreit nicht von der juristischen Verantwortung.

ABSCHNITT III

WAHLEN, VOLKSENTSCHEID

Artikel 69. Die Äußerung des Volkswillens erfolgt durch Wahlen, Volksentscheid und andere Formen der unmittelbaren Demokratie.

Artikel 70. Das Stimmrecht bei den Wahlen und beim Volksentscheid haben die Staatsbürger der Ukraine, die zum Zeitpunkt ihrer Durchführung das Alter von 18 Jahren vollendet haben.
Die Staatsbürger, die vom Gericht für handlungsunfähig erklärt wurden, haben kein Stimmrecht.

Artikel 71. Die Wahlen zu den Organen der Staatsgewalt und der Organe der lokalen Selbstverwaltung sind frei und finden auf der Grundlage des allgemeinen, gleichen und unmittelbaren Wahlrechts durch geheime Abstimmung statt.

Den Wählern wird die freie Willensäußerung garantiert.

Artikel 72. Der allukrainische Volksentscheid wird von der Werchowna Rada der Ukraine oder vom Präsidenten der Ukraine entsprechend ihren von dieser Verfassung festgelegten Zuständigkeiten bestimmt.
Der allukrainische Volksentscheid wird auf Initiative des Volkes und auf Verlangen von mindestens drei Millionen wahlberechtigten Staatsbürger der Ukraine unter der Bedingung eingeleitet, daß die Unterschriften zur Anberaumung des Volksentscheides in mindestens zwei Dritteln der Gebiete und jeweils mindestens hunderttausend Unterschriften in jedem Gebiet gesammelt wurden.

Artikel 73. Eine Änderung des Territoriums der Ukraine wird ausschließlich durch ein allukrainisches Referendum entschieden.

Artikel 74. Bezüglich der Gesetzentwürfe zu Steuer-, Haushalts- sowie Amnestiefragen ist eine Volksabstimmung unzulässig.

ABSCHNITT IV

WERCHOWNARADA DER UKRAINE

Artikel 75. Das einzige Organ der gesetzgebenden Gewalt in der Ukraine ist das Parlament - die Werchowna Rada der Ukraine.

Artikel 76. Die verfassungsmäßige Werchowna Rada der Ukraine besteht aus 450 Volksvertretern, die für einen Zeitraum von vier Jahren auf der Grundlage des allgemeinen, gleichen und unmittelbaren Wahlrechts in geheimer Abstimmung gewählt werden.
Abgeordneter der Ukraine darf ein Staatsbürger der Ukraine sein, wenn er zum Zeitpunkt der Wahlen sein einundzwanzigstes Lebensjahr vollendet hat, stimmberechtigt ist sowie im Laufe der letzten fünf Jahre seinen Wohnsitz in der Ukraine hatte.
Zur Werchowna Rada der Ukraine kann ein Staatsbürger nicht gewählt werden, der wegen Begehung eines vorsätzlichen Verbrechens gerichtlich belangt wird, wenn die Belangung nicht gelöscht und auf gesetzlicher Grundlage nicht aufgehoben wurde.
Die Vollmachten der Abgeordneten der Ukraine werden durch die Verfassung und die Gesetze der Ukraine bestimmt.

Artikel 77. Die ordentlichen Wahlen zur Werchowna Rada der Ukraine finden am letzten Sonntag im Monat März im vierten Jahr der Legislaturperiode der Werchowna Rada der Ukraine statt.
Die außerordentlichen Wahlen zur Werchowiia. Rada der Ukraine werden vom Präsidenten der Ukraine bestimmt und innerhalb von sechzig Tagen ab dem Tag der Veröffentlichung des Beschlusses über die vorzeitige Beendigung der Vollmachten der Werchowna Rada der Ukraine abgehalten.

Die Wahlordnung für die Abgeordneten der Ukraine wird durch Gesetz bestimmt.

Artikel 78. Die Abgeordneten üben ihre Befugnisse stetig aus.
Die Abgeordneten der Ukraine dürfen kein anderes Vertretungsmandat haben oder im Staatdienst stehen.
Die Anforderungen zur Unvereinbarkeit des Abgeordnetenmandats mit anderen Tätigkeitsarten werden durch Gesetz bestimmt.

Artikel 79. Vor dem Amtsantritt leisten die Abgeordneten vor der Werchowna Rada der Ukraine folgenden Eid:
„Ich schwöre der Ukraine meine Treue. Ich verpflichte mich, mit allen meinen Taten die Souveränität und die Unabhängigkeit der Ukraine zu verteidigen, für das Wohl des Vaterlandes und für das Wohl des ukrainischen Volkes zu sorgen.
Ich schwöre, die Verfassung der Ukraine und die Gesetze der Ukraine einzuhalten, meine Pflichten im Interesse aller Landsleute zu erfüllen."
Der Eid wird vor der Eröffnung der ersten Sitzung der neugewählten Werchowna Rada der Ukraine vom Alterspräsidenten vorgelesen, worauf die Abgeordneten nut ihrer Unterschrift unter dem Text den Eid bekräftigen.
Eine Weigerung der Eidesleistung hat den Verlust des Abgeordnetenmandats zur Folge.
Die Befugnisse der Abgeordneten beginnen ab dem Zeitpunkt der Eidesleistung.

Artikel 80. Den Abgeordneten der Ukraine wird Abgeordnetenimmunität garantiert.
Die Abgeordneten tragen für die Abstimmungsergebnisse oder für ihre Äußerungen im Parlament und in seinen Organen keine juristische Verantwortung, außer für Beleidigung oder Verleumdung.
Die Abgeordneten dürfen ohne Zustimmung der Werchowna Rada der Ukraine weder zur strafrechtlichen Verantwortung herangezogen noch festgenommen, noch verhaftet werden.

Artikel 81. Die Befugnis der Abgeordneten der Ukraine endet gleichzeitig mit der Beendigung der Befugnisse der Werchowna Rada der Ukraine.
Die Befugnis eines Abgeordneten endet vorzeitig in folgenden Fällen:
1. Aufgabe der Befugnisse auf eigenen Antrag;
2. Das Inkrafttreten eines anklagenden Schuldspruchs ihm gegenüber;
3. Erklärung desselben durch Gericht für handlungsunfähig oderverschollen;
4. Beendigung seiner Staatsbürgerschaft oder Ausreise zum ständigen Wohnsitz außerhalb der Grenzen der Ukraine;
5. Durch Tod.
Der Beschluß über eine vorzeitige Beendigung der Befugnisse eines Abgeordneten der Ukraine wird durch die Mehrheit der verfassungsmäßigen Mitglieder der Werchowna Rada der Ukraine angenommen.
Bei Nichterfüllung der Anforderung bezüglich der Unvereinbarkeit des Abgeordnetenmandats mit anderen Tätigkeitsarten werden dessen Vollmachten aufgrund eines Gerichtsbeschlusses auf gesetzlicher Grundlage vorzeitig eingestellt.

Verfassung der Ukraine

Artikel 82. Die Werchowna Rada der Ukraine arbeitet in Sitzungsperioden.
Die Werchowna Rada der Ukraine ist beschlußfähig, wenn nicht weniger als zwei Drittel ihrer verfassungsmäßigen Mitglieder gewählt wurde.
Die Werchowna Rada der Ukraine tritt zur ersten Tagung spätestens am dreißigsten Tag nach der offiziellen Bekanntgabe der Wahlergebnisse zusammen.
Die erste Sitzung der Werchowna Rada der Ukraine wird durch den Alterspräsidenten des Parlaments der Ukraine eröffnet.
Die Geschäftsordnung der WerchownaRada der Ukraine wird durch die Verfassung der Ukraine sowie durch das Gesetz der Ukraine überdie Geschäftsordnung der Werchowna Rada der Ukraine festgelegt.

Artikel 83. Die ordentlichen Sitzungsperioden derWerchowna Rada der Ukraine beginnen am ersten Dienstag im Februar und am ersten Dienstag im September eines jeden Jahres.
Die außerordentlichen. Sitzungen der Werchowna Rada der Ukraine werden unter Bekanntgabe der Tagesordnung durch den Vorsitzenden der Werchowna Rada der Ukraine auf Anforderung von mindestens einem Drittel der verfassungsmäßigen Mitglieder der Werchowna Rada der Ukraine oder auf Anforderung des Präsidenten der Ukraine einberufen.
Im Falle der Einführung des Kriegs- oder Ausnahmezustandes in der Ukraine tritt die Werchowna Rada der Ukraine nach zweitägiger Frist ohne Einberufung zusammen.
Bei Beendigung der Legislaturperiode der Werchowna Rada der Ukraine während des Kriegs- oder Ausnahmezustandes verlängert sich ihre Vollmacht bis zum Tag der ersten Sitzung der Sitzungsperiode der Werchowna Rada der Ukraine, die nach der Aufhebung des Kriegs- bzw. Ausnahmezustandes gewählt wird.

Artikel 84. Die Sitzungen der Werchowna Rada der Ukraine erfolgen öffentlich. Eine geschlossene Sitzung erfolgt nach Beschluß der Mehrheit der verfassungsmäßigen Abgeordneten der Werchowna Rada der Ukraine.
Die Beschlüsse der Werchowna Rada der Ukraine werden ausschließlich in ihren Plenarsitzungen durch Abstimmung gefaßt.
Die Abstimmungen bei den Sitzungen der Werchowna Rada der Ukraine werden von Abgeordneten der Ulkraine persönlich vorgenommen.

Artikel 85. Zum Kompetenzbereich der Werchowna Rada der Ukraine gehört:
1. Vornahme von Änderungen der Verfassung der Ukraine im Rahmen und gemäß den Verfahren, die im XIII. Abschnitt dieser Verfassung vorgesehen sind;
2. Ansetzung des gesamtukrainischen Volksentscheids zu den Fragen, die durch Artikel 73 dieser Verfassung bestimmt werden;
3. Verabschiedung von Gesetzen;
4: Annahme des Staatshaushalts der Ukraine und dessen Änderungen; Kontrolle über die Erfüllung des Staatshaushalts der Ukraine, Bericht über seine Erfüllung;
5. Festlegung von Grundsätzen der Innen- und Außenpolitik;
6. Bestätigung der gesamtstaatlichen Programme der wirtschaftlichen, wissenschaftlichtechnischen, sozialen und national-kulturellen Entwicklung, des Umweltschutzes;

7. Ansetzung der Wahlen des Präsidenten der Ukraine zum durch diese Verfassung festgelegten Termin;
8. Anhörung der Jahres- sowie außerordentlichen Botschaften des Präsidenten der Ukraine zur inneren und äußeren Lage der Ukraine;
9. Bekanntgabe des Kriegszustandes und Friedensschlußes nach Angabe des Präsidenten der Ukraine, Sanktionierung des Beschlusses des Präsidenten der Ukraine über den Einsatz der Streitkräfte der Ukraine und sonstiger militärischer Formationen im Falle eines bewaffneten Angriffs auf die Ukraine;
10. Amtsenthebung des Präsidenten der Ukraine durch ein besonderes Verfahren gemäß Artikel 111 dieser Verfassung (Impeachment);
11. Erörterung und Beschlußfassung bezüglich der Genehmigung des Arbeitsprogramms des Ministerkabinetts der Ukraine;
12. Zustimmung zur Berufung des Premierministers der Ukraine durch den Präsidenten der Ukraine;
13. Ausübung der Kontrolle über die Tätigkeit des Ministerkabinetts der Ukraine entsprechend dieser Verfassung;
14. Bestätigung der Beschlüsse über die Gewährung von Anleihen und Wirtschaftshilfe an ausländische Staaten und an internationale Organisationen durch die Ukraine sowie über Inanspruchnahme durch die Ukraine von Anleihen ausländischer Staaten, Banken und internationalen Finanzorganisationen, die im
Staatshaushalt nicht vorgesehen sind, sowie die Ausübung der Kontrolle über deren Verwendung;
15. Berufung oder Wahl in ein Amt, Amtsentlassung, Bewilligung der Berufung in ein Amt und Amtsentlassung von Personen in den Fällen, die von dieser Verfassung vorgesehen sind;
16. Berufung in das Amt und Amtsenthebung des Vorsitzenden und anderer Mitglieder des Rechnungshofes;
17. Berufung in das Amt und Amtsenthebung des Beauftragten der Werchowna Rada der Ukraine für Menschenrechte; Anhörung seiner Jahresberichte über die Situation bezüglich Einhaltung und Schutz der Menschenrechte und -freiheiten in der Ukraine;
18. Berufung in das Amt und Amtentlassung des Vorsitzenden der Nationalbank der Ukraine auf Antrag des Präsidenten;
19. Berufung in das Amt und Amtsentlassung der Hälfte des Rates der Nationalbank der Ukraine;
20. Berufung der Hälfte des Nationalrates der Ukraine für Fernsehfragen und Rundfunk;
21. Berufung und Amtsaufhebung der Mitglieder des Zentralen Wahlausschusses auf Antrag des Präsidenten der Ukraine;
22. Billigung der Gesamtstruktur, der Truppenstärke und der Funktion der Streitkräfte der Ukraine, des Sicherheitsdienstes der Ukraine, sonstiger gemäß den Gesetzen der Ukraine gebildeten militärischen Formationen sowie der Formationen des Innenministeriums der Ukraine;
23. Billigung des Beschlusses über die Gewährung der militärischen Unterstützung für andere Staaten, über die Entsendung von Einheiten der Streitkräfte der Ukraine in einen anderen Staat oder über den Zutritt von Streitkräften anderer Staaten auf das Territorium der Ukraine;

24. Billigung der Berufung und der Amtsenthebung des Vorsitzenden des Antimonopolkomitees der Ukraine, des Vorsitzenden des Staatsvermögensfonds, des Vorsitzenden des Fernseh- und Rundfunkkomitees der Ukraine durch den Präsidenten der Ukralne;
25. Billigung der Berufung des Generalstaatsanwalts der Ulcraine durch den Präsidenten der Ukraine; Mißtrauensvotum gegenüber dem Generalstaatsanwalt der Ukraine, was seinen Rücktritt zur Folge hat;
26. Berufung eines Drittels der Richter des Verfassungsgerichts der Ukraine;
27. Wahl der Richter für unbefristete Zeit;
28. Vorzeitige Beendigung der Befugnisse der. Werchowna Rada der Autonomen Republik Krym beim Vorliegen des Beschlußes des Verfassungsgerichtes der Ukraine über die Verletzung der Verfassung oder der Gesetze der Ukraine durch sie; Anordnung von außerordentlichen Wahlen zur Werchowna Rada der Autonomen Republik Krym.
29. Bildung und Auflösung der Landkreise, Festlegung und Änderung der Grenzen der Landkreise und der Städte, Einstufung der Ortschaften in die Kategorie der Städte (Verleihung des Stadtrechts), Namensgebung und Umbenennung der Ortschaften und Landkreise;
30. Ansetzung von ordentlichen und außerordentlichen Wahlen zu den Organen der lokalen 5elbstverwaltung
31. Bestätigung innerhalb der zweitägigen Frist ab dem Zeitpunkt der durch den Präsidenten der Ukraine erfolgten Eingabe der Erlasse über Einführung des Kriegs- bzw. des Ausnahmezustandes in der Ukraine oder in deren einzelnen Gebieten, über allgemeine oder teilweise Mobilmachung, über die Erklärung
einzelner Landesteile zu Katastrophengebieten;
32. Bewilligung der Gültigkeit von internationalen Verträgen der Ukraine sowie Auflösung der internationalen Verträge der Ukraine innerhalb der gesetzlich festgelegten Frist;
33. Ausübung der parlamentarischen Kontrolle im von dieser Verfassung bestimmten Rahmen;
34. Beschlußfassung über die Weiterleitung einer Anfrage an den Präsidenten der Ukraine, die auf Verlangen eines Abgeordneten, einer Gruppe oder eines Ausschusses der Werchowna Rada der Ukraine, welche von nicht weniger als einem Drittel der verfassungsmäßigen Abgeordnetenzahl der Werchowna Rada der Ukraine befürwortet wurde;
35. Berufung und Abberufung des Leiters der Verwaltung der Werchowna Rada der Ukraine, Bestätigung des Budgets der Werchowna Rada der Ukraine und der Struktur ihrer Geschäftsführung;
36. Bestätigung der Liste von Rechtsobjekten des Staatseigentums, die nicht privatisiert werden dürfen; Bestimmung von rechtlichen Grundsätzen zur Enteignung von Rechtsobjekten des Privateigentums. Die Werchowna Rada der Ukraine hat weitere andere Befugnisse, die gemäß der Verfassung der Ukraine in ihren Zuständigkeitsbereich fallen.

Artikel 86. Ein Abgeordneter der Ukraine hat bei der Tagung der Werchowna Rada der Ukraine das Recht, sich mit einer Anfrage an die Organe der Werchowna Rada der Ukraine, an das Ministerkabinett der Ukraine, an die Leiter anderer Organe der Staatsgewalt und Organe der lokalen Selbstverwaltung sowie an die Leiter der Betriebe, Ämter und Organisationen, die sich auf dem Territorium der Ukraine befinden, unabhängig von ihrer Untergliederung und Eigentumsform, zu wenden.

Die Leiter der Organe der Staatsgewalt und der Organe der lokalen Selbstverwaltung, der Betriebe, Ämter und Organisationen sind verpflichtet, den Abgeordneten über die Ergebnisse der Prüfung seiner Anfrage zu informieren.

Artikel 87. Die Werchowua Rada der Ukraine kann auf Vorschlag von nicht weniger als einem Drittel der Abgeordneten der Ukraine die Verantwortungsfrage des Ministerkabinetts der Ukraine behandeln sowie das Mißtrauensvotum gegenüber dem Ministerkabinett der Ukraine mit einer Stimmenmehrheit der verfassungsmäßigen Mitglieder der Werchowna Rada der Ukraine stellen.
Die Frage nach der Verantwortung des Ministerkabinetts der Ukraine darf von der Werchowna Rada der Ukraine nicht öfter als einmal im Verlauf einer ordentlichen Sitzungsperiode sowie innerhalb eines Jahres nach der Billigung des Arbeitsprogramms des Ministerkabinetts der Ukraine gestellt werden.

Artikel 88. Die Werchowna Rada der Ukraine wählt und entläßt aus ihrer Mitte den Vorsitzenden der Werchowna Rada der Ukraine, den ersten stellvertretenden sowie den stellvertretenden Vorsitzenden der Werchowna Rada der Ukraine und beruft sie ab.
Der Vorsitzende der Werchowna Rada der Ukraine:
1. leitet die Sitzungen der Werchowna Rada der Ukraine;
2. organisiert die Vorbereitung der Fragen zur Erörterung in den Sitzungen der Werchowna Rada der Ukraine;
3. unterzeichnet die von der Werchowna Rada der Ukraine angenommenenAkte;
4. repräsentiert die Werchowna Rada der Ukraine in den dienstlichen Verbindungen zu anderen Organen der Staatsgewalt der Ukraine sowie zu Organen anderer Staaten;
5. organisiert die Geschäftsführung der Werchowna Rada der Ukraine.
Der Vorsitzende der Werchowna Rada der Ukraine übt seine durch die Verfassung der Ukraine vorgesehenen und gemäß dem Gesetz über die Geschäftsordnung der Werchowna Rada der tJkraine festgelegte Befugnis aus.

Artikel 89. Die Werchowna Rada der Ukraine bestimmt die Anzahl der Ausschüsse und wählt die Vorsitzenden dieser Ausschusse.
Die Ausschüsse der Werchowna Rada der Ukraine führen die Gesetzesentwurfsarbeiten aus, bereiten diese vor und prüfen vorab die Fragen, die in die Zuständigkeit der Werchowna Radader Ukraine fallen.
Die Werchowna Rada der Ukraine darf im Rahmen ihrer Befugnis zeitlich begrenzte Sonderausschüsse zur Vorbereitung und zur Vorabprüfung von Fragen bilden.
Die Werchowna Rada der Ukraine bildet vorübergehende Untersuchungsausschüsse zur Untersuchung von Angelegenheiten, die von öffentlichem Interesse sind, wenn mindestens ein Drittel der verfassungsmäßigen Mitglieder der Werchowna Rada der Ukraine dafür gestimmt hat.
Die Ergebnisse und Vorschläge der vorläufig gebildeten Untersuchungsausschüsse sind für die gerichtliche Untersuchung und für das Gericht nicht verbindlich.
Die Organisation und die Geschäftsordnung der Ausschüsse der Werchowna Rada der Ukraine, ihrer einstweiligen Sonderausschüsse und zeitlich begrenzten Untersuchungsausschüsse werden durch Gesetz bestimmt.

Artikel 90. Die Befugnisse der Werchowna Rada der Ukraine enden am Tag der Eröffnung der ersten Sitzung der Werchowna Rada der Ukraine der neuen Legislaturperiode.

Der Präsident der Ukraine kann die Befugnisse der Werchowna Rada der Ukraine vorzeitig beenden, falls innerhalb von dreißig Tagen einer ordentlichen Sitzungsperiode keine Plenarsitzungen beginnen können.

Die Befugnisse der Werchowna Rada der Ukraine, die in außerordentlichen Wahlen gewählt wurde, nachdem die Befugnisse der Werchowna Rada der Ukraine der vorherigen Legislaturperiode durch den Präsidenten der Ukraine eingestellt worden sind, dürfen in einem Zeitraum von einem Jahr nach der Wahl nicht unterbunden werden.

Die Befugnisse der Werchowna Rada der Ukraine dürfen in den letzten sechs Monaten der Amtsperiode des Präsidenten der Ukraine nicht vorzeitig eingestellt werden.

Artikel 91. Die Werchowna Rada der Ukraine beschließt Gesetze, Erlasse und andere Akte mit der Stimmenmehrheit ihrer verfassungsmäßigen Mitglieder, mit Ausnahme der in dieser Verfassung vorgesehenen Fälle.

Artikel 92. Ausschließlich durch Gesetze der Ukraine werden bestimmt:
1. Rechte und Freiheiten des Menschen und des Staatsbürgers; Garantien für diese Rechte und Freiheiten; Grundpflichten des Staatsbürgers;
2. Staatsbürgerschaft, Rechtssubjektivität der Staatsbürger, Ausländerstatus und Status der Staatenlosen;
3. Rechte der Urbevölkerung und der nationalen Minderheiten;
4. Gebrauch von Sprachen;
5. Grundsätze der Nutzung von Naturressourcen, der ausschließlichen Seewirtschaftszone des Kontinentalschelfs, der Erschließung des Weltraumes, der Organisation und Nutzbarmachung von Energiesystemen, des Transportwesens und der Kommunikationseinrichtungen;
6. Grundlagen des sozialen Schutzes, Formen und Arten der Rentenversorgung; Grundlagen der Regelungen von Arbeit und Beschäftigung, Ehe, Familie, Kinderschutz, Mutterschaft, Vaterschaft; Erziehung, Bildung, Kultur und Gesundheitsschutz; ökologische Sicherheit;
7. rechtliche Regelung des Eigentums;
8. rechtliche Grundsätze und Garantien des Unternehmertums; Regeln des Wettbewerbs und Normen der Antimonopolregelung;
9. Grundsätze der Außenbeziehungen, der außenwirtschaftlichen Tätigkeit und des Zollwesens;
10. Grundsätze der Regelung von Demographie- und Migrationsprozessen;
11. Grundsätze der Bildung und der Tätigkeit von politischen Parteien, sonstigen gesellschaftlichen Vereinigungen und der Massenmedien;
12. Grundsätze der Organisation und Tätigkeit der Organe der vollziehenden Gewalt, Grundsätze des Staatsdienstes, der Organisation der staatlichen Statistik und Informatik;
13. territoriale Gliederung der Ukraine;
14. Gerichtsverfassung, Gerichtsbarkeit, Richterstatus, gerichtliche Gutachten; Organisation und Tätigkeit der Staatsanwaltschaft, der Aufklärungs- und Untersuchungsorgane,

des Notariats, der Vollzugsorgane und -anstalten; Grundlagen der Organisation und der Tätigkeit der Rechtsanwaltschaft;
15. Grundsätze der lokalen Selbstverwaltung;
16. Status der Hauptstadt der Ukraine; Sonderstatus anderer Städte;
17. Grundlagen der nationalen Sicherheit, der Organisation der Streitkräfte der Ukraine und der Sicherung der öffentlichen Ordnung;
18. Rechtsordnung der Staatsgrenzen;
19. Rechtsordnung des Kriegs- und des Ausnahmezustandes, der Zonen von außerordentlichen ökologischen Situationen;
20. Organisation und Ordnung der Durchführung von Wahlen und Volksentscheiden;
21. Organisation und Ordnung der Tätigkeit der Werchowna Rada der Ukraine, Abgeordnetenstatus der Ukraine;
22. Grundsätze der Verantwortlichkeit auf den Gebieten des Zivil-, Straf-, Verwaltungs- und Disziplinarrechts.

Ausschließlich durch Gesetze der Ukraine werden festgesetzt:
1. Staatshaushalt der Ukraine und das Haushaltssystem der Ukraine; Steuersystem, Steuer und Gebühren; Grundsätze der Bildung und des Funktionierens des Finanz-, Geld-, Kredit-, und Investitionsmarktes; Status der nationalen Währung sowie Status der ausländischen Währungen auf dem Territorium der Ukraine; Ordnung der Schuldenaufnahme und der Tilgung im Bereich der inneren und äußeren Staatsverschuldung; Regelung der Emission von staatlichen Wertpapieren, deren Arten und Typen;
2. Ordnung der Entsendung von Einheiten der Streitkräfte der Ukraine in andere Staaten; Einlaßordnung und Bedingungen für den Aufenthalt von Einheiten von Streitkräften ausländischer Staaten auf dem Territorium der Ukraine;
3. Gewichts-, Maß- und Zeiteinheiten; Ordnung der Festlegung von staatlichen Standardnormen;
4. Nutzungs- und Schutzordnung der Staatssymbole;
5. staatliche Auszeichnungen;
6. militärische Dienstgrade, diplomatische Ränge sowie sonstige spezielle Titel;
7. staatliche Feiertage;
8. Regelung der Bildung und des Funktionierens von freien und sonstigen Sonderzonen oder solcher mit wirtschaftlichem oder Migrationsstatus, der sich von der allgemeinen Rechtsordnung unterscheidet. Durch Gesetz der Ukraine wird eine Amnestie proklamiert.

Artikel 93. Das Recht auf Gesetzesinitiative in der Werchowna Rada der Ukraine steht dem Präsidenten der Ukraine, den Abgeordneten der Ukraine, dem Ministerkabinett der Ukraine und der Nationalbank der Ukraine zu.
Die Gesetzesentwurfe, die vom Präsidenten der Ukraine als unaufschiebbar bezeichnet sind, werden in der Werchowna Rada der Ukraine in einer außerordentlichen Tagung behandelt.

Artikel 94. Der Vorsitzende der Werchowna Rada der Ukraine unterzeichnet das Gesetz und leitet es dem Präsidenten der Ukraine unverzüglich zu.

Der Präsident der Ukraine unterzeichnet entweder das Gesetz innerhalb von fünfzehn Tagen nach Erhalt, fertigt es aus, veröffentlicht es offiziell oder er sendet es mit begründeten und formulierten Vorschlägen an die Werchowna Rada der Ukraine zur erneuten Behandlung zurück.

Sollte der Präsident der Ukraine das Gesetz innerhalb der festgesetzten Frist zur erneuten Erörterung nicht zurückgeben, gilt es als vom Präsidenten der Ukraine gebilligt und ist zu unterzeichnen sowie offiziell zu veröffentlichen.

Wenn das Gesetz bei der erneuten Lesung von der Werchowna Rada der Ukraine mit einer Mehrheit von zwei Dritteln der verfassungsmäßigen Mitglieder der Abgeordneten der Werchowna Rada der Ukraine verabschiedet wurde, ist der Präsident der Ukraine verpflichtet, es innerhalb von zehn Tagen zu unterzeichnen und offiziell zu veröffentlichen.

Das Gesetz erlangt am zehnten Tag nach seiner offiziellen Veröffentlichung Rechtskraft, falls im Gesetz selbst nichts anderes vorgesehen ist, jedoch nicht früher als am Tag seiner Veröffentlichung.

Artikel 95. Das Haushaltssystem der Ukraine beruht auf den Grundsätzen einer gerechten und unvoreingenommenen Verteilung des gesellschaftlichen Reichtums unter den Bürgern und Territorialgemeinden.

Sämtliche Staatsausgaben für gesamtgesellschaftliche Belange, deren Umfang und Zweckorientierung werden ausschließlich durch das Staatshaushaltsgesetz der Ukraine bestimmt.

Der Staat erstrebt eine Ausgeglichenheit des Staatshaushalts.

Regelmäßige Berichte über Einnahmen und Ausgaben des Staatshaushalts der Ukraine sind zu veröffentlichen.

Artikel 96. Der Staatshaushalt der Ukraine wird jährlich durch die Werchowna Rada der Ukraine für die Zeit vom 1. Januar bis zum 31. Dezember und bei außerordentlichen Umständen für eine andere Zeitdauer bestätigt.

Das Ministerkabinett der Ukraine legt der Werchowna Rada der Ukraine den Gesetzentwurf über den Staatshaushalt für das nächste Jahr spätestens am 15. September des laufenden Jahres vor. Gemeinsam mit dem Gesetzentwurf wird der Bericht über den Stand der Erfüllung des Staatshaushalts des laufenden Jahres vorgelegt.

Artikel 97. Das Ministerkabinett der Ukraine legt der Werchowna Rada der Ukraine gemäß Gesetz den Bericht über die Vollziehung des Staatshaushalts der Ukraine vor.

Der vorgelegte Bericht ist zu veröffentlichen.

Artikel 98. Die Kontrolle über die Verwendung der Mittel des Staatshaushalts der Ukraine übt der Rechnungshof im Namen der Werchowna Rada der Ukraine aus.

Artikel 99. Die Geldeinheit der Ukraine ist die Hrywnja.

Die Gewährleistung der Stabilität der Geldeinheit ist die Hauptaufgabe der Zentralbank des Staates - der Nationalbank der Ukraine.

Artikel 100. Der Nationalbankrat der Ukraine erarbeitet die Hauptgrundlagen der Geld- und Kreditpolitik und übt die Kontrolle über ihre Durchführung aus.
Der Rechtsstatus des Nationalbankrates der Ukraine wird durch Gesetz bestimmt.

Artikel 101. Die parlamentarische Kontrolle über die Einhaltung der verfassungsmäßigen Menschen- und Bürgerrechte und Freiheiten wird vom Beauftragten der Werchowna Rada der Ukraine für Menschenrechte vorgenommen.

ABSCHNITT V

DER PRÄSIDENT DER UKRAINE

Artikel 102. Der Präsident der Ukraine ist das Oberhaupt des Staates und handelt in dessen Namen.
Der Präsident der Ukraine ist der Garant der staatlichen Souveränität, der territorialen Integrität der Ukraine, der Einhaltung der Verfassung der Ukraine sowie der Menschen- und Bürgerrechte und -freiheiten.

Artikel 103. Der Präsident der Ukraine wird von den Staatsbürgern der Ukraine für fünf Jahre auf der Grundlage des allgemeinen, gleichen und direkten Wahlrechts durch geheime Abstimmung gewählt.
Zum Präsidenten der Ukraine kann ein Staatsbürger der Ukraine gewählt werden, der das fünfunddreißigste Lebensjahr vollendet hat, das Wahlrecht besitzt, seinen Wohnsitz innerhalb der letzten zehn Jahre vor den Wahlen in der Ukraine hatte und der die Staatssprache beherrscht.
Eine und dieselbe Person darf nicht mehr als zwei Legislaturperioden nacheinander Präsident der Ukraine werden.
Der Präsident der Ukraine darf kein anderes Vertretungsmandat besitzen, kein Amt in den Organen der Staatsgewalt und in Bürgervereinigungen bekleiden und keine andere bezahlte oder unternehmerische Tätigkeit ausüben, keinem Gremium eines Führungsorgans oder Aufsichtsrates eines Unternehmens angehören, das die Erwirtschaftung von Gewinn zum Ziel hat.
Die ordentliche Wahl des Präsidenten der Ukraine findet am letzten Oktobersonntag des fünften Jahres der Vollmachten des Präsidenten der Ukraine statt. Im Falle der vorzeitigen Beendigung der Befugnisse des Präsidenten der Ukraine wird die Wahl zum Präsidenten der Ukraine innerhalb von 90 Tagen ab dem Tag der Beendigung der Amtsbefugnisse abgehalten.
Die Wahlordnung zur Wahl des Präsidenten der Ukraine wird durch Gesetz bestimmt.

Artikel 104. Der neugewählte Präsident der Ukraine tritt sein Amt spätestens 30 Tage nach offizieller Bekanntgabe des Wahlergebnisses mit der Eidesleistung dem Volke gegenüber in der feierlichen Sitzung der Werchowna Rada der Ukraine an.
Der Eid des Präsidenten der Ukraine wird vom Vorsitzenden des Verfassungsgerichts der Ukraine abgenommen.

Der Präsident der Ukraine leistet einen Eid folgenden Inhalts:
„Ich, (Vor- und Familienname), durch den Willen des Volkes zum Präsidenten der Ukraine gewählt, schwöre feierlich beim Eintritt in dieses hohe Amt der Ukraine meine Treue. Ich verpflichte mich, mit allen meinen Taten die Souveränität und die Unabhängigkeit der Ukraine zu verteidigen, für das Wohl des Vaterlandes sowie für den Wohlstand des ukrainischen Volkes zu sorgen, die Rechte und Freiheiten der Staatsbürger zu verteidigen, die Verfassung der Ukraine und die Gesetze der Ukraine zu befolgen, meine Pflichten im Interesse aller Landsleute zu erfüllen, die Autorität der Ukraine in der Welt zu heben."
Der Präsident der Ukraine, der durch die außerordentliche Wahl gewählt wird, leistet den Eid binnen fünftägiger Frist nach der offiziellen Bekanntgabe des Wahlergebnisses.

Artikel 105. Der Präsident der Ukraine genießt für die Zeit der Ausübung seines Amtes das immunitätsrecht.
Für den Angriff auf Ehre und Würde des Präsidenten der Ukraine werden die schuldigen Personen gemäß Gesetz zur Verantwortung gezogen.
Der Titel des Präsidenten der Ukraine wird durch Gesetz geschützt und ihm lebenslänglich verliehen, falls der Präsident nicht infolge einer Amtsanklage seines Amtes enthoben wurde.

Artikel 106. Der Präsident der Ukraine:
1. sichert die staatliche Unabhängigkeit, die nationale Sicherheit und die Rechtsnachfolge des Staates;
2. wendet sich mit Botschaften an das Volk sowie mit jährlichen und außerordentlichen Botschaften an die Werchowna Rada der Ukraine über die innere und äußere Lage der Ukraine;
3. repräsentiert den Staat in internationalen Beziehungen, übt die Führung der außenpolitischen Aktivitäten des Staates aus, führt Verhandlungen und schließt internationale Verträge der Ukraine ab;
4. entscheidet über die Anerkennung ausländischer Staaten;
5. beruft und entläßt Leiter der diplomatischen Vertretungen der Ukraine in anderen Staaten und bei internationalen Organisationen; nimmt Beglaubigungs- und Abberufungsschreiben der diplomatischen Vertreter ausländischer Staaten entgegen;
6. setzt den allukrainischen Volksentscheid zur Verfassungsänderung der Ukraine entsprechend dem Artikel 156 dieser Verfassung an und gibt den allukrainischen Volksentscheid auf Initiative des Volkes bekannt;
7. setzt außerordentliche Wahlen zur Werchowna Rada der Ukraine zum durch diese Verfassung vorgesehenen Termin an;
8. setzt die Befugnisse der Werchowna Rada der Ukraine aus, wenn im Laufe von dreißig Tagen die Plenarsitzungen einer ordentlichen Sitzungsperiode nicht beginnen können;
9. beruft mit Zustimmung der Werchowna Rada der Ukraine den Premierminister der Ukraine; stellt die Befugnisse des Premierministers ein und entscheidet über seinen Rücktritt;
10. beruft auf Vorschlag des Premierministers der Ukraine die Mitglieder des Ministerkabinetts der Ukraine, die Leiter anderer Zentralorgane der vollziehenden Gewalt sowie die

Leiter der örtlichen staatlichen Verwaltungen und beendet ihre Befugnisse in diesen Ämtern;
11. beruft mit Zustimmung der Werchowna Rada der Ukraine den Generalstaatsanwalt der Ukraine in das Amt und enthebt ihn des Amtes;
12. beruft die Hälfte der Mitglieder des Nationalbankrates der Ukraine;
13. beruft die Hälfte der Mitglieder des Nationalrates der Ukraine für Fernsehen und Rundfunk;
14. beruft und entläßt aus dem Amt mit Zustimmung der Werchowna Rada der Ukraine den Vorsitzenden des Antimonopolkomitees der Ukraine, den Vorsitzenden des Staatsvermögensfonds der Ukraine, den Vorsitzenden des Staatskomitees für Fernseh- und Rundfunksfragen der Ukraine;
15. bildet, reorganisiert und hebt auf Vorschlag des Premierministers der Ukraine Ministerien und andere Zentralorgane der vollziehenden Gewalt, die im Rahmen der Mittel für die Aufrechterhaltung der Organe der vollziehenden Gewalt vorgesehen sind, auf;
16. setzt Rechtsakte des Ministerkabinetts der Ukraine und des Ministerrates der Autonomen Republik Krym außer Kraft;
17. ist Oberbefehlshaber der Streitkräfte der Ukraine; beruft und entläßt das Oberste Kommando der Streitkräfte der Ukraine sowie anderer militärischer Formationen; übt die Führung in Bereichen der nationalen Sicherheit und der Verteidigung des Staates aus;
18. steht dem Rat für nationale Sicherheit und Verteidigung der Ukraine vor;
19. stellt an die Werchowna Rada der Ukraine den Antrag auf Erklärung des Kriegszustandes und entscheidet über den Einsatz der Streitkräfte der Ukraine im Falle, eines bewaffneten Angriffs auf die Ukraine;
20. entscheidet über eine allgemeine oder teilweise Mobilmachung und über die Einführung des Kriegsrechts in der Ukraine oder in einzelnen Landesteilen gemäß Gesetz im Fall einer Angriffsgefahr oder bei Gefahr für die staatliche Unabhängigkeit der Ukraine;
21. erklärt im Notfall den Ausnahmezustand in der Ukraine oder in ihren einzelnen Landesteilen; erklärt im Bedarfsfall einzelne Landesteile der Ukraine zu Umweltkatastrophengebieten mit nachfolgender Bestätigung dieser Beschlüsse durch die Werchowna Rada der Ukraine;
22. beruft ein Drittel der Mitglieder des Verfassungsgerichts der Ukraine;
23. bildet Gerichte gemäß der Rechtsordnung;
24. verleiht die höchsten militärischen Range, die höchsten diplomatischen Ränge sowie andere höchste Titel und Dienstränge;
25. verleiht staatliche Auszeichnungen; setzt PräsidentenaUSZeiChnungen fest und verleiht sie;
26. entscheidet über die Einbürgerung als ukrainischer Staatsbürger sowie über die Aberkennung der ukrainischen Staatsbürgerschaft und über die Gewährung von Asyl in der Ukraine;
27. übt das Begnadigungsrecht aus;
28. bildet zur Realisierung seiner Befugnisse konsultative, beratende und sonstige Hilfsorgane und Dienste im Rahmen der im Staatshaushalt der Ukraine vorgesehenen Mittel;
29. unterzeichnet die von der Werchowna Rada der Ukraine verabschiedeten Gesetze;

Verfassung der Ukraine 193

30. hat das Vetorecht gegen die von der Werchowna Rada der Ukraine verabschiedeten Gesetze mit der nachfolgenden Wiedervorlage an die Werchowna Rada der Ukraine zur wiederholten Lesung;
31. realisiert andere Befugnisse, die durch die Verfassung der Ukraine vorgesehen sind.
Der Präsident der Ukraine darf seine Befugnisse nicht auf andere Personen oder Organe übertragen.
Der Präsident der Ukraine verabschiedet auf der Grundlage und zur Erfüllung der Verfassung und der Gesetze der Ukraine Erlasse und Verordnungen, die auf dem Territorium der Ukraine verbindlich sind.
Die Rechtsakte des Präsidenten der Ukraine, die im Rahmen der in Pkt. 3, 4, 5, 8, 10, 14, *15,* 17, 18, 21, 22, 23 und 24 dieses Artikels vorgesehenen Befugnisse erlassen werden, werden durch die Unterschriften des Premierministers der Ukraine und des für den Rechtsakt und, seine Ausführung zuständigen Ministers bekräftigt.

Artikel 107. Der Rat für Nationale Sicherheit und Verteidigung der Ukraine ist ein Koordinationsorgan beim Präsidenten der Ukraine zu Fragen der nationalen Sicherheit und Verteidigung.
Der Rat für Nationale Sicherheit und Verteidigung der Ukraine koordiniert und kontrolliert die Tätigkeit der Organe der vollziehenden Gewalt in den Bereichen der nationalen Sicherheit und Verteidigung.
Der Präsident der Ukraine ist Vorsitzender des Rates für Nationale Sicherheit und Verteidigung der Ukraine.
Der Präsident der Ukraine stellt das Personalgremium des Rates für Nationale Sicherheit und Verteidigung der Ukraine zusammen.
Dem Rat für Nationale Sicherheit und Verteidigung der Ukraine gehören von Amts wegen der Premierminister der Ukraine, der Verteidigungsminister der Ukraine, der Vorsitzende des Sicherheitsdienstes der Ukraine, der Innenminister der Ukraine und der Außenminister der Ukraine an.
An den Sitzungen des. Rates für Nationale Sicherheit und Verteidigung der Ukraine kann der Vorsitzende der Werchowna Rada der Ukraine teilnehmen.
Die Beschlüsse des Rates für Nationale Sicherheit und Verteidigung der Ukraine werden durch die Erlasse des Präsidenten der Ukraine in Kraft gesetzt.
Die Kompetenz und die Funktionen des Rates für Nationale Sicherheit und Verteidigung der Ukraine werden durch Gesetz bestimmt.

Artikel 108. Der Präsident der Ukraine übt seine Befugnisse bis zum Amtseintritt des neugewählten Präsidenten der Ukraine aus. Die Befugnisse des Präsidenten der Ukraine enden vorzeitig bei:
1. Rücktritt;
2. Unmöglichkeit der Amtsausübung seiner Befugnisse aus gesundheitlichen Gründen;
3. Amtsenthebung durch Impeachment
4. Tod.

Artikel 109. Der Rücktritt des Präsidenten der Ukraine erlangt Rechtswirksamkeit ab dem Zeitpunkt der persönlichen Rücktrittserklärung in der Sitzung der Werchowna Rada der Ukraine.

Artikel 110. Die Unmöglichkeit der Ausübung der Vollmachten durch den Präsidenten der Ukraine aus gesundheitlichen Gründen ist auf der Sitzung der Werchowna Rada der Ukraine festzustellen und durch Beschluß mit Stimmenmehrheit der verfassungsmäßigen Mitgliederzahl aufgrund eines schriftlichen Antrags des Obersten Gerichts der Ukraine nach einer entsprechenden Anfrage der Werchowna Rada der Ukraine und einem ärztlichen Gutachten zu bestätigen.

Artikel 111. Der Präsident der Ukraine kann durch die Werchowna Rada der Ukraine im Impeachmentverfahren des Amtes enthoben werden, wenner Staatsverrat oder ein anderes Verbrechen begangen hat.
Die Frage über die Amtsenthebung des Präsidenten der Ukraine durch Impeachment wird durch die Mehrheit der verfassungsmäßigen Mitglieder der Werchowna Rada der Ukraine initiiert.
Zur Durchführung der Untersuchung wird von der Werchowna Rada der Ukraine ein spezieller einstweiliger Untersuchungsausschuß gebildet, in den ein Staatsanwalt und mehrere Untersuchungsrichter mit Sonderauftrag berufen werden.
Die Ergebnisse und Vorschläge des einstweiligen Untersuchungsausschusses werden in der Sitzung der Werchowna Rada der Ukraine erörtert.
Bei begründetem Verdacht faßt die Werchowna Rada der Ukraine mit einer Mehrheit von zwei Dritteln ihrer verfassungsmäßigen Mitglieder den Beschluß über die Anklageerhebung gegen den Präsidenten der Ukraine.
Der Beschluß über die Amtsenthebung des Präsidenten der Ukraine durch Impeachment wird von der Werchowna Rada der Ukraine mit mindestens drei Viertel der Stimmen ihrer verfassungsmäßigen Mitglieder nach vorheriger Prüfung des Falles durch das Verfassungsgericht der Ukraine und nach Erhalt seines Beschlusses über die Einhaltung des verfassungsmäßigen Verfahrens bei der Untersuchung und Erörterung des Falles über das Impeachment sowie nach der Beschlußfassung des Obersten Gerichts der Ukraine darüber, daß die dem Präsidenten der Ukraine zur Last gelegte Anklage die Merkmale eines Staatsverrats bzw. eines anderen Verbrechens enthält.

Artikel 112. Im Falle der vorzeitigen Beendigung der Befugnisse des Präsidenten der Ukraine gemäß den Artikeln 108, 109, 110, III dieser Verfassung wird die Wahrnehmung der Pflichten des Präsidenten der Ukraine für die Zeit bis zur Wahl und dem Amtseintritt des neuen Präsidenten der Ukraine dem Premierminister der Ukraine übertragen. In der Zeit der Wahrnehmung der Pflichten des Präsidenten der Ukraine darf der Ministerpräsident der Ukraine die von Pkt. 2, 6, 8, 10, 11, 12, 14, 15, 16, 22, 25, 27 des Artikels 106 der Verfassung der Ukraine vorgesehenen Befugnisse nicht erledigen.

ABSCHNITT VI

DAS MINISTERKABINETT DER UKRAINE, ANDERE ORGANE DER VOLLZIEHENDEN GEWALT

Artikel 113. Das Ministerkabinett der Ukraine ist das oberste Organ im Organsystem der vollziehenden Gewalt.
Das Ministerkabinett der Ukraine ist gegenüber dem Präsidenten der Ukraine verantwortlich, unterliegt der Kontrolle der Werchowna Rada der Ukraine und ist ihr zur Rechenschaft verpflichtet im Rahmen der Artikel 85, 87 der Verfassung' der Ukraine.
Das Ministerkabinett der Ukraine führt seine Tätigkeit gemäß der Verfassung der Ukraine und nach den Gesetzen der Ukraine, nach. den Rechtsakten des Präsidenten der Ukraine.

Artikel 114. Dem Ministerkabinett der Ukraine gehören der Premierminister der Ukraine, der Erste Vizepremierminister, drei Vizepremierminister und die Minister an.
Der Premierminister der Ukraine wird vom Präsidenten der Ukraine mit Zustimmung von mehr als der Hälfte der verfassungsmäßigen Mitglieder der Werchowna Rada der Ukraine berufen.
Die personelle Zusammensetzung des Ministerkabinetts der Ukraine wird vom Präsidenten der Ukraine auf Vorschlag des Premierministers der Ukraine bestimmt.
Der Premierminister der Ukraine leitet die Arbeit des Ministerkabinetts der Ukraine, sorgt für die Durchführung des Programms des Ministerkabinetts der Ukraine, das von der Werchowna Rada der Ukraine gebilligt wurde.
Der Premierminister der Ukraine schlägt dem Präsidenten der Ukraine die Bildung, Reorganisation und Auflösung der Ministerien und sonstiger Zentralorgane der vollziehenden Gewalt, im Rahmen der im Staatshaushalt der Ukraine für die Erhaltung dieser Organe vorgesehenen Mittel vor.

Artikel 115. Das Ministerkabinett der Ukraine legt seine Befugnisse vor dem neugewählten Präsidenten der Ukraine nieder.
Der Premierminister der Ukraine und sonstige Mitglieder des Ministerkabinetts der Ukraine haben das Recht, dem Präsidenten der Ukraine ihren Rücktritt zu erklären.
Der Rücktritt des Premierministers der Ukraine hat den Rücktritt des Ministerkabinetts der Ukraine in seiner gesamten Zusammensetzung zur Folge.
Der Beschluß der Werchowna Rada der Ukraine über ein Mißtrauensvotum gegenüber dem Ministerkabinett der Ukraine hat den Rücktritt des Ministerkabinetts der Ukraine zur Folge.
Das Ministerkabinett der Ukraine, dessen Rücktritt vom Präsidenten der Ukraine angenommen wurde, setzt in dessen Auftrag die Ausübung seiner Befugnisse bis zum Beginn der Tätigkeit des neugebildeten Ministerkabinetts der Ukraine fort, jedoch nicht länger als sechzig Tage.
Der Premierminister der Ukraine ist verpflichtet, dem Präsidenten der Ukraine den Antrag auf Rücktritt des Ministerkabinetts der Ukraine auf Beschluß des Präsidenten der Ukraine oder im Zusammenhang mit einem Mißtrauensvotum der Werchowna Rada der Ukraine einzureichen.

Artikel 116. Das Ministerkabinett der Ukraine:
1. sichert die staatliche Souveränität und die wirtschaftliche Selbständigkeit der Ukraine, die Durchführung der Innen- und Außenpolitik des Staates, die Ausführung der Verfassung und der Gesetze der Ukraine, der Rechtsakte des Präsidenten der Ukraine;
2. ergreift Maßnahmen zur Sicherung der Menschen- und Bürgerrechte und Freiheitsrechte;
3. sichert die Durchführung der Finanz-, Preis-, Investitions- sowie Steuerpolitik; der Politik im Bereich der Arbeit und Beschäftigung der Bevölkerung, des sozialen Schutzes, der Bildung, der Wissenschaft und, der Kultur, des Umweltschutzes, der ökologischen Sicherheit und der Nutzung der Natur;
4. arbeitet gesamtstaatliche Programme der wirtschaftlichen, wissenschaftlich- technischen, sozialen und kulturellen Entwicklung der Ukraine aus und führt diese durch;'•
5. gewährleistet gleiche Bedingungen für die Entwicklung aller Eigentumsformen; verwaltet Objekte des Staatseigentums gemäß Gesetz;
6. arbeitet den Gesetzentwurf über den Staatshaushalt der Ukraine aus und gewährleistet die Ausführung des von der Werchowna Rada der Ukraine angenommenen Staatshaushalts der Ukraine, erstattet der Werchowna Rada Bericht über dessen Erfüllung;
7. ergreift Maßnahmen zur Gewährleistung der Verteidigungsfähigkeit und der nationalen Sicherheit der Ukraine, der öffentlichen Ordnung und der Bekämpfung von Kriminalität;
8. organisiert und gewährleistet die Ausführung der außenwirtschaftlichen Tätigkeit der Ukraine und des Zollwesens;
9. steuert und koordiniert die Arbeit der Ministerien und sonstiger Organe der vollziehenden Gewalt;
10. führt sonstige Funktionen aus, die durch die Verfassung und die Gesetze der Ukraine sowie die Rechtsakte des Präsidenten der Ukraine bestimmt sind.

Artikel 117. Das Ministerkabinett der Ukraine faßt im Rahmen seiner Kompetenz Beschlüsse und erläßt Verordnungen, die verbindlich zu befolgen sind. Die Rechtsakte des Ministerkabinetts der Ukraine werden vom Premierminister der Ukraine unterzeichnet. Die normativen Rechtsakte des Ministerkabinetts der Ukraine, der Ministerien sowie sonstiger Zentralorgane der vollziehenden Gewalt unterliegen der Registrierung nach der vom Gesetz bestimmten Ordnung.

Artikel 118. Die vollziehende Gewalt in Gebieten und Landkreisen, in den Städten Kyjiw und Sewastopol wird von den örtlichen Staatsverwaltungen ausgeführt.
Die Besonderheiten der Ausführung der vollziehenden Gewalt in den Städten Kyjiw und Sewastopol werden durch Gesetze der Ukraine geregelt.
Die personelle Zusammensetzung der örtlichen Staatsverwaltungen wird von den Leitern der örtlichen Staatsverwaltungen bestimmt.
Die Leiter der örtlichen Staatsverwaltungen werden durch den Präsidenten der Ukraine auf Vorschlag des Ministerkabinetts der Ukraine ins Amt berufen und aus dem Amt entlassen.
Die Leiter der örtlichen Staatsverwaltungen sind bei der Wahrnehmung ihrer Vollmachten dem Präsidenten der Ukraine und dem Ministerkabinett der Ukraine gegenüber verant-

wortlich und werden von den Organen der vollziehenden Gewalt der höheren Instanz kontrolliert und sind ihnen gegenüber rechenschaftspflichtig.
Die örtlichen Staatsverwaltungen werden bezüglich des Teils der Befugnisse, die ihnen von den jeweiligen Landkreis- bzw. Gebietsräten delegiert wurden, von diesen kontrolliert und sind ihnen gegenüber rechenschaftspflichtig.
Die örtlichen Staatsverwaltungen werden von Organen der vollziehenden Gewalt der höheren Instanz kontrolliert und sind ihnen gegenüberrechenschaftspflichtig.
Die Entscheidungen der Leiter der örtlichen Staatsverwaltungen, die zur Verfassung und Gesetzgebung der Ukraine sowie zu anderen Gesetzgebungsakten der Ukraine im Widerspruch stehen, können vom Präsidenten der Ukraine oder vom Vorsitzenden der staatlichen Verwaltung der höheren Instanz gemäß Gesetz außer Kraft gesetzt werden.
Ein Gebiets- oder Landkreisrat darf dem Leiter der örtlichen Staatsverwaltung sein Mißtrauen aussprechen, aufgrund dessen der Präsident der Ukraine seine Entscheidung fällt und eine begründete Antwort gibt.
Falls dem Leiter der Staatsverwaltung des Landkreises oder des Gebiets mit zwei Dritteln der Stimmen des jeweiligen Rates das Mißtrauen ausgesprochen wurde, entscheidet der Präsident der Ukraine über den Rücktritt des Leiters der örtlichen Staatsverwaltung.

Artikel 119. Die örtlichen Staatsverwaltungen auf dem jeweiligen Territorium stellen sicher:
1. Ausführung der Verfassung der Ukraine und der Gesetze der Ukraine, der Rechtsakte des Präsidenten der Ukraine, des Ministerkabinetts der Ukraine und anderer Organe der vollziehenden Gewalt;
2. Beachtung von Gesetz und Rechtsordnung; Einhaltung von Rechten und Freiheiten der Bürger;
3. Ausführung von staatlichen, und regionalen Programmen der sozialwirtschaftlichen und kulturellen Entwicklung, von Programmen des Umweltschutzes sowie in den dicht besiedelten Gebieten der Urbevölkerung und nationaler Minderheiten auch der Programme ihrer nationalen und kulturellen Entwicklung;
4. Vorbereitung und Ausführung der jeweiligen Gebiets- und Landkreishaushalte;
5. Berichterstattung über die Ausführung der jeweiligen Haushalte und Programme;
6. Zusammenwirken mit Organen der Selbstverwaltung;
7. Realisierung sonstiger, vom Staat übertragener und von den jeweiligen Räten delegierter Befugnisse.

Artikel 120. Die Mitglieder des Ministerkabinetts der Ukraine, die Leiter der zentralen Organe und der Ortsorgane der vollziehenden Gewalt dürfen ihre dienstlichen Tätigkeiten mit keiner anderen Tätigkeit in Verbindung bringen, außer mit einer Vorlesungs-, Wissenschafts- und schöpferischen Tätigkeit in ihrer Freizeit; sie dürfen keinem Führungsorgan oder Aufsichtsrat eines Unternehmens angehören, dessen Zweck Gewinnerzielung ist.
Die Organisation, Befugnisse und die Geschäftsordnung des Ministerkabinetts der Ukraine sowie anderer Zentral- und Ortsorgane der vollziehenden Gewalt werden durch die Verfassung und durch Gesetze der Ukraine bestimmt.

ABSCHNITT VII

DIE STAATSANWALTSCHAFT

Artikel 121. Die Staatsanwaltschaft der Ukraine stellt ein einheitliches System dar; ihr wird übertragen:
1. Erhebung einer staatlichen Anklage vor Gericht;
2. Vertretung der Interessen eines Staatsbürgers oder des Staates vor Gericht in den Fällen, die durch Gesetz festgelegt sind;
3. Aufsicht über die Einhaltung der Gesetze durch die Organe, die operative Fahndungstätigkeit, Ermittlung, vorgerichtliche Untersuchungen durchführen;
4. Aufsicht über die Einhaltung von Gesetzen beim Vollzug der Gerichtsbeschlüsse in strafrechtlichen Fällen sowie bei der Anwendung anderer Zwangsmaßnahmen, die mit der Einschränkung der persönlichen Freiheit der Staatsbürger in Zusammenhang stehen.

Artikel 122. Die Staatsanwaltschaft der Ukraine wird vom Generalstaatsanwalt der Ukraine geleitet, der vom Präsidenten der Ukraine nut Zustimmung der Werchowna Rada der Ukraine in das Amt berufen und aus dem Amt entlassen Wird. Die Werchowna Rada der Ukraine kann dem Generalstaatsanwalt der Ukraine das Mißtrauen aussprechen, was seinen Rücktritt zur Folge hat.
Die Amtsperiode des Generalstaatanwalts der Ukraine beträgt fünf Jahre.

Artikel 123. Die Organisation und die Geschäftsordnung der Staatsanwaltschaft der Ukraine werden durch Gesetz bestimmt.

ABSCHNITT VIII

DAS GERICHTSWESEN

Artikel 124. Die Rechtssprechung wird in der Ukraine ausschließlich durch Gerichte ausgeübt. Das Delegieren von Gerichtsfunktionen sowie die Aneignung dieser Funktionen durch andere Organe oder Amtspersonen ist unzulässig.
Die Gerichtsbarkeit der Gerichte erstreckt sich auf sämtliche Rechtsverhältnisse, die im Staate vorkommen.
Das Gerichtsverfahren wird durch das Verfassungsgericht der Ukraine sowie durch Gerichte der allgemeinen Gerichtsbarkeit vollzogen.
Das Volk beteiligt sich unmittelbar an der Ausübung der Rechtssprechung Über Volksbeisitzer und Geschworene.
Die Gerichtsbeschlüsse werden von den Gerichten im Namen der Ukraine gefaßt und sind auf dem gesamten Territorium der Ukraine verbindlich.

Artikel 125. Das Gerichtssystem der allgemeinen Gerichtsbarkeit in der Ukraine wird nach dem Territorial- und Spezialisierungsprinzip gebildet.

Das Oberste Gericht der Ukraine ist das höchste Gerichtsorgan im Gerichtssystem der allgemeinen Gerichtsbarkeit.
Als höhere Gerichtsorgane der spezialisierten Gerichte gelten die entsprechenden höheren Gerichte.
Es wirken in Übereinstimmung mit dem Gesetz Appellations- und örtliche Gerichte.
Die Bildung von außerordentlichen und Sondergerichten ist unzulässig.

Artikel 126. Die Unabhängigkeit und Unantastbarkeit der Richter wird durch die Verfassung und Gesetze der Ukraine garantiert.
Jegliche Beeinflussung der Richter ist verboten.
Der Richter darf ohne Zustimmung der Werchowna Rada der Ukraine vor seiner Schuldsprechung durch ein Gericht weder festgenommen noch verhaftet werden.
Die Richter bekleiden ihre Ämter auf unbestimmte Zeit, ausgenommen die Richter des Verfassungsgerichts der Ukraine sowie die Richter, die erstmalig in das Richteramt berufen werden.
Der Richter wird in folgenden Fällen aus dem Amt von dem Organ entlassen, das ihn gewählt oder ernannt hat, bei:
1. Ablauf des Zeitraums, für welchen er gewählt oder ernannt wurde;
2. Erreichung des fünfundsechzigsten Lebensjahres;
3. der Unmöglichkeit der Wahrnehmung seiner Befugnisse aus gesundheitlichen Gründen;
4. Verletzung des Unvereinbarkeitsgebots durch den Richter;
5. Verletzung des Eides durch den Richter;
6. Inkrafttreten eines Schuldspruchs gegen ihn;
7. Aussetzung seiner Staatsbürgerschaft;
8. einer Verschollenheits- oder Toderklärung;
9. einem Antrag des Richters über seinen Rücktritt oder bei der Amtsentlassung auf eigenen Wunsch.
Die Befugnisse eines Richters enden durch seinen Tod. Der Staat gewährleistet die persönliche Sicherheit der Richter und ihrer Familien.

Artikel 127. Die Rechtssprechung erfolgt durch Berufsrichter und in den vom Gesetz vorgesehenen Fällen durch Volksbeisitzer und Geschworene.
Die Berufsrichter dürfen keiner politischen Partei oder Gewerkschaft angehören, sich nicht an politischer Tätigkeit beteiligen, kein Vertretungsmandat besitzen, keinerlei andere besoldete Ämter bekleiden, keine andere bezahlte Arbeit leisten, ausgenommen wissenschaftliche, Lehr- und schöpferische Tätigkeiten.
Für das Amt eines Richters kann von der Qualifikationskommission der Richter ein Staatsbürger der Ukraine vorgeschlagen werden, der nicht jünger als fünfundzwanzig Jahre ist, eine juristische Hochschulbildung absolviert hat und mindestens drei Jahre Berufserfahrung auf dem Rechtsgebiet nachweist, seinen Wohnsitz seit mindestens zehn Jahren in der Ukraine hat und die Staatssprache beherrscht.
Richter an spezialisierten Gerichten können Personen sein, die über eine fachbezogene Ausbildung im Rechtsbereich dieser Gerichte verfügen. Diese Richter führen das Gerichtsverfahren nur zusammen mit einem Richterkollegium durch.

Die zusätzlichen Anforderungen an einzelne Kategorien der Richter bezüglich Dienst- und Lebensalter sowie der Berufserfahrung werden durch Gesetz festgelegt.
Der Schutz der beruflichen Interessen der Richter erfolgt gemäß den im Gesetz festgelegten Bestimmungen.

Artikel 128. Die erstmalige Berufung in das Amt eines Berufsrichters für einen Zeitraum von fünf Jahren erfolgt durch den Präsidenten der Ukraine. Alle anderen Richter, ausgenommen Richter des Verfassungsgerichts der Ukraine, werden von der Werchowna Rada der Ukraine auf unbestimmte Zeit gemäß den gesetzlichen Bestimmungen gewählt.
Der Vorsitzende des Obersten Gerichts der Ukraine wird vom Plenum des Obersten Gerichts der Ukraine durch geheime Abstimmung gemäß den gesetzlichen Bestimmungen in das Amt berufen und aus dem Amt entlassen.

Artikel 129. Die Richter sind bei der Ausübung der Rechtssprechung unabhängig und nur dem Gesetz unterworfen.
Das Gerichtsverfahren wird durch einen Einzelrichter allein, durch ein Richterkollegium oder durch ein Schwurgericht geführt.
Die Hauptgrundsätze des Gerichtsverfahrens sind:
1. Gesetzlichkeit;
2. Gleichheit aller Beteiligten des Gerichtsverfahrens vor Gesetz und Gericht;
3. Gewährleistung des Schuldbeweises;
4. Streitigkeit der Parteien, ihre Freiheit, vor Gericht Beweise zu führen und das Gericht von ihrer Beweiskraft zu überzeugen;
5. Erhebung der staatlichen Anklage im Gericht durch einen Staatsanwalt;
6. Gewährleistung des Rechts des Angeklagten auf Verteidigung;
7. Öffentlichkeit des Gerichtsverfahrens und dessen vollständige Aufzeichnung mit technischen Mitteln;•
8. Gewährleistung der Appellations- und der Kassationsberufung gegen ein Gerichtsurteil, mit Ausnahme von durch Gesetz bestimmten Fällen;
9. Verbindlichkeit der gerichtlichen Entscheidungen.
Durch Gesetz können auch andere Grundsätze des Gerichtsverfahrens einzelner Gerichtsbarkeiten festgelegt werden.
Für die Mißachtung des Gerichts und des Richters werden schuldige Personen zur rechtlichen Verantwortung gezogen.

Artikel 130. Der Staat sichert die Finanzierung und entsprechende Bedingungen für das Funktionieren der Gerichte und der Tätigkeit der Richter. Im Staatshaushalt der Ukraine werden die Ausgaben für die Finanzierung der Gerichte gesondert aufgeführt.
Die Lösung von Fragen der inneren Gerichtstätigkeit obliegt der richterlichen Selbstverwaltung.

Artikel 131. In der Ukraine ist der Höchste Justizrat tätig mit Zuständigkeit für:
1. Unterbreitung von Vorschlägen über die Berufung der Richter in das Amt und ihre Entlassung aus dem Amt;

2. Beschlußfassung bei Verletzung des Unvereinbarkeitsgrundsatzes durch Richter und Staatsanwälte;
3. Durchführung des Disziplinarverfahrens gegen Richter des Obersten Gerichts der Ukraine und gegen Richter der höchsten spezialisierten Gerichte sowie Prüfung von Beschwerden zur Entscheidung über das Heranziehen der Richter von Appellations- und örtlichen Gerichten sowie der Staatsanwälte zur Disziplinarverantwortung.
Der Höchste Justizrat besteht aus zwanzig Mitgliedern. Die Werchowna Rada der Ukraine, der Präsident der Ukraine, der Richtertag der Ukraine, der Rechtsanwaltstag der Ukraine, der Kongress der Vertreter juristischer Hochschulanstalten und wissenschaftlicher Institutionen bestimmen jeweils drei Mitglieder, und die allukrainische Beschäftigtenkonferenz der Staatsanwaltschaft bestimmt zwei Mitglieder für den Höchsten Justizrat. Von Amts wegen gehören zum Höchsten Justizrat der Vorsitzende des Obersten Gerichts der Ukraine, der Justizminister der Ukraine sowie der Generalstaatsanwalt der Ukraine.

ABSCHNITT IX

DIE STAATSGEBIETSORG DER UKRAINE

Artikel 132. Die Staatsgebietsordnung der Ukraine beruht auf den Grundsätzen der Einheit und der Gesamtheit des Staatsterritoriums, auf der Verbindung von Zentralisierung und Dezentralisierung bei der Ausübung der Staatsgewalt sowie auf der Ausgewogenheit der sozio-wirtschaftlichen Entwicklung der Regionen unter Berücksichtigung ihrer historischen, wirtschaftlichen, ökologischen, geographischen und demographischen Besonderheiten und ihrer ethnischen und kulturellen Traditionen.

Artikel 133. Das System der administrativ4erritOrialen Ordnung der Ukraine bilden die Autonome Republik Krym, Gebiete, Landkreise, Städte, Stadtbezirke, Siedlungen und Dörfer.
Zum Bestand der Ukraine gehören die Autonome Republik Krym, die Gebiete von: Winnyzia, Wolhyn', Dnipropetrows'k~ Donez'k, Shytomyr, Sakarpatja, Saporischia, Iwano~FrankiwSk, Kyjiw, Kirowohrad, Luhans'k, L'wiw, Mykolajiw, Odesa, Poltawa, Riwne, Sumy, Ternopil, Charkiw, Cherson, Chmelnytz'kyj, Tscherkasy, Tscherniwzi, Tschernihiw, sowie die Städte Kyjiw und Sewastopol'.
Die Städte Kyjiw und Sewastopol haben einen Sonderstatus, der durch Gesetze der Ukraine bestimmt wird.

ABSCHNITT X

DIE AUTONOME REPUBLIK KRYM

Artikel 134. Die Autonome Republik Krym ist untrennbarer Bestandteil der Ukraine und entscheidet im Rahmen der durch die Ver- fassung der Ukraine bestimmten Grenzen über die in ihre Zuständigkeit fallenden Angelegenheiten.

Artikel 135. Die Autonome Republik Krym hat eine Verfassung der Autonomen Republik Krym, die von der Werchowna Rada der Autonomen Republik Krym verabschiedet und von der Werchowna Rada der Ukraine mit nicht weniger als der Hälfte der verfassungsmäßigen Mitglieder der Werchowna Rada der Ukraine gebilligt wird.
Die normativen Rechtsakte der Werchowna Rada der Autonomen Republik Krym und die Beschlüsse des Ministerrates der Autonomen Republik Krym dürfen in keinem Widerspruch zur Verfassung und zu den Gesetzen der Ukraine stehen, sie werden in Übereinstimmung mit der Verfassung der Ulkraine und. den Gesetzen der Ukraine, den Rechtsakten des Präsidenten der Ukraine sowie des Ministerkabinetts der Ukraine angenommen und zur Ausführung erlassen.

Artikel 136. Die Werchowna Rada der Autonomen Republik Krym ist das Repräsentationsorgan der Autonomen Republik Krym.
Die Werchowna Rada der Autonomen Republik Krym faßt Entscheidungen im Rahmen ihrer Befugnisse und Beschlüsse, die in der Autonomen Republik Krym zu befolgen sind.
Der Ministerrat der Autonomen Republik Krym ist die Regierung der Autonomen Republik Krym. Der Vorsitzende des Ministerrates der Autonomen Republik Krym wird vom Obersten Rat der Autonomen Republik Ktym in Übereinstimmung mit dem Präsidenten der Ukraine in sein Amt berufen und entlassen.
Die Befugnisse, Gestaltungs- und die Tätigkeitsordnung der Werchowna Rada der Autonomen Republik Krym und des Ministerrates der Autonomen Republik Krym werden bestimmt durch die Verfassung der Ukraine und die Gesetze der Ukraine und durch die normativen Rechtsakte der Werchowna Rada der Autonomen Republik Krym in Fragen, die zu ihrer Kompetenz gehören.
Die Gerichtsbarkeit in der Autonomen Republik Krym erfolgt durch Gerichte, die zum einheitlichen Gerichtssystem der Ukraine gehören.

Artikel 137. Die Autonome Republik Krym übt normative Regelung in folgenden Fragen aus:
1. Land- und Forstwirtschaft;
2. Flurbereinigung und Steinbrüche;
3. öffentliche Arbeiten, Handwerk und Gewerbe, Wohltätigkeit;
4. Städtebau und Wohnungswirtschaft;
5. Tourismus, Hotelwesen, Messen;
6. Museen, Bibliotheken, Theater, andere Kultureinrichtungen, historische Schutz- und Kulturschutzgebiete;
7. öffentlicher Verkehr, Verkehrsstraßen, Wasserleitungen;
8. Jagd, Fischerei;
9. Sanitätsdienst und ärztlicher Dienst.
Der Präsident der Ukraine kann die Wirkung der normativen Rechtsakte der Werchowna Rada der Autonomen Republik Krym aus Gründen der Unvereinbarkeit mit der Verfassung der Ukraine sowie mit den Gesetzen der Ukraine mit gleichzeitiger Anrufung des Verfassungsgerichts der Ukraine wegen ihrer Verfassungsmäßigkeit außer Kraft setzen.

Artikel 138. In die Zuständigkeit der Autonomen Republik Krym fällt:
1. Ansetzung von Wahlen der Abgeordneten der Werchowna Rada der Autonomen Republik Krym, Bestätigung der Zusammensetzung der Wahlkommission der Autonomen Republik Krym;
2. Organisation und Abhaltung von örtlichen Volksentscheiden;
3. Verwaltung des Vermögens, das der Autonomen Republik Krym gehört;
4. Aufstellung, Bestätigung und Realisierung des Haushalts der Autonomen Republik Krym auf der Grundlage der einheitlichen Steuer- und Haushaltspolitik der Ukraine;
5. Ausarbeitung, Bestätigung und Realisierung der Programme der Autonomen Republik Krym in Fragen der sozial-wirtschaftlichen und kulturellen Entwicklung, der rationellen Nutzung von Naturreichtümern und des Umweltschutzes im Einklang mit gesamtstaatlichen Programmen;
6. Benennung von Ortschaften als Kurorte; Festlegung von Zonen des gesundheitlich-sanitären Schutzes der Kurorte;
7. Teilnahme an der Gewährleistung von Rechten und Freiheiten für die Staatsbürger, der nationalen Eintracht, der Förderung des Schutzes der öffentlichen Ordnung und der Sicherheit der Bürger;
8. Gewährleistung des Gebrauchsund der Entwicklung der Staatssprache und der Nationalsprachen und -kulturen in der Auto-nomen Republik Krym; Schutz und Nutzung der historischen Denkmäler;
9. Teilnahme an der Ausarbeitung und Realisierung der staatlichen Programme über die Rückkehr von deportierten Völkern;
10. Anträge zur Einführung des Ausnahmezustandes und Festlegung der Umweltkatastrophengebiete in der Autonomen Republik Krym oderin einzelnen Ortschaften.
Durch Gesetze der Ukraine können der Autonomen Republik Krym auch andere Befugnisse übertragen werden.

Artikel 139. In der Autonomen Republik Krym ist die Vertretung des Präsidenten der Ukraine tätig, deren Status durch ein Gesetz der Ukraine bestimmt wird.

ABSCHNITT XI

DIE LOKALE SELBSTVERWALTUNG

Artikel 140. Die lokale Selbstverwaltung ist das Recht einer Territorialgemeinde - der Bewohner eines Dorfes oder einer freiwilligen Vereinigung mehrerer Dörfer zu einer Landgemeinde, einer Siedlung oder einer Stadt - Fragen von lokaler Bedeutung im Rahmen der Verfassung der Ukraine und der Gesetze der Ukraine selbständig zu entscheiden.
Die Besonderheiten der Realisierung der lokalen Selbstverwaltung in den Städten Kyjiw und Sewastopol werden durch besondere Gesetze festgelegt.
Die lokale Selbstverwaltung wird von der Territorialgemeinde gemäß den Vorschriften des Gesetzes sowohl unmittelbar als auch über die Organe der lokalen Selbstverwaltung - Dorf-, Siedlungs-, Stadträte und ihrer vollziehenden Organe - ausgeübt.

Die Landkreis- und Gebietsräte sind Organe der lokalen Selbstverwaltung, die gemeinsame Interessen von Territorialgemeinden der Dörfer, Siedlungen und Städte vertreten.
Fragen der Verwaltungsorganisation der Stadtbezirke gehören zur Kompetenz der Stadträte.
Die Dorf-, Siedlungs-, Stadträte können den Bewohnern auf ihre Initiative hin eigene Haus-, Straßen-, Stadtviertel- und sonstige Organe der Selbstverwaltung genehmigen und ihnen eigene Teilkompetenz, Finanzen und Vermögen zuteilen.

Artikel 141. Den Dorf-, Siedlungs-, Stadtrat bilden Abgeordnete, die von Dorf-, Siedlungs-, Stadtbewohnern auf der Grundlage des allgemeinen, gleichen~ direkten Wahlrechts durch geheime Abstimmung für eine Zeit von vier Jahren gewählt werden.
Die Territorialgemeinden wählen auf der Grundlage des allgemeinen, gleichen' direkten Wahlrechts durch geheime Abstimmung für eine Zeit von vier Jahren das jeweilige Oberhaupt des Dorfes, der Siedlung oder der Stadt, das dem vollziehenden Organ des Rates vorsteht sowie den Vorsitz bei der Ratssitzung führt.
Der Status des Oberhauptes, der Gemeinderäte, der vollziehenden Organe der Räte, ihre Befugnisse, die Ordnung der Bildung, der Reorganisation sowie der Abschaffung wird durch Gesetz bestimmt.
Der Vorsitzende des Landkreisrates und der Vorsitzende des Gebietsrates werden vom jeweiligen Rat gewählt und stehen dem Exekutivapparat des Rates vor.

Artikel 142. Als materielle und finanzielle Basis der lokalen Selbstverwaltung dient das bewegliche und unbewegliche Vermögen, Einkünfte der örtlichen Haushalte, sonstige Mittel, Grund und Boden, die Naturressourcen, die sich im Eigentum der Territorialgemeinden der Dörfer, Siedlungen, Städte, Stadtbezirke befinden, sowie Objekte ihres gemeinsamen Eigentums, die von Landkreis- und Gebietsräten verwaltet werden.
Die Territorialgemeinde der Dörfer, Siedlungen und Städte können auf Vertragsbasis die Objekte des Kommunaleigentums sowie die Haushaltsmittel zur Durchführung von Gemeinschaftsprojekten oder zur Gemeinschaftsfinanzierung (Aufrechterhaltung) der Kommunalunternehmen, Organisationen und Anstalten vereinigen und für diesen Zweck entsprechende Organe und Dienste bilden.
Der Staat nimmt an der Bildung von Einkünften der Haushalte lokaler Selbstverwaltung teil und unterstützt finanziell die lokale Selbstverwaltung. Die Ausgaben der Organe der lokalen Selbstverwaltung, die durch Beschlüsse der Staatsorgane entstanden sind, werden vom Staat erstattet.

Artikel 143. Die Territorialgemeinden eines Dorfes, einer Siedlung oder einer Stadt verwalten unmittelbar oder über die von Ihnen gebildeten lokalen Selbstverwaltungsorgane das Vermögen, das sich im Kommunaleigentum befindet; sie beschließen und kontrollieren die Ausführung der Programme der sozial-wirtschaftlichen und kulturellen Entwicklung; bestätigen und kontrollieren die Realisierung der Haushalte der jeweiligen administrativ-territorialen Einheit; bestimmen örtliche Steuern und Abgaben auf gesetzlicher Grundlage; gewährleisten die Durchführung der örtlichen Volksentscheide und die Realisierung ihrer Ergebnisse; bilden, reorganisieren und lösen kommunale Unternehmen,

Organisationen und Anstalten auf, kontrollieren ihre Tätigkeit; entscheiden sonstige Fragen mit Ortscharakter, für die sie gesetzlich zuständig sind.
Die Gebiets- und Landkreisräte bestätigen Programme der sozialwirtschaftlichen und kulturellen Entwicklung der jeweiligen Gebiete und Landkreise und kontrollieren ihre Umsetzung; bestätigen die Gebietsund Landkreishaushalte, die aus Mitteln des Staatshaushalts zu deren Verteilung zwischen den Territorialgemeinden bzw. zur Ausführung von Gemeinschaftsprojekten sowie aus den Mitteln gebildet werden, die zur Realisierung von sozial-wirtschaftlichen und kulturellen Gemeinschaftsprogrammen auf Vertragsbasis aus örtlichen Haushalten verwendet werden und kontrollieren ihre Ausführung; sie entscheiden andere Fragen, die gesetzlich in ihre Kompetenz fallen.
Den Organen der lokalen Selbstverwaltung können einzelne Befugnisse der Organe der vollziehenden Gewalt durch Gesetz zugewiesen werden. Der Staat finanziert die Realisierung dieser Aufgaben in vollem Umfang aus Mitteln des Staatshaushaltes der Ukraine oder durch Zurechnung zum örtlichen Haushalt einzelner gesamtstaatlicher Steuern gemäß gesetzlichen Bestimmungen, er übergibt den Organen der lokalen Selbstverwaltung entsprechende Objekte des Staatseigentums.
In Fragen der Realisierung von Befugnissen der Organe der vollziehenden Gewalt unterliegen die Organe der lokalen Selbstverwaltung der Kontrolle entsprechender Organe der vollziehenden Gewalt.

Artikel 144. Die Organe der lokalen Selbstverwaltung fassen im Rahmen der gesetzlichen Befugnisse Beschlüsse, die auf dem jeweiligen Territorium verbindlich sind.
Beschlüsse der Organe der lokalen Selbstverwaltung, die mit der Verfassung oder den Gesetzen der Ukraine nicht übereinstimmen, werden gemäß Gesetz eingestellt unter gleichzeitiger Anrufung des Gerichts.

Artikel 145. Die Rechte der lokalen Selbstverwaltung werden durch die Gerichtsbarkeit geschützt.

Artikel 146. Andere Fragen der Organisation der lokalen Selbstverwaltung, der Gestaltung ihrer Tätigkeit und der Verantwortung der Organe der lokalen Selbstverwaltung werden durch Gesetz bestimmt.

ABSCHNITT XII

DAS VERFASSUNGSGERICHT DER UKRAINE

Artikel 147. Das Verfassungsgericht der Ukraine ist das einzige Organ der Verfassungsgerichtsbarkeit in der Ukraine.
Das Verfassungsgericht der Ukraine entscheidet über die Vereinbarkeit von Gesetzen und anderen Rechtsakten mit der Verfassung der Ukraine und gibt die offizielle Interpretation der Verfassung der Ukraine und der Gesetze der Ukraine.

Artikel 148. Das Verfassungsgericht der Ukraine besteht aus achtzehn Richtern des Verfassungsgerichts der Ukraine.
Der Präsident der Ukraine, die Werchowna Rada der Ukraine und der Richtertag der Ukraine bestimmen jeweils sechs Richter des Verfassungsgerichts der Ukraine.
Richter des Verfassungsgerichts der Ukraine kann ein Staatsbürger er Ukraine sein, der am Tage der Berufung das Alter von vierzig Jahren vollendet hat, eine juristische Hochschulausbildung absolviert hat und über mindestens zehn Jahre Berufserfahrung verfügt, seit mindestens zwanzig Jahren in der Ukraine wohnt und die Staatssprache beherrscht.
Der Richter des Verfassungsgerichts der Ukraine wird ohne Recht auf Wiederernennung für neun Jahre berufen.
Der Vorsitzende des Verfassungsgerichts der Ukraine wird auf einer Sonderplenarsitzung des Verfassungsgerichts der Ukraine aus den Richtern des Verfassungsgerichts der Ukraine durch geheime Abstimmung für eine nur dreijährige Dauer gewählt.

Artikel 149. Auf die Richter des Verfassungsgerichts der Ukraine erstrecken sich die Garantien ihrer Unabhängigkeit und der Unantastbarkeit, die Grundlagen für ihre Amtsentlassung, die im Artikel 126 die- 5er Verfassung vorgesehen sind, sowie die Anforderungen bezüglich der Unvereinbarkeit, die im Teil 2, Artikel 127 dieser Verfassung angeführt sind.

Artikel 150. Zu den Befugnissen des Verfassungsgerichts der Ukraine gehören:
1. Entscheidung über die Vereinbarkeit mit der Verfassung der Ukraine (Verfassungsmäßigkeit) von:
- Gesetzen und sonstigen Rechtsakten der Werchowna Rada der Ukraine;
- Rechtsakten des Präsidenten der Ukraine;
- Rechtsakten des Ministerkabinetts der Ukraine;
- normativen Rechtsakten der Werchowna Rada der Autonomen Republik Krym;
Diese Fragen werden geprüft auf Antrag: des Präsidenten der Ukraine; mindestens fünfundvierzig Abgeordneten der Werchowna Rada der Ukraine; des Obersten Gerichts der Ukraine; des Beauftragten der Werchowna Rada der Ukraine für Menschenrechte; der Werchowna Rada der Autonomen Republik Krym;
2. Offizielle Interpretation der Verfassung der Ukraine und der Gesetze der Ukraine.
Zu Fragen, die in diesem Artikel vorgesehen sind, faßt das Verfassungsgericht der Ukraine Beschlüsse, die auf dem Territorium der Ukraineverbindlich, endgültig und nicht einklagbar sind.

Artikel 151. Das Verfassungsgericht der Ukraine beschließt auf Antrag des Präsidenten der Ukraine oder des Ministerkabinetts der Ukraine über die Übereinstimmung der Verfassung der Ukraine mit gültigen internationalen Abkommen der Ukraine oder denjenigen internationalen Abkommen, die der Werchowna Rada der Ukraine vorgelegt werden, um ihre Zustimmung für deren Verbindlichkeit zu erhalten.
Auf Antrag der Werchowna Rada der Ukraine beschließt das Verfassungsgericht der Ukraine über die Einhaltung des verfassungsmäßigen Verfahrens bei der Untersuchung und Prüfung der Amtsenthebung des Präsidenten der Ukraine durch Impeachment.

Artikel 152. Gesetze und sonstige Rechtsakte werden nach der Entscheidung des Verfassungsgerichts der Ukraine ganz oder teilweise als verfassungswidrig erklärt, wenn sie mit der Verfassung der Ukraine nicht übereinstimmen oder wenn das durch die Verfassung der Ukraine vorgeschriebene Verfahren für ihre Erörterung, Verabschiedung oder ihr Inkrafttreten verletzt worden ist.

Verfassungswidrig erklärte Gesetze, andere Rechtsakte oder deren einzelne Bestimmungen verlieren ihre Gültigkeit ab dem Tag der Entscheidung des Verfassungsgerichts der Ukraine über ihre Verfassungswidrigkeit.

Ein materieller oder moralischer Schaden, der natürlichen oder juristischen Personen durch Rechtsakte und Handlungen entstanden ist, die als verfassungswidrig erkannt wurden, wird vom Staat in gesetzlich vorgeschriebener Weise ersetzt.

Artikel 153. Die Organisations- und Tätigkeitsordnung des Verfassungsgerichts der Ukraine sowie das Prüfverfahren werden durch Gesetz bestimmt.

ABSCHNITT XIII

ÄNDERUNGEN DER VERFASSUNG DER UKRAINE

Artikel 154. Ein Gesetzentwurf über die Vornahme von Änderungen in der Verfassung der Ukraine kann bei der Werchowna Rada der Ukraine vom Präsidenten der Ukraine oder von mindestens einem Drittel der verfassungsmäßigen Mitglieder der Werchowna Rada der Ukraine eingebracht werden.

Artikel 155. Ein Gesetzentwurf über die Änderungen in der Verfassung der Ukraine, außer den Abschnitten 1 „Allgemeine Grundsätze", III „Wahlen. Volksentscheid" und dem Abschnitt XIII „Änderungen in der Verfassung der Ukraine", der vorher von der Mehrheit der verfassungsmäßigen Abgeordnetenzahl der Werchowna Rada der Ukraine gebilligt wird, gilt als verabschiedet, wenn in der nächsten ordentlichen Sitzungsperiode der Werchowna Rada der Ukraine mindestens zwei Drittel der verfassungsmäßigen Mitglieder der Werchowna Rada der Ukraine dafür gestimmt haben.

Artikel 156. Ein Gesetzentwurf über die Änderungen in den Abschnitten 1 „Allgemeine Grundlagen", III „Wahlen, Volksentscheid" und dem Abschnitt XIII „Änderungen in der Verfassung der Ukraine" wird der Werchowna Rada der Ukraine vom Präsidenten der Ukraine oder von mindestens zwei Dritteln der verfassungsmäßigen Abgeordnetenzahl der Werchowna Rada der Ukraine vorgelegt und unter der Bedingung seiner Annahme mit zwei Dritteln der verfassungsmäßigen Mitglieder der Werchowna Rada der Ukraine, durch den allukrainischen Volksentscheid bestätigt, der vom Präsidenten der Ukraine angeordnet wird.

Die Wiedervorlage des Gesetzentwurfs über die Änderungen in den Abschnitten 1, III und XIII dieser Verfassung zu derselben Frage ist an die Werchowna Rada der Ukraine erst in der nächsten Legislaturperiode möglich.

Artikel 157. Die Verfassung der Ukraine darf nicht geändert werden, wenn die Änderungen die Abschaffung oder Beschränkung der Menschen- und Bürgerrechte und -freiheiten vorsehen oder auf Beseitigung der Unabhängigkeit oder Verletzung der territorialen Gesamtheit der Ukraine gerichtet sind.
Die Verfassung der Ukraine darf während des Kriegs- oder Ausnahmezustandes nicht geändert werden.

Artikel 158. Ein Gesetzentwurf über die Vornahme von Änderungen in der Verfassung der Ukraine, der durch die Werchowna Rada der Ukraine geprüft und wobei kein Gesetz verabschiedet wurde, kann der Werchowna Rada der Ukraine frühestens in einem Jahr nach der Beschlußfassung bezüglich dieses Gesetzentwurfs eingereicht werden.
Die Werchowna Rada der Ukraine darf die gleichen Bestimmungen der Verfassung der Ukraine während ihrer Legislaturperiode nicht zweimal ändern.

Artikel 159. Ein Gesetzentwurf über die Vornahme von Änderungen in der Verfassung der Ukraine wird durch die Werchowna Rada der Ukraine nach Vorliegen der Schlußfolgerung des Verfassungsgerichts der Ukraine bezüglich der Vereinbarkeit dieses Gesetzentwurfs mit den Bestimmungen der Artikel 157 und 158 dieser Verfassung behandelt.

ABSCHNITT XIV

SCHLUSSBESTIMMUNGEN

Artikel 160. Die Verfassung der Ukraine tritt ab dem Tag ihrer Verabschiedung in Kraft.

Artikel 161. Der Tag der Verfassungsverabschiedung der Ukraine ist ein staatlicher Feiertag - Tag der Verfassung der Ukraine.

ABSCHNITT XV

ÜBERGANGSBESTIMMUNGEN

1. Gesetze und sonstige Rechtsakte, die vor dem Inkrafttreten dieser Verfassung verabschiedet wurden, sind gültig, soweit sie zur Verfassung der Ukraine nicht in Widerspruch stehen.

2. Die Werchowna Rada der Ukraine hat nach der Verabschiedung der Verfassung der Ukraine die Befugnisse, die von dieser Verfassung vorgesehen sind.
Die ordentlichen Wahlen zur Werchowna Rada der Ukraine finden
im März 1998 statt.

3. Die ordentlichen Wahlen des Präsidenten der Ukraine finden am letzten Oktobersonntag des Jahres 1999 statt.

4. Der Präsident der Ukraine hat das Recht, im Laufe von drei Jahren nach dem Inkrafttreten der Verfassung der Ukraine die vom Ministerkabinett der Ukraine gebilligten und vom Premierminister der Ukraine unterzeichneten Erlasse zu Wirtschaftsfragen, die gesetzlich nicht geregelt sind, mit gleichzeitiger Einreichung eines entsprechenden Gesetzentwurfs bei der Werchowna Rada der Ukraine gemäß dem im Artikel 93 dieser Verfassung festgelegten Verfahren zu beschließen.

Ein solcher Erlaß des Präsidenten der Ukraine tritt in Kraft, wenn binnen dreißig Kalendertagen ab dem Tag des Einreichens des Gesetzentwurfes (ausgenommen Tage in der Zeit zwischen Sitzungsperioden) die Werchowna Rada ein Gesetz nicht verabschiedet oder den eingereichten Gesetzentwurf mit der Mehrheit ihrer verfassungsmäßigen Mitgliederzahl nicht ablehnt und er bis zum Inkrafttreten des Gesetzes, das von der Werchowna Rada der Ukraine zu dieser Frage verabschiedet wird, gültig ist.

5. Das Ministerkabinett der Ukraine konstituiert sich gemäß dieser Verfassung innerhalb von drei Monaten nach ihrem Inkrafttreten.

6. Das Verfassungsgericht der Ukraine konstituiert sich gemäß dieser Verfassung im Laufe von drei Monaten nach Inkrafttreten der Verfassung. Bis zur Entstehung des Verfassungsgerichts werden die Gesetze durch die Werchowna Rada der Ukraine interpretiert.

7. Die Vorsitzenden der örtlichen Staatsverwaltungen erwerben nach Inkrafttreten dieser Verfassung den Status der Vorsitzenden der örtlichen Staatsverwaltungen gemäß Artikel 118 dieser Verfassung; nach der Wahl der Vorsitzenden der jeweiligen Räte legen sie die Befugnisse der Vorsitzenden dieser Räte nieder.

8. Die Dorf-, Siedlungs-, Stadträte und deren Vorsitzende üben nach Inkrafttreten der Verfassung der Ukraine die von ihr bestimmten Befugnisse bis zur Wahl der neuen Räte im März 1998 aus.
Landkreis- und Gebietsräte, die vor dem Inkrafttreten dieser Verfassung gewählt wurden, haben die von der Verfassung bestimmten Befugnisse bis zur Bildung eines neuen Gremiums dieser Räte entsprechend der Verfassung der Ukraine inne.
Stadtbezirksräte und deren Vorsitzende üben ihre Befugnisse nach Inkrafttreten dieser Verfassung gemäß Gesetz aus.

9. Die Staatsanwaltschaft führt die Ausübung der Aufsichtsfunktion über die Einhaltung und Anwendung von Gesetzen sowie der Funktion der vorgerichtlichen Untersuchung gemäß dem geltenden Recht bis zum Inkrafttreten der Gesetze, die die Tätigkeit der staatlichen Organe bezüglich der Kontrolle über die Einhaltung der Gesetze regeln bzw. bis zur Bildung des Systems der vorgerichtlichen Untersuchung sowie des Inkrafttretens der Gesetze, die die Funktionen dieses Systems regeln, fort.

10. Bis zur Verabschiedung der Gesetze, die die Besonderheiten der Tätigkeit der vollziehenden Gewalt in den Städten Kyjiw und Sewastopol gemäß Artikel 118 dieser Verfassung festlegen, üben die jeweiligen Staatsverwaltungen die vollziehende Gewalt aus.

11. Teil 1 des Artikels 99 dieser Verfassung tritt nach der Einführung der nationalen Geldeinheit - der Hrywnja in Kraft.

12. Das Oberste Gericht der Ukraine und das Höchste Schiedsgericht der Ukraine setzen ihre Vollmachten entsprechend dem geltenden Recht der Ukraine bis zur Bildung des Systems der allgemeinen Gerichtsbarkeit der Ukraine entsprechend dem Artikel 125 dieser Verfassung fort, jedoch nicht länger als fünf Jahre.

Alle vor Inkrafttreten dieser Verfassung gewählten oder ernannten Richter setzen die Ausübung ihrer Befugnisse nach dem gültigen Gesetz zu dem Zeitpunkt fort, zu dem sie gewählt oder ernannt wurden.

Die Richter, deren Befugnisse am Tage des Inkrafttretens dieser Verfassung enden, setzen die Ausübung ihrer Befugnisse für ein Jahr fort.

13. Für die Zeit von fünf Jahren nach dem Inkrafttreten dieser Verfassung bleibt die bestehende Ordnung der Verhaftung, Festnahme und Haft von Personen, die der Begehung einer Straftat verdächtig sind, ebenso wie die Durchführungsordnung von Durchsuchungen und Untersuchung der Wohnung bzw. eines anderen Besitztums der Person in Kraft.

14. Die Nutzung der vorhandenen Militärstützpunkte auf dem Territorium der Ukraine für den zeitweiligen Aufenthalt von ausländischen Militärformationen ist unter den Pachtbedingungen gemäß internationaler Verträge der Ukraine, die von der Werchowna Rada der Ukraine ratifiziert wurden, möglich.

Neu im Programm Politikwissenschaft

Steffen Kailitz
Politischer Extremismus in der Bundesrepublik Deutschland
Eine Einführung
2004. 259 S. Br. EUR 19,90
ISBN 3-531-14193-7

Diese Einführung bietet einen Überblick über die verschiedenen Erscheinungsformen des politischen Extremismus. Im Mittelpunkt steht die Betrachtung Deutschlands. Ein vergleichender Blick fällt auf Frankreich, Italien und Großbritannien. Gewalttäter von rechts und links behandelt die Studie ebenso wie rechts- und linksextremistische Parteien. Überblickskapitel klären folgende Fragen: Welche Anhängerschaft hat der Extremismus von rechts und links in Deutschland? Welche Ursachen hat der politische Extremismus? Wie schützt sich die (deutsche) Demokratie vor dem Extremismus?

Kay Müller / Franz Walter
Graue Eminenzen der Macht
Küchenkabinette in der deutschen Kanzlerdemokratie.
Von Adenauer bis Schröder
2004. 214 S. Br. EUR 19,90
ISBN 3-531-14348-4

Dieses Buch betrachtet erstmals alle Küchenkabinette in der Geschichte der Bundesrepublik: Wer sind diese Männer und (wenigen) Frauen im Schatten der Macht? Welchen Einfluss hatten sie auf die Politik, den Erfolg oder Misserfolg des Regierungschefs? Wie war das Verhältnis der Kanzler zu ihren engen Beratern? Was sind die Voraussetzungen und Erfolgsbedingungen für die Auswahl und die Arbeit eines Küchenkabinettes? Insgesamt bietet das Buch einen farbigen Einblick in den engsten und sehr informellen Bereich der Regierungsmacht in der Bundesrepublik Deutschland.

Andreas Kost (Hrsg.)
Direkte Demokratie in den deutschen Ländern
2005. ca. 350 S. Br. ca. EUR 24,90
ISBN 3-531-14251-8

Dieser Band bietet einen systematischen und nach Bundesländern gegliederten Überblick zur direkten Demokratie und zusätzlich einige Grundsatzbeiträge.

Erhältlich im Buchhandel oder beim Verlag.
Änderungen vorbehalten. Stand: Januar 2005.

www.vs-verlag.de

VS VERLAG FÜR SOZIALWISSENSCHAFTEN

Abraham-Lincoln-Straße 46
65189 Wiesbaden
Tel. 0611.7878-722
Fax 0611.7878-400

Neu im Programm Politikwissenschaft

Franz Nuscheler
Internationale Migration
Flucht und Asyl
2., vollst. überarb. und akt. Aufl. 2004.
233 S. Grundwissen Politik Bd. 14.
Br. EUR 24,90
ISBN 3-8100-3757-5

Das Buch gibt eine fundierte Einführung in die Problematik der Migration, wie sie sich heute international und in Deutschland darstellt.

Martin Sebaldt / Alexander Straßner
Verbände in der Bundesrepublik Deutschland
Eine Einführung
2004. 348 S. Br. EUR 17,90
ISBN 3-531-13543-0

Dieses Studienbuch widmet sich allen wichtigen Aspekten von Verbänden, Verbändesystem und Verbändepolitik im politischen System der Bundesrepublik Deutschland. Neben den Grundlagen vermittelt es auch Einblick in die neueren Entwicklungen seit der deutschen Einheit und wirft einen Blick auf die europäische Ebene.

Hans-Georg Wehling (Hrsg.)
Die deutschen Länder
Geschichte, Politik, Wirtschaft
3., akt. Aufl. 2004. 408 S. Br. EUR 24,90
ISBN 3-531-43229-X

In diesem Buch werden die 16 Bundesländer vorgestellt: nach geografischen Grundlagen, nach Geschichte und politisch wirksamen Traditionen, nach Wirtschaftsstruktur und wirtschaftlicher Bedeutung, nach ihren politischen Verhältnissen wie Verfassung, Parteien, Wahlen und Verwaltungsaufbau.
Das zweite große Thema des Bandes ist der deutsche Föderalismus in seiner spezifischen Ausprägung, seiner gegenwärtigen Gestalt, seiner Entwicklung, seinen Problemen und Reformperspektiven.

Erhältlich im Buchhandel oder beim Verlag.
Änderungen vorbehalten. Stand: Januar 2005.

www.vs-verlag.de

VS VERLAG FÜR SOZIALWISSENSCHAFTEN

Abraham-Lincoln-Straße 46
65189 Wiesbaden
Tel. 0611.7878-722
Fax 0611.7878-400

MIX
Papier aus verantwortungsvollen Quellen
Paper from responsible sources
FSC® C105338

If you have any concerns about our products,
you can contact us on
ProductSafety@springernature.com

In case Publisher is established outside the EU,
the EU authorized representative is:
**Springer Nature Customer Service Center GmbH
Europaplatz 3, 69115 Heidelberg, Germany**

Printed by Libri Plureos GmbH
in Hamburg, Germany